Liebknecht

Mein bewegtes Leben

Kurt Liebknecht

Mein bewegtes Leben

Aufgeschrieben von Steffi Knop

vb · VEB Verlag für Bauwesen · Berlin

ISBN 3-345-08039-3
1. Auflage

VLN 905/48/86
Printed in the German Democratic Republic
Gesetzt aus: Helvetica kursiv
Gesamtherstellung: Druckhaus Freiheit Halle
Lektor: Dieter Winkler
Gestaltung: Karola Schwieger
LSV 8107
Bestellnummer: 562 221 7
01400

Inhaltsverzeichnis

Vorbemerkungen

In meinem langen Leben habe ich erfahren, daß Widersprüche unabdingbare Erscheinungen im Werdegang eines jeden Menschen sind. Sie zu erkennen und entsprechende Schlußfolgerungen aus ihrer Lösung zu ziehen, ist eine wohl lebenslange Aufgabe, die die eigene Entwicklung nur fördern kann.
Schon meine Kindheit verlief unter anderen äußeren Umständen, als ein Außenstehender vielleicht vermuten mag. Obwohl ich den Namen Liebknecht trage, wuchs ich wohlbehütet in einem bürgerlichen Elternhaus auf. Mein revolutionärer Onkel Karl, einer der Führer des Spartakusbundes und Mitbegründer der KPD, wurde in unserer Familie als Mensch sehr geschätzt, aber in seinen politischen Zielen nicht voll akzeptiert.
Als Karl Liebknecht 1919 in Berlin ermordet wurde, war ich 14 Jahre alt. Im Demonstrationszug, der sich auch bei uns in Frankfurt (Main) zum Gedenken an Karl und Rosa formierte, lief ich mit – überwältigt von der großen Menschenmenge um mich herum und kindlich erschüttert über die mir unverständliche brutale Tat.
Bevor ich selbst zum Kommunisten wurde, mußten aber noch rund drei Jahrzehnte vergehen. Nicht die Kampfgefährten meines Onkels erzogen mich dazu, sondern die Lenins, und nicht in meinem Vater-

land reifte meine Weltanschauung, sondern im Exil in der Sowjetunion. Das Dokument meiner Partei erhielt ich schließlich, nachdem ich in die Heimat zurückgekehrt war. Doch diese Heimat war ein neuer Staat, dessen Aufbau wiederum nicht frei von gegensätzlichen Auffassungen verlief.

Es macht mich heute noch stolz, daß ich ein Jahrzehnt lang an verantwortungsvoller Stelle an diesem Aufbau mitwirken und sogar an wichtigen Entscheidungen teilhaben konnte.

Jetzt, als Rentner, bin ich häufig in Schulen und anderen Institutionen zu Gast, die den Namen Karl Liebknechts tragen. Dazu zähle ich die Hochschule der Deutschen Volkspolizei, die Volkspolizeibereitschaft Schwerin und Schulen in Luckau, Karow, Oschatz und Berlin-Köpenick. Meist sind es jüngere Leute, die mich einladen. Sie wollen mich sprechen als einen Verwandten des revolutionären Arbeiterführers, als einen, der Karl Liebknecht noch persönlich kannte. Bei den Unterhaltungen und Diskussionen versuche ich immer, mein Leben als nicht geradlinig verlaufen darzustellen. Gerade junge Leute sollen schon begreifen, daß Widersprüche und unerwartete Wendungen zum Dasein gehören und daß deren Bewältigung viel zur Entwicklung eines Menschen beitragen kann.

Die Jugendzeit in Frankfurt (Main)

Ich wurde 1905 in Frankfurt (Main) geboren. Dorthin waren meine Eltern um die Jahrhundertwende von Berlin aus übergesiedelt, nachdem mein Vater sein Chemiestudium abgeschlossen und eine Anstellung bei der Deutschen Gold- und Silber-Scheideanstalt. der auch heute noch existierenden Degussa, erhalten hatte. Frankfurt (Main) war zur damaligen Zeit eines der Zentren der chemischen Industrie Deutschlands.

Mein Vater Otto war ein ausgezeichneter Chemiker, der in seinem Beruf aufging. Er gehörte zwar der SPD an, besaß aber keine politischen Funktionen, sondern hielt lediglich im sozialistischen Volksbildungsverein Lektionen über sein Fachgebiet. 1907 entwickelte er das Perborat, einen wichtigen Bestandteil des Waschmittels Persil. Dadurch verbesserten sich seine Stellung und sein Ansehen in der großbürgerlich geprägten Stadt sehr.

Meine Mutter Elsa, aus einer Musikerfamilie stammend, hatte eine hervorragende Ausbildung am Berliner Konservatorium bekommen. Ihr Lehrer war der damals bekannte tschechische Pianist Jedlicka gewesen. Auch sie war bürgerlich eingestellt und wollte wenig von Politik wissen.
Beim Blättern in alten Unterlagen fiel mir ein Brief in die Hände, den Karl Liebknecht am 26. Dezember 1917 aus dem Zuchthaus Luckau an seine Frau Sophie geschrieben hatte und der mir für das Umfeld meiner Kindheit sehr zutreffend schien. Es heißt darin: „... Frankfurt hat ein gutes Theater, und zu Hause hörst du gute Musik. Das Spiel von Elsa und Ottos Gesang. Elsa spielt wunderbar. Pass auf, und versäume es nicht.“
Wilhelm Liebknecht, der langjährige Kampfgenosse von August Bebel, war mein Großvater. Ich habe ihn nicht mehr kennengelernt, sondern hörte von ihm nur in den Erzählungen im Elternhaus. Kurz vor seinem Tode hatte er im Frühjahr 1900, begleitet von meinem Vater, noch eine Italienreise unternommen. Mein Vater sprach oft davon und zeigte Fotos von Rom, Florenz und anderen Reisestationen, die er selbst mit einer Kastenkodak aufgenommen hatte. Das Fotoalbum machte auf meine zweieinhalb Jahre ältere Schwester Edith und mich stets einen großen Eindruck. Leider ging es während des zweiten Weltkrieges verloren. Nur eine Postkarte vom 12. März 1900 aus San Remo ist erhalten geblieben.
Fotos von Wilhelm Liebknecht und seinem Freund August Bebel schmückten auch das Arbeitszimmer meines Vaters. Zu August Bebel hatte unsere Fa-

Bildnis der Eltern um die Jahrhundertwende

milie einen freundschaftlichen Kontakt. Er war einst Trauzeuge meiner Eltern gewesen.
Wenn Karl Liebknecht im Rahmen seiner politischen Arbeit in Frankfurt und dessen Umgebung weilte und dort vor allem Vorträge hielt, wohnte er oft in meinem Elternhaus. Ich war von meinem Onkel, den ich als Elfjähriger 1916 zum letzten Male sah, von seinem Wissen und Temperament beeindruckt. Er überprüfte einmal meine Kenntnisse in der lateinischen Sprache, die ihn wenig befriedigten, worauf er mir entsprechende Vorhaltungen machte. Später wies er in einem Brief an seinen Sohn Wilhelm (Helmi) darauf hin, daß die lateinische Sprache ihres logischen Aufbaus wegen und auch für die Allgemeinbildung einen hohen Wert besäße.
Wenn ich über Karl Liebknecht spreche, versäume ich nie, auch die große humanistische Bildung meines Onkels zu erwähnen. Er wußte in der Literatur, in den Naturwissenschaften und in der Philosophie bestens Bescheid und spielte gut Klavier. Ich finde, diese Angaben widersprechen nicht dem Bild eines überzeugten Revolutionärs, im Gegenteil. Und wenn einer meiner jungen Zuhörer Karl Liebknecht näher kennenlernen will, so empfehle ich ihm dessen Briefe aus dem Gefängnis, die – ebenso wie die Rosa Luxemburgs – sowohl Zeugnisse eines unerschütterlichen Kämpfers als auch eines empfindsamen, klugen und feinfühligen Menschen sind.
Eine ähnlich enge familiäre Beziehung wie zu Karl bestand auch zu den anderen Geschwistern meines Vaters. Wilhelm Liebknecht hatte bekanntlich sieben Kinder gehabt, davon fünf Söhne aus seiner zweiten Ehe mit Natalie, geborene Reh[1]*. Über die Geburt seines zweiten Sohnes Karl berichtete er auch Karl Marx und Friedrich Engels und bat sie, die Patenschaft zu übernehmen, wozu beide bereit waren*[2]*. Als dritter Sohn wurde dann Otto, mein Vater, geboren.*
Drei der Liebknecht-Söhne, Theodor, Karl und Wilhelm, studierten Jura. Karl und Theodor führten später ein gemeinsames Rechtsanwaltsbüro in Berlin[3]*. Curt, der Jüngste, wurde Mediziner und erwarb sich schon in den zwanziger Jahren einen Ruf als „roter Arzt vom Wedding".*
So wuchsen meine Schwester und ich in einem Milieu auf, in dem die Traditionen der Familie gepflegt sowie die seit Mitte des vergangenen Jahrhunderts bestehenden Verbindungen mit der Arbeiterbewegung durchaus akzeptiert und bis zu einem gewissen Grade unterstützt wurden. Es sprach bestimmt für meinen Vater und seine fortschrittliche Gesinnung, daß er nach der Novemberrevolution Betriebsratsmitglied in den Degussa-Werken wurde. Trotzdem war und blieb die Atmosphäre in meinem Elternhaus doch eher bürgerlich-liberal, und Fragen der aktuellen Politik – so sehe ich es heute – wurden zu wenig behandelt.
Mein Vater hatte in unserem schönen alten Barockhaus in der Bockenheimer Landstraße eine umfangreiche Bibliothek, in der sich neben den klassischen Dichtern und neueren Schriftstellern viele Bücher über die bildende Kunst

Elternhaus (Aufnahme um 1950 – leichte Veränderung durch Kriegseinwirkungen)

Der Römer (Rathaus in Frankfurt (Main))

Neue – alte Oper in Frankfurt (Main) (erbaut 1880)

befanden. Auch Werke und Schriften der Arbeiterbewegung, so solche von Marx und Engels, Wilhelm Liebknecht, August Bebel und Karl Kautsky, hatten in Ausgaben der damaligen Zeit dort ihren Platz.

Ich hielt mich gern in den Arbeitsräumen meines Vaters auf und schaute immer wieder die „Blauen Bücher"[4] mit den schönen Veröffentlichungen über deutsche Rathäuser, Bürgerhäuser, deutsche Dome, Schlösser und Burgen an, die schon als Kind in mir den Wunsch aufkommen ließen, einmal Architekt zu werden.

Folglich spazierte ich an meinen freien Nachmittagen oft und gern durch Frankfurt, vor allem durch die im zweiten Weltkrieg leider zerstörte Altstadt mit dem Dom, den Kirchen, dem Römer und dem Eschenheimer Turm, einer der mächtigsten Befestigungsanlagen aus dem Mittelalter. Die Oper im Stil der Neorenaissance von dem Schinkelschüler Lucae fiel später den Bomben zum Opfer, ist jetzt aber äußerlich unverändert als Konzertsaal und Mehrzweckgebäude wiederaufgebaut. Andere einmalige Bauten wurden für immer vernichtet, darunter das barocke Thurn und Taxissche Palais.

An den Frankfurter Bühnen traten damals bedeutende Künstler auf, und unsere Familie gehörte zu den eifrigsten Besuchern. Ich habe Helene Weigel, Gerda Müller, Heinrich George und Karl Ebert in großen Rollen am Frankfurter Schauspielhaus gesehen, zu einer Zeit, als dieses Theater die im ganzen Land berühmte Hochburg des Expressionismus war.

Meine Mutter nahm uns oft auch zu den Generalproben der damaligen

Museumskonzerte im Saalbau in Frankfurt mit, wo ich wesentliche Schöpfungen der Tonkunst unter der Stabführung berühmter Dirigenten hörte. Ich erinnere mich an solche Vormittage mit Wilhelm Furtwängler, Otto Klemperer, Clemens Krauss, Willem Mengelberg und Hermann Scherchen. Bekannte Pianisten wie Eugen d'Albert, einer der hervorragendsten Beethoven-Interpreten, Edwin Fischer und Wilhelm Kämpff waren dem Haus verpflichtet.
Zusammen mit meinen Eltern besuchten wir auch Opern und Schauspiele, die ich in keiner Periode meines Lebens wieder so systematisch kennenlernte. Seinerzeit war Paul Hindemith 1. Konzertmeister in der Frankfurter Oper. Einmal erlebten wir vor ausverkauftem Hause den russischen Baß Schaljapin, der neben Caruso der berühmteste Sänger jener Zeit war. Er trat in seiner Glanzrolle auf, als Boris Godunow. Ich weiß noch, daß wir ihm minutenlangen Beifall spendeten.
Häufig ging ich allein in Opern und Konzerte und hatte dann meinen Platz meist für 50 Pfennig auf der Stehgalerie. Aus dieser Höhe wurde ich mit Mozart, Gluck, Wagner, Verdi und Mussorgski bekannt, und es störte mich nicht, daß ich bei manchen Aufführungen bis zu fünf Stunden durchhalten mußte, z. B. beim „Parsifal".
Daß mir die Namen vieler Künstler heute noch, fast 70 Jahre später, in so lebhafter Erinnerung sind, zeigt mir, wie nachhaltig mich diese Erlebnisse beeindruckt haben. Durch die Erziehung in meinem Elternhaus und in der Schule konnte ich ein Allgemeinwissen erwerben, das mir im Leben sehr geholfen hat. Ich wünsche mir oft, daß junge Leute auch unserer Zeit den bleibenden Wert einer musischen Bildung begreifen und Kunstgeschichte oder Musik nicht als Nebenfächer abtun.

In meinem Elternhaus verkehrten einige Künstler, unter ihnen auch Architekten, die meinen Wunsch wachhielten, selbst einmal diesen Beruf zu ergreifen. Von großem Interesse für mich waren z. B. die Gedanken und Arbeiten des talentierten jungen Ferdinand Kramer[5], der später der von Ernst May geleiteten Gruppe „Neues Frankfurt" angehörte. Franz Roeckle[6] war bei uns zu Gast, der eine der schönsten Synagogen, die Westendsynagoge, in Frankfurt gebaut hatte und das in seiner Gestaltung eigenwillige Institut für Sozialforschung der Universität schuf; auch Karl Schmidt, der später in Wien Bemerkenswertes im denkmalpflegerischen Bereich leistete. Es kamen Maler wie Hermann Herterich, Dozent am Städelschen Kunstinstitut unserer Stadt, ferner Reinhold Ewald, Hermann Lissmann und der Bildhauer Benno Elkan[7]. Von allen vier Künstlern besitze ich heute noch Werke, die über die Jahre des Krieges und meines Exils gerettet werden konnten und die mich an den harmonischen Freundeskreis meiner Eltern erinnern.
Alle diese Gespräche fanden in einer heiteren, freundlichen Runde statt, die von der Suche nach Übereinstimmung gekennzeichnet war. Es gab kaum einen dieser Abende, an denen meine Mutter sich nicht ans Klavier setzte

Hausflur (Gemälde von Hermann Herterich)

Flurlandschaft (Gemälde von Reinhold Ewald)

Die Badenden (Gemälde von Hermann Lissmann)

Von Elkan gestaltete Medaillen

oder meines Vaters Gesang begleitete. Beider bevorzugte Lieblingskomponisten waren Beethoven und Bach sowie Franz Schubert und Hugo Wolf. Wir Kinder durften – je nach Alter und Tageszeit – an solchen Zusammenkünften teilnehmen, und wir hörten interessiert zu oder beteiligten uns ohne Scheu an den Unterhaltungen. Die Kontakte mit Künstlern und deren Ansichten waren uns gewohnt wie der Anblick der schönen alten und neueren Gemälde an der Wand oder der Besitz einiger wertvoller Antiquitäten, die meine Eltern mit Sorgfalt sammelten.

Vielleicht entsteht der Eindruck, daß meine Eltern außerordentlich wohlhabend waren. Ich weiß, daß mein Vater eine gutbezahlte Stellung hatte und daß sein Einkommen über dem Durchschnitt eines bürgerlichen Angestellten lag. Wir betrieben aber weder im Essen noch in der Kleidung und schon gar nicht in der Freizeit einen großen Aufwand. Die Wochenenden z. B. verliefen in beinahe festen Ritualen, die der Erholung und vor allem der Bildung der Kinder dienten. Dieses ungeschriebene Familiengesetz wurde einst von Wilhelm Liebknecht eingeführt, und alle fünf Söhne übernahmen und pflegten es. Unser Großvater hatte sich möglicherweise von den Gewohnheiten der Familie Marx anregen lassen. Karl Marx' Spaziergänge mit seinen Töchtern, die Beobachtungen und Gespräche dabei sind ja bekannt.

Bei schlechtem Wetter gingen wir in die Museen der Stadt, bei schönem in die Natur. Wenn ich also an einen verregneten Sonntagvormittag denke,

so sehe ich uns mit ziemlicher Sicherheit im Städelschen Kunstinstitut mit seinem wertvollen Bestand an Bildwerken alter und neuer Meister.
Schien die Sonne, wanderten wir oder fuhren Rad. Frankfurt hat ja eine herrliche Umgebung zwischen dem Odenwald, dem Main und dem Taunus. Ich lernte Bad Homburg vor der Höhe, Königstein, Kronberg und auch die alte, wiederaufgebaute römische Saalburg, das Kastell am Limes, kennen, wo ich, wie ich mich erinnere, immer einen alten Römer sehen wollte.
Einmal fuhren wir mit dem Rad sogar bis nach Darmstadt, wo Verwandte meiner Großmutter Natalie Liebknecht wohnten.
Und noch etwas gehörte zu solch einem Ausflug einer ordentlichen, bürgerlichen Familie, das war die unvermeidliche Botanisiertrommel. Stets fanden wir Eidechsen, Feuersalamander, Frösche, Schmetterlinge oder Käfer, die wir eingehend betrachteten und häufig wieder freiließen. Jedenfalls waren die Wochenendfahrten für uns Kinder nie eine lästige Pflicht, sondern immer Erlebnisse, reich an Überraschungen. Wieviel wir dabei an Naturliebe und biologischen Kenntnissen mitbekamen, lernten wir erst später schätzen.
Trotz dieser völlig unpolitischen Kindheit, die dem Leben im großbürgerlichen Frankfurt (Main) angepaßt war, gingen die Klassenkämpfe jener Zeit nicht spurlos an unserer Familie vorüber. Allein ihres Namens Liebknecht wegen konnte meine Mutter keine Arbeit am bekannten Frankfurter Konservatorium erhalten. Die Zugehörigkeit meines Vaters zur SPD reichte aus, daß mir die Kinder in der Schule „Soz" nachriefen. Auch der Antisemitismus war schon vor und während des ersten Weltkrieges stark verbreitet. Eine jüdische Familie in unserer Straße hatte stark zu leiden, indem man sie isolierte und beschimpfte. Meine Eltern versuchten vergeblich, mir diese Erscheinungen zu erklären, die mir als Widersprüche zu meinem eigenen, behüteten Leben unbegreiflich waren.
In jener Zeit erfuhr ich auch, daß meine Mutter Jüdin war. Ob nun wegen des Ansehens meines Vaters – in dieser Hinsicht ließ man uns jedenfalls in Ruhe.
Im Jahre 1916 rief Karl Liebknecht auf der von der Spartakusgruppe organisierten Maikundgebung auf dem Potsdamer Platz in Berlin: „Nieder mit dem Krieg!", „Nieder mit der Regierung!", „Es lebe der Frieden!". Seine Verhaftung und Verurteilung zu einer Zuchthausstrafe von über vier Jahren waren für meine Familie und auch für mich eine schmerzliche Nachricht. Kurz vorher hatte ich meinen Onkel auf dem Frankfurter Hauptbahnhof noch kurz gesehen und gesprochen. Er trug Uniform und wurde als Armierungssoldat an die Front geschickt, nachdem er im Reichstag offen weitere Kriegskredite abgelehnt und damit das Symbol zum Zusammenschluß aller Kriegsgegner Deutschlands gegeben hatte.
Wenngleich ich mit meinen elf Jahren weder diese Tatsachen alle wußte noch die Zusammenhänge voll erkannte, spürte ich doch die hämische Reaktion vieler Lehrer und Schüler. Ich sah auch, wie bedrückt meine Eltern durch die

erneute Inhaftierung ihres Bruders und Schwagers waren. Sie besuchten Karl Liebknecht im Zuchthaus Luckau und erzählten uns Kindern von seiner ungebrochenen Zuversicht.
In jener schweren Zeit hatten wir für ein paar Wochen Karls Frau Sophie bei uns aufgenommen. Sie war Doktor der Kunstwissenschaften, und ich erinnere mich an sie als an einen gütigen und gebildeten Menschen. Auch Robert (Bobbi) und Vera, zwei der Kinder von Karl Liebknecht, verbrachten ihre Ferien bei uns. Später nahmen wir dann den ältesten Sohn Helmi für längere Zeit zu uns. Er belegte Vorlesungen an der Frankfurter Universität und lernte die russische Sprache.
1917 fand die Große Sozialistische Oktoberrevolution in Rußland statt. Nun fanden auch in unserer Familie mehr politische Gespräche statt. Die ganze unruhige Stimmung in Deutschland hatte wohl dazu beigetragen. Es wußte inzwischen jeder, daß der Krieg nicht mehr zu gewinnen war. Auch in Frankfurt kam es zu Arbeitsniederlegungen. Unsere sozialdemokratischen Freunde erörterten heftig die Ereignisse in Rußland sowie deren eventuelle Auswirkungen auf Deutschland. Natürlich gab es die verschiedensten Ansichten darüber. Ich hörte zum ersten Male den Namen des Führers dieser Revolution, Lenin, der – das beeindruckte uns alle – als erste Forderung die nach Beendigung des Krieges stellte. Wir erkannten damals noch nicht die Bedeutung der Oktoberrevolution, wußten aber, daß Karl Liebknecht dieses Ereignis begeistert aus dem Zuchthaus begrüßte und den Tag nicht erwarten konnte, an dem er in der Freiheit seine Kräfte für die Ziele dieser Revolution auch in Deutschland würde einsetzen können.
Im August 1918, als der Krieg sich dem Ende näherte und die Verluste der deutschen Armee immer größer wurden, bombardierten die Franzosen Frankfurt (Main). Bomben fielen ganz in der Nähe unseres Hauses und trafen einige Menschen, die unmittelbar am Gartenzaun vorbeigegangen waren. Nur einige Minuten vorher hatte ich unseren Hund von der Kette befreit und aus seiner Hütte ins Haus gebracht. Die Leichen wurden nach dem Bombardement in unseren Garten gelegt, und ich sah die ersten Toten in meinem Leben. Wir mußten für einige Zeit in eine Pension in Bad Homburg ziehen, weil unser Haus repariert werden mußte. Alle Fensterscheiben waren zersprungen.
Am 23. Oktober mußte Karl Liebknecht auf Druck der Arbeiterklasse amnestiert und aus der Haft entlassen werden. Er beteiligte sich entscheidend an der Vorbereitung der Novemberrevolution, die wir auch in Frankfurt (Main) erlebten. Zwar fielen nur im Zentrum einige Schüsse, aber mächtige Arbeiterdemonstrationen mit roten Fahnen wälzten sich durch die Straßen. Ich lief mit und war sehr stolz, als Hochs auf Karl Liebknecht ausgerufen wurden, der inzwischen in Berlin die freie sozialistische Republik proklamiert hatte.
In jenen Wochen wählte man meinen Vater in den Betriebsrat der Deutschen Gold- und Silber-Scheideanstalt.

Meine Begeisterung an den revolutionären Ereignissen ging so weit, daß ich in meiner Klasse im Lessing-Gymnasium einen Schülerrat bilden wollte. Ich hatte natürlich fast alle Jungs gegen mich, und ich bin sicher, daß sie zusätzlich von ihren Eltern beeinflußt wurden. Einmal konnte ich mich einer Mehrheit von „Prügelknaben" nur entziehen, indem ich auf die Schultoilette flüchtete und mich erst wieder zeigte, als die Luft rein war.
So etwas passierte ein zweites Mal nicht mehr, da meine Eltern einschritten und auch die Lehrer keine Schwierigkeiten haben wollten. Aber diese Vorkommnisse und die flaue Reaktion selbst der sozialdemokratischen Führer schufen einen Zustand der Kompromisse mit den bürgerlichen Parteien.
Nach der Revolution änderte sich nur wenig im Leben des alten bürgerlichen Frankfurt, obwohl die Stadt durchaus Traditionen in der revolutionären Bewegung besaß. Ich erinnere nur an die Tagung der Nationalversammlung 1848 in der Paulskirche, die als Symbol für den Wunsch nach einem einheitlichen Deutschen Reich in die Geschichte eingegangen ist.
Karl Liebknecht gründete mit Rosa Luxemburg „Die Rote Fahne" und Ende des Jahres 1918 die Kommunistische Partei Deutschlands. Der Haß der Reaktion gegen die beiden kommunistischen Führer verstärkte sich, auch sozialdemokratische Führer hetzten offen gegen sie. Eine unmißverständliche Mordpropaganda konnte betrieben werden, die schließlich zur Ermordung von Karl Liebknecht und Rosa Luxemburg führte.
Uns in Frankfurt traf diese Nachricht schwer. Mein Vater hatte das Wirken und den Mut seines Bruders immer hoch eingeschätzt, auch wenn er dessen politische Auffassungen nicht völlig teilte. Noch am Abend des 15. Januar 1919 kamen zu uns der bekannte USPD-Vorsitzende Hugo Haase sowie viele Bekannte, die alle keine Parteigänger von Karl Liebknecht waren, aber ihre Empörung über diesen feigen Mord ausdrückten. Auch der Sozialdemokrat Konrad Hänisch, der erst Kulturminister und danach Regierungspräsident in Wiesbaden war, sprach uns seine Anteilnahme aus. Seinen Sohn Walter lernte ich in den dreißiger Jahren in Moskau als einen aufrechten Kommunisten kennen. Erwin Marcusson, dessen Eltern Freunde der Familie Liebknecht waren, besuchte uns ebenfalls. Er wurde später Arzt und ein bekannter Sozialhygieniker in der DDR.
1923, also einige Jahre nach der Ermordung von Karl Liebknecht, gab es erneut einen Besuch in meinem Elternhaus. Der ehemalige SPD-Vorsitzende und damalige Reichspräsident Friedrich Ebert hatte in Frankfurt zu tun und wollte unbedingt meinen Vater sprechen, um „Frieden mit der Familie Liebknecht zu schließen". Durch Vermittlung Konrad Hänischs kam ein Treffen zustande. Ich ging das letzte Jahr zur Schule, mußte dem Gast die Hand geben und ihm sagen, was ich einmal werden wolle.
Ich habe mich damals gewundert, daß mein Vater diesen Mann empfing, der mitgeholfen hatte, die Novemberrevolution niederzuwerfen, und somit eine große Verantwortung am Tode von Karl Liebknecht trug. Jahrzehnte später,

Prof. Dr. med. Erwin Marcusson – Ende 1960

in den fünfziger Jahren in der DDR, fand ich einmal Gelegenheit, mit unserem Berliner Oberbürgermeister Friedrich Ebert, dem Sohn des gleichnamigen Reichspräsidenten, über die damalige Zusammenkunft unserer Väter zu sprechen. Friedrich Ebert hatte sich längst völlig von seinem Vater losgesagt und reagierte kaum auf die ihm bis dahin unbekannte Tatsache. Ich dagegen pflegte nach wie vor eine enge und liebevolle Beziehung zu meinem Vater, und es tat mir weh, diesem längst verjährten Treffen so hilflos gegenüberzustehen. Auch heute noch erscheint mir das Entgegenkommen meines Vaters unverständlich.

Die Stimmung im Lessing-Gymnasium veranlaßte meine Eltern 1920 zu einem Schulwechsel. So kam ich, leider nur für kurze Zeit, in die Freie Schulgemeinde Wickersdorf in Thüringen – heute als ,,Schule der Deutsch-Sowjetischen Freundschaft" eine Bildungseinrichtung zur Vorbereitung auf das Russischlehrerstudium.

Der damalige Leiter der Schule, der bekannte Pädagoge Gustav Wynecken, setzte beste Traditionen früherer großer Jugenderzieher wie Pestalozzi und Diesterweg fort.

In dieser Internatsschule lernten damals schon Jungen und Mädchen gemeinsam. Das war in den zwanziger Jahren eine ungewöhnliche Neuerung. Im Bildungswesen der DDR sind diese sogenannten gemischten Klassen längst

selbstverständlich geworden. Sie haben ihre Wurzeln auch in solchen humanistischen Auffassungen, wie sie in Wickersdorf vertreten wurden.
Nationalistische oder rassistische Tendenzen gab es an dieser Schule nicht. Fast ein Drittel der Lehrer waren Kommunisten, unter ihnen der sehr anerkannte Mathematik- und Physiklehrer Dr. Rainer. Ich erinnere mich an den Deutschlehrer Luserke, der uns Dramen Shakespeares und auch eigene Dramen spielen ließ. Eine große Rolle an dieser Schule kam auch Elementen polytechnischer Erziehung zu. Wir besaßen eine Tischlerei, eine Schlosserei und eine Buchbinderei. Sportliche Betätigungen und musische Bildung in vielerlei Formen waren möglich und erwünscht. Zu den charakteristischen Merkmalen der Erziehung gehörten auch Schülergemeinschaften, die sich um einzelne Lehrer bildeten.
Von meinen Klassenkameraden möchte ich einige nennen, weil sie die verschiedenen politischen Strömungen jener Zeit kennzeichnen. Da war Heinrich Kurella, der Bruder des damals schon der KPD angehörenden Alfred Kurella, ferner Kurt Eisner, der Sohn des gleichnamigen 1919 ermordeten bayrischen Ministerpräsidenten. Auch Marta, die Tochter des damaligen Reichswehrministers Gustav Noske, ging in meine Klasse. Als einer der Organisatoren der militärischen Konterrevolution war er für den Einsatz von Reichswehr

Schule in Wickersdorf (Aufnahme von 1950)

und Freikorps gegen die Arbeiter verantwortlich und damit indirekt beteiligt an der Ermordung von Karl Liebknecht.

Die Kämpfe und Gegensätze unserer Zeit führten zwar bei den Schülern zu gewissen Gruppierungen, die noch dadurch verstärkt wurden, daß wir uns, wie ich schon sagte, je nach Neigungen und Freizeitinteressen um bestimmte Lehrer scharten. Doch das ging nicht so weit, daß wir uns feindlich gegenüberstanden. Vielleicht trug der offene Geist jener herausragenden Schule dazu bei, vielleicht ergab sich mein Eindruck auch aus der nur begrenzten Dauer meines Aufenthaltes.

Veränderungen in der Schulleitung führten mich nach einer erneuten Umschulung zurück nach Frankfurt, diesmal an das Wöhler-Realgymnasium. Daß ich Architekt werden wollte, war für mich nach wie vor eine klare Sache. Wenn ich früher als Junge alle möglichen Bauten mit einem großen Ankersteinbaukasten errichtet hatte, wobei ich mich fast nie an die Vorlagen hielt, modellierte ich nun viele Gebäude und auch Brunnen aus Plastilin. Dazu gehörten unser Wohnhaus, der Eschenheimer Turm, ferner ein phantasievoller Theaterbau, bei dem das Frankfurter Opernhaus Pate stand, und ein Rundtempel, der von Bramantes berühmtem Kuppelbau im Klosterhof von Sankt Pietro in Montorio in Rom sowie dem Rundtempel auf einem Gemälde von Raffael beeinflußt war.

Leider sind die Fotos, die mein Vater von diesen Modellen aufgenommen hatte, fast alle verlorengegangen. Ich besitze nur noch einen sehr verblaßten Abzug, der ein Mausoleum zeigt. 1919 hatte ich es unter dem unmittelbaren Eindruck der Ermordung meines Onkels Karl ihm zu Ehren modelliert.

Meine Werke fanden aber bei meinen Lehrern am Gymnasium starke Beachtung, und sie halfen mir später in Berlin, in das Seminar des großen Architekten Hans Poelzig zu kommen. Auch er beurteilte meine Schöpfungen wohlwollend.

Im Frühjahr 1924 machte ich mein Abitur. Die Schule hatte mir, mit Ausnahme von Mathematik und Turnen, nie viel Freude gemacht, und erst viel später verstand ich die Worte von Karl Liebknecht, der in einem Brief an seinen Sohn Helmi sinngemäß geschrieben hatte: Es mag Dir manches in der Schule nicht gefallen, trotzdem lernst Du viel Nützliches, was Dir im Leben helfen und Deine Bildung bereichern wird.

Zur festlichen Entlassung der Abiturienten mußte ich ein Lied von Brahms singen. Ich war sehr aufgeregt, weil ich wußte, daß ich der Stimme meines Vaters niemals gleichkommen konnte.

Bis zum Studienbeginn in Berlin blieb noch ein halbes Jahr. Einen Teil davon verbrachte ich mit einem Schulfreund in Italien. Ich lernte Venedig, Florenz, Rom und Neapel kennen – Stationen jener letzten Auslandsreise, die mein Großvater Wilhelm ein Vierteljahrhundert zuvor unternommen hatte. Wichtige und beeindruckende Bauten, die ich schon aus Veröffentlichungen kannte, sah ich nun aus der Nähe, und ich bin sicher, daß mich ihre Harmonie und

Schönheit nachhaltig bei meinem späteren eigenen Schaffen beeinflußt haben.
Danach arbeitete ich für einige Monate in einem Baubetrieb im westlichen Frankfurter Stadtteil Bockenheim. Ich lernte die schwere Arbeit der Maurer und Zimmerleute kennen, ohne aber selbst grundlegende praktische Baukenntnisse zu erlangen.
Im Herbst 1924 setzte ich mich dann in den Zug nach Berlin – 19jährig, zum ersten Mal ganz auf mich allein gestellt, voller Hoffnungen, die ich heute teilweise jugendliche Illusionen nennen würde. Über tiefere politische Kenntnisse verfügte ich nicht, mein Denken wurde überwiegend von Gefühlen bestimmt.
Es sollte keine zehn Jahre dauern, bis mich sehr harte Realitäten wieder würden einen Zug besteigen lassen, diesmal nicht nur, um eine Stadt, sondern um ein Land zu wechseln.
Doch zuerst einmal empfing mich – riesengroß, unüberschaubar, laut und lebhaft – Berlin, die Hauptstadt des damaligen Deutschen Reiches.

Das Studium in Berlin

Daß ich in Berlin studieren wollte, hatte seine Gründe vor allem in der Lehrtätigkeit des Architekten Professor Hans Poelzig. Er war in den zwanziger Jahren einem Ruf an die Technische Hochschule Charlottenburg gefolgt (heute Technische Universität) und gehörte zu den fortschrittlichsten Architekten seiner Zeit. Besonders nach dem ersten Weltkrieg war er durch neue Auffassungen und Gestaltungsformen in der Industriearchitektur bekannt geworden. Einige seiner damals geradezu richtungweisenden Bauten würden sich jetzt auf dem Gebiet der Volksrepublik Polen befinden – so der Wasserturm bei Posen (1911), die chemische Fabrik in Luban (1911/12) und ein Geschäftsbau in Breslau (1911) –, wenn sie nicht durch Kriegseinwirkungen zerstört worden wären. Großen Eindruck hinterließen damals auch Poelzigs Entwürfe, die er vor seiner Berliner Zeit als Stadtbaurat in Dresden für eine Feuerwache und eine Stadthalle geschaffen hatte. Weitere Projekte, z. B. für das Haus der Freundschaft in Istanbul, das durch einen kühnen, terrassenförmig angeordneten Baukörper auffiel, sowie für ein Festspielhaus in Salzburg, wurden ebenfalls nie verwirklicht, machten aber den Namen ihres Schöpfers in der Öffentlichkeit recht populär.

Bei diesem von mir bewunderten Mann wollte ich also in die Lehre gehen. Meine Schwester, die kurz vor mir nach Berlin gekommen war, um Schauspiel zu studieren, hatte mir ein Zimmer in der Schillerstraße nahe der Technischen Hochschule besorgt. Ein Jahr später zogen meine Eltern auch nach Berlin, und ich wohnte wieder bei ihnen, was während meines Studiums doch ein großer Vorteil war.

Ich hatte Berlin bisher nur einmal kurz auf der Durchreise kennengelernt. Nun sah ich mich in der Stadt mit ihren breiten Straßen voller Menschen um und bestaunte den immensen Verkehr, die Stadt-, stärker aber noch die Untergrundbahn. Schon städtebaulich bestand ein großer Kontrast zwischen Frankfurt, der alten Stadt am Main, und der deutschen Hauptstadt. Mein Geburtsort war in seinen Abmessungen übersichtlich, Berlin mit dem großen Tiergarten in der Mitte für einen Fremden kaum überschaubar. Das hing vor allem damit zusammen, daß die Stadt nicht organisch um ein Zentrum entstanden war, wie viele Großstädte – Moskau oder Paris und auch Frankfurt (Main) –, wo das an den Ring- und Radialstraßen leicht zu erkennen ist.

Berlin, als ich dort einzog, war gerade erst vier Jahre zuvor durch die Eingemeindung mehrerer kleiner Städte und Gemeinden zu Groß-Berlin gewor-

Hans Poelzig

den – mit fast vier Millionen Einwohnern damals eine der größten Städte der Welt. Jeder der einst selbständigen Orte ließ noch sein eigenes Zentrum erkennen. Man kannte sich deshalb nur gut aus in dem Teil der Stadt, in dem man lebte, arbeitete oder – wie in meinem Fall – studierte.

Nachdem ich in Charlottenburg Bescheid wußte, informierte ich mich schrittweise in der Stadtmitte mit den eindrucksvollen und repräsentativen Bauten von Schlüter, Knobelsdorff und Schinkel. Sehr gefiel mir die heute immer noch schöne Straße Unter den Linden mit dem Zeughaus – dem heutigen Museum für Deutsche Geschichte – und dem jetzt abgerissenen Berliner Schloß mit dessen von Schlüter gebautem Hof. Das Schloß wirkte wie ein Pfropfen, der den Osten der Hauptstadt vom Westen trennte. Heute steht an dieser Stelle der Palast der Republik.

Immer wieder zog es mich zum Großen Schauspielhaus, das mein künftiger Lehrer Hans Poelzig 1919 in enger Zusammenarbeit mit Max Reinhardt aus einem ehemaligen Zirkus gebaut hatte und das später der Friedrichstadtpalast wurde. Die stalaktitenartige Gestaltung des großen Saales und die Interieurs erschienen mir einzigartig. In den Jahren 1984/85 wurde dieses Haus und damit einer der letzten Poelzig-Bauten unserer Hauptstadt abge-

Das frühere Große Schauspielhaus – Innenansicht

tragen[9]. Es muß allerdings gesagt werden, daß der große Saal nach dem Kriege durch bauliche Veränderungen schon nicht mehr das Aussehen besaß, das ich noch kannte. Nur im Foyer mit der phantasievollen, expressionistischen, lichtspendenden Säule und den Umgängen war noch manches von Poelzigs Werk zu erkennen.

Ich wurde im Herbst 1924 als Student der Fakultät Bauwesen, Abteilung Architektur, der Technischen Hochschule Charlottenburg immatrikuliert. Gleich in den ersten Tagen besuchte ich Professor Hans Poelzig in seinem Meisteratelier in Potsdam, das in den historischen Communs[10] untergebracht war. Eine Empfehlung, die ich noch in Frankfurt erhalten hatte, verschaffte mir Zutritt zu dem vielbeschäftigten Mann. Schon auf der Fahrt nach Potsdam hatte ich Herzklopfen, das sich noch verstärkte, als ich die großen und hohen Räume der Communs betrat. Aber der Professor empfing mich sehr freundlich. Er fiel zwar durch eine etwas ungewöhnliche Kopfform und eine ebenso außergewöhnliche Frisur auf, aber nicht das überraschte mich, sondern eher seine Vertrauen auslösende, menschliche Wärme. Er sah sich meine Modellaufnahmen der Frankfurter Zeit an und fand, wie ich es schon einmal erwähnte, daran Gefallen.

Poelzig hielt viel von der dreidimensionalen Darstellung von Bauten. Er wies mich aber darauf hin, daß ich erst einmal die vier Semester bis zum Vorexamen absolvieren müßte, dann erst würde sich entscheiden, ob ich sein Schüler würde.

Diese ersten beiden Jahre an der Hochschule, in denen wir Pflichtvorlesungen hörten und fast in jedem Fach Zeichnungen oder Grafiken in Tusche anfertigen mußten, machten meinen Kommilitonen und mir keineswegs große Freude. Hätten nicht Hans Poelzig, später dann Heinrich Tessenow[11] und schließlich auch Bruno Taut[12] dort gewirkt, wäre das Ansehen der Schule keineswegs so groß gewesen.

Ich möchte nun nicht so verstanden werden, als hätten wir überhaupt nichts für unsere Fachausbildung gelernt, denn schließlich unterrichteten uns namhafte Fachleute. Vorlesungen und Seminare in Statik hielt der renommierte Professor Siegmund Müller, Baukonstruktion lehrte Professor Weiß, Formen des Mittelalters (Werksteinbauten) Professor Friedrich Seesselberg. Über Bauwerke in antiken Formen las Professor Bruno Schulz, der Verdienste bei der Ausgrabung von Baalbek in Kleinasien besaß, die Seminare zum gleichen Thema hielt Professor Karl Wach. Doch uns störte vor allem, daß diese Fächer nur bedingt mit der Praxis zu tun hatten.

Wir erfuhren wenig von neuen Konstruktionen und Bauweisen, obwohl inzwischen schon Ernst May[13] in Frankfurt (Main) und Walter Gropius[14] in der Törtensiedlung[15] bei Dessau Stahlbetonelemente und vorgefertigte Wandplatten anwandten. Wir hingegen mußten nach alten Lehrplänen exakt unsere fein in Tusche gezogenen Whatmanbögen[16] fertigen.

Wir erfüllten diese Pflicht recht lustlos. Zum Glück forderten uns die Zeich-

nungen zeitlich nicht so sehr, daß nicht noch manche freie Stunde möglich gewesen wäre. Ich widmete meine Nachmittage zum Teil dem Sport und trat in die Schlagballmannschaft der Schule ein, die einen guten Platz innerhalb der Berliner studentischen Mannschaften einnahm. Auch den Langstreckenlauf, den ich schon in Frankfurt betrieben hatte, nahm ich wieder auf. Und falls ich schon einmal ein schlechtes Gewissen wegen mangelnden Studienfleißes bekam, beruhigte ich mich mit dem lateinischen Sprichwort: „Mens sana in corpore sano", in einem gesunden Körper wohnt ein gesunder Geist.

Wenn man bedenkt, daß damals außer Poelzig und Tessenow auch Architekten wie Peter Behrens[17], Walter Gropius, Ludwig Mies van der Rohe[18], Bruno und Max Taut[19], Ernst May sowie der 1908 verstorbene Joseph Maria Olbrich[20] mit ihren Schöpfungen von sich reden machten und daß ein großer Teil von ihnen sogar in Berlin lebte, so ist es verständlich, daß die fortschrittlichen Studenten das uns vermittelte Lehr- und Studienangebot ablehnten und versuchten, Änderungen zu erreichen. Ich erinnere mich noch, daß wir uns in einer Studentenversammlung dafür einsetzten, Mies van der Rohe – besonders nach seinem Erfolg bei der Weißenhofsiedlung[21] – an die Hochschule zu holen, was jedoch aus mir heute nicht mehr bekannten Gründen fehlschlug. Ein Erfolg unserer Bemühungen war aber zweifellos die Berufung von Bruno Taut, denn er galt als linksgerichteter Baumeister mit neuen Vorstellungen über die Ausbildung. Leider kam er erst 1930, also nach meiner Studienzeit, nach Charlottenburg.

Ich glaube auch nicht, daß sich die Bedingungen an anderen Hochschulen Deutschlands damals wesentlich von denen bei uns unterschieden. Kenntnisse wurden vermittelt, aber nicht in der Richtung, die einem jungen, angehenden Architekten für seine praktische Tätigkeit von Nutzen gewesen wären. Auch Zeitgenossen urteilten: „Das Architekturstudium an der TH zu Berlin ist auf einem Lehrplan aufgebaut, der sich an die Tradition anschließt und in der Erziehung von Baubeamten seine wesentlichste Aufgabe sieht."[22]

An anderer Stelle und über unsere Berliner Schule hinausgehend heißt es: „Hier wird ein bestimmtes, ausgesprochen akademisches System des Architekturunterrichts seit Jahren (so lange, wie wir, die Studierenden, uns irgendwie entsinnen können) ausgeübt. Die Professoren sind zum großen Teil unter der ungeänderten Ausübung dieses Systems ergraut."[23]

Ich möchte zwei Episoden schildern, die mir charakteristisch für die damalige Situation an unserer Bildungsstätte scheinen und die auch in die Zeit vor dem Vorexamen fielen. Professor Schulz, der Dozent für die antiken Formen, hatte wenig pädagogische Fähigkeiten. Er stand die ganze Vorlesung mit dem Rücken zum Auditorium gewandt und zeichnete sehr genau ionische oder korinthische Kapitelle mit Kreide an die Tafel. Wir sollten sie im Studienheft nachzeichnen – eine sehr langweilige Übung. Da er sich nie umdrehte, passierte es, daß bis auf einige Studenten alle so leise wie mög-

lich den Lehrsaal verließen. Kurz vor Ende der Vorlesung drehte sich Professor Schulz doch einmal um, sah den leeren Saal und sprach: „Dann kann ich ja auch gehen."

Eine andere Episode: Im Seminar von Professor Wach sollten wir Elemente vor allem der griechischen Baukunst – also wieder ionische und korinthische Kapitelle – im großen Maßstab zeichnen und in Tusche ausziehen. Es war eine mühselige und uns überflüssig erscheinende Arbeit, zumal wir die spiralförmig eingerollten Voluten genau mit dem Zirkel zeichnen mußten. Wir schafften uns deshalb einen Pausapparat an, der aus einem Rahmen in der Größe eines Whatmanbogens und einer daraufgelegten Glasscheibe bestand. In dem Kasten wurde eine elektrische Lampe installiert, die es uns ermöglichte, ein Original mit einem gut gezeichneten Kapitell unter einem neuen Zeichenbogen deutlich wahrzunehmen. Dann kopierten wir mit den Spitzen eines Stechzirkels die Konturen der darunterliegenden Zeichnung und zogen sie zuerst mit dem Bleistift und dann in Tusche sorgsam nach. Original und Kopie waren kaum noch zu unterscheiden. Aber anscheinend war Professor Wach diese Praxis schon bekannt, denn er prüfte das Zeichenblatt gegen Licht auf eventuell gestochene Löcher sowie auf manchmal von der Tusche nicht ganz verdeckte Bleistiftstriche. So entdeckte er auch meine Fälschung, und ich hatte großen Ärger, den ich vor dem Vorexamen nicht brauchte. Ich konnte den Unmut meines Professors jedoch beschwichtigen und schließlich sogar verdrängen, indem ich zusätzlich ein Aquarell eines kleinen Tempelinterieurs anfertigte.

So verliefen die beiden ersten Jahre bis zum Vorexamen, ohne daß ich mir darüber klar wurde, ob die mit wenigen Ausnahmen auf vergangene Bauepochen gerichteten Vorlesungen und Seminare für meine Zukunft von Nutzen sein würden. Bis zur Zwischenprüfung hatten wir 30 bis 40 Whatmanbögen anzufertigen und in Tusche auszuziehen. So hatte ich in den letzten Monaten ganz schön zu tun. Nach einigem Pauken, um die fehlenden, uns jedoch abverlangten Kenntnisse nachzuholen, bestand ich das Vorexamen.

Ich hatte das Glück, 1926, wie erhofft, in den Kreis um Professor Poelzig aufgenommen zu werden, nachdem ich eine entsprechende Prüfung bestanden hatte. Poelzig nahm nicht jeden, und ein Poelzig-Schüler zu sein, war damals ein Begriff. Um ihn versammelten sich viele linksorientierte Studenten, darunter manche Ausländer. Obwohl in Deutschland durchaus andere bekannte Bauhochschulen existierten, so in München, Stuttgart, Dresden oder Darmstadt, obwohl dort damals so bekannte Architekten wie Theodor Fischer[24], Richard Riemerschmied[25], German Bestelmeyer[26], Wilhelm Kreis[27], Paul Bonatz[28], Martin Dülfer[29] und Fritz Schumacher[30] lehrten, obwohl 1919 das Bauhaus in Weimar gegründet worden war, besaß der Name Poelzig doch eine große Anziehungskraft. Waren es anfangs seine Phantasie und seine Formensprache, die ihre Wirkung auf uns hinterließen, so kamen später, als wir ihn näher kennenlernten, seine große Persönlichkeit und

Menschlichkeit, seine dem technischen Fortschritt zugewandten Auffassungen und seine außerordentlichen pädagogischen Fähigkeiten hinzu.

Über meinen bis heute verehrten Lehrer, über den unterschiedliche Meinungen bis in unsere Zeit bestehen, möchte ich ein paar Bemerkungen machen, die nicht nur sein Schaffen, sondern auch seine persönliche Haltung und seine Weltanschauung betreffen. Poelzig gehörte keiner Partei an, aber er war fortschrittlich in seiner Gesinnung. Er hatte den Mut, seine Meinung zu sagen, Konsequenzen zu ziehen und dafür auch Nachteile in Kauf zu nehmen. Als politisch freisinniger Mensch war er ein Feind des Nazismus und des Rassismus und haßte jede geistige Enge und Bürokratie. Er sagte einmal: „Architekt sein heißt nicht Fachmann, nicht Spezialist, sondern Mensch, Kämpfer sein für alles Menschliche." 1933, nach der Machtübernahme der Nazis, wurde er in seinem Schaffen eingeengt und schließlich zur Untätigkeit gezwungen.

Poelzig stimmte der Meinung zu, daß jedes Bauwerk auch ein Ausdruck der ausübenden Macht sei. Er war sich klar darüber, daß es keine l'art pour l'art, keine Kunst für die Kunst, gibt.

Als Architekt ging er von einer für ihn typischen Formenwelt aus, ohne eigene Ansichten seinen Schülern aufzudrängen. Im Gegenteil: Er war ärgerlich, wenn Studenten versuchten, seine Bauwerke in ihren Entwürfen zu kopieren. So gibt es keine Poelzig-Schüler im eigentlichen Sinne des Wortes.

Die Lehrmethoden des Meisters, wie wir ihn nannten, waren bezeichnend für seine große Rolle als Erzieher einer jungen Architektengeneration. Donnerstag und Freitag waren in seinem Seminar die Kritiktage. Poelzig hatte zuvor Entwurfsaufgaben aus allen Gebieten der Baukunst vergeben. Häufig wählte er Themen, mit denen er sich selbst gerade beschäftigte. „Denn", sagte er, „hätte ich mir nicht selbst daran die Hörner abgestoßen, so wüßte ich ja nicht, wie schwer das ist."

Unsere Ergebnisse, die an die Wand geheftet wurden, zeigten sowohl klassische Stile als auch recht romantische[31] Lösungen. Wir waren ja noch jung und wollten uns ausprobieren. Um einen der Entwürfe bildete sich eine dichte Schar von Studenten. Derjenige, um dessen Vorschlag es ging, mußte erklären, wir anderen sollten kritisieren. Aus unserer Mitte stieg gewöhnlich ein Faden blauen Zigarrenrauchs, das war der Meister, der uns anhörte und erst zum Schluß sein Urteil fällte. Poelzig äußerte sich gegenüber dem einzelnen Studenten mit äußerster Vorsicht. Er wollte versuchen, einem jeden von uns die unverwechselbare Handschrift entwickeln zu helfen, die ein Architekt haben sollte.

Wir behandelten Einfamilienhäuser, Industriebauten, Warenhäuser, Bürogebäude und anderes. Poelzig kannte nur zwei Urteile: weitermachen oder verwerfen. Überzeugte ihn ein Entwurf, so sagte er: „Das nehme ich mir", und eine größere Ehre konnte er einem Studenten nicht erweisen. Er lehrte uns:

Es gibt zwei sehr schwere Aufgaben – ein sehr großes Theater und ein ganz kleines Haus, aber das Haus ist von beidem die schwerere Aufgabe.
Auch viele meiner Entwürfe standen zur Kritik, so ein Wohnhaus, ein Ausstellungspavillon, ein Theater, eine Schule und eine Kirche. Die Kirche war von mir als Vorschlag für die Baustelle an der Straße Adlergestell gedacht, in der Nähe des Bahnhofs Schöneweide, wo jetzt tatsächlich eine Kirche steht. Mich reizte die Möglichkeit einer solchen Komposition, weil ich viele Kirchen auch heute noch zu den schönsten Bauten der Menschheitsgeschichte zähle.
Einmal sagte Poelzig zu mir: „Curtl“ – so nannte er mich –, „Sie haben den Berliner Stil getroffen.“ Das bedeutete für mich ein großes Lob, denn ich fühlte mich in die Nähe von Schinkel, Persius und Stüler gerückt.
Der Überschwang für das „Neue Bauen“ und der unvergessene Zorn aus der Zeit vor dem Vorexamen führten uns zu mancher Übertreibung. Wir hatten in unseren Räumen der Architekturabteilung ein mächtiges korinthisches Kapitell aus Gips zu stehen, das uns alle ständig an die langweiligen zeichnerischen Übungen erinnerte. Einmal genügte ein nichtiger Anlaß, der uns über das Kapitell herfallen und dessen schmückende Elemente abschlagen ließ. In diesem Moment kam der Meister herein. Alle außer mir hatten das Weite gesucht, ich stand – plötzlich ernüchtert – noch da. Poelzig meinte nur, er verstünde schon unseren Groll, aber das wäre doch Beschädigung des Inventars der Hochschule, und außerdem könne man von solchen Elementen der früheren Architektur auch lernen. Sonst geschah nichts. Das war der Mensch Poelzig.
Von den Kommilitonen, mit denen ich zusammen studierte, leben nur noch wenige, unter ihnen Helmut Hentrich[32], Hans Köhler[33] und Julius Posener[34]. Verstorben sind von meiner Generation Rudi Hamburger[35], Richard Jenner[36], Richard Paulick[37], Egon Eiermann[38] und Konrad Wachsmann[39]. Alle haben in ihren Werken und in ihrem Schaffen ihr eigenes Wollen verwirklichen können, haben aber von ihrem Lehrer viel im Herangehen an eine Aufgabe gelernt. Allein die Seminarformen und die Methoden, die Poelzig dabei anwandte, sind von manchem seiner Schüler übernommen worden und beeinflussen Hochschullehrer, Architekten und Leiter von Projektierungsbüros bis heute.
An unserer Schule studierte damals Albert Speer[40], der sich später einen zweifelhaften Namen als „Schöpfer“ der großen Aufmarschplätze der Faschisten in Nürnberg, Berlin und anderen Städten verschaffen sollte. Zu seinen Studienjahren in Charlottenburg schrieb er in seinen Memoiren selbst, daß ihm die Begabung gefehlt hätte, ein Poelzig-Schüler zu werden. Wahrscheinlich schätzte er schon damals die Liberalität Poelzigs nicht. Aber er kam oft in unser Seminar und fühlte sich in unserem Kreis offensichtlich recht wohl. Ich habe ihn als still und nicht provozierend in Erinnerung. Anfang der dreißiger Jahre sollte sich das aber ändern. An und für sich gehörte er in das Seminar von Heinrich Tessenow.

Einen Eindruck vom Größenwahn der NS-Führungsclique vermittelt das von Albert Speer entworfene Projekt einer Kongreßhalle für Berlin mit 290 m Höhe, viermal so hoch wie der Reichstag und zehnmal höher als das Brandenburger Tor.

Es war bei uns üblich, daß wir aus Interesse anderen Seminaren beiwohnten. So waren auch wir hin und wieder Gasthörer bei Heinrich Tessenow. Im Gegensatz zu Poelzig führten dessen Lehrmethoden dazu, daß die Studenten sich an seine Formensprache anlehnten, und wir erblickten folglich an den Wänden und auf den Tischen des Unterrichtsraumes lauter kleine Tessenows.

Als ich 1928 zusammen mit einem Studienkollegen an einem Wettbewerb für ein öffentliches Gebäude in Malchin in Mecklenburg teilnahm, war Heinrich Tessenow Vorsitzender der Jury. Wir versuchten deshalb, seinem Stil nahezukommen. Das gelang uns wohl, denn wir erhielten den ersten Preis.

Trotzdem muß Heinrich Tessenow, der erst 1926 an unsere Hochschule kam, als einer der Lehrer hervorgehoben werden, die viel unternahmen, um das

Profil und die Studienmethoden unserer Bildungseinrichtung verändern zu helfen. Außerdem achteten wir ihn als den Schöpfer solcher schmucklosen, klar gegliederten Wohnbauten, wie sie z. B. in der Gartenstadt Dresden-Hellerau[41] noch zu finden sind. Sein Festspielhaus in der gleichen Gegend beeindruckte uns ebenfalls. Wie so viele andere kam auch dieser Architekt mit seinen teilweise sehr sozialen Auffassungen nach der Machtergreifung der Nazis nicht mehr recht zum Zuge und zog sich zurück. 1950, bei der Gründung der Akademie der Künste der DDR, wurde er deren ordentliches Mitglied. Ich konnte ihn aber nicht mehr sprechen, denn leider verstarb er bald darauf.

Der wohl am meisten links stehende Lehrer in Charlottenburg war Bruno Taut, der, wie ich schon schrieb, 1930 an diese Hochschule berufen wurde. Ihn traf ich nach seiner Flucht aus Hitlerdeutschland in Moskau wieder, wo er mit einer kleinen Architektengruppe für den Aufbau der sowjetischen Hauptstadt tätig war.

Zwischen Poelzig, Tessenow und Taut bestand ein gutes Einvernehmen, voll Humor für kleine Schwächen des anderen. Poelzig äußerte sich einmal: „Architektur ist gefrorene Musik. In Magdeburg taut's", und spielte dabei auf die manch herkömmliche Erfahrung in Frage stellende Tätigkeit seines Kollegen in der Elbestadt an. Ein anderes Mal, als er mit Tessenow eine Ausstellung von Peter Behrens besuchte, war er so beeindruckt, daß Tessenow zu hören bekam: „Heinrich, laß die Bäume, nimm die Wolken!" Tessenow schmückte seine Entwürfe gern mit den für ihn typischen gezeichneten Bäumen, während Behrens sich großer, sehr dekorativer Wolken bediente.

Alle vier waren mit anderen modernen Architekten im „Ring" vereinigt. Mir sind als Mitglieder dieses Bundes noch Ludwig Mies van der Rohe, Walter Gropius, Max Taut und Hans Scharoun[42] in Erinnerung. Der „Ring" genoß in der Weimarer Zeit auch bei staatlichen Stellen hohes Ansehen. Obwohl diese Architektenvereinigung kaum einen klaren politischen Standpunkt bezog, stand sie allen sozialen Fragen aufgeschlossen gegenüber und ist deshalb als fortschrittlich zu bezeichnen. Nicht umsonst mußten die meisten Mitglieder dann vor der faschistischen Herrschaft emigrieren.

Zu den interessanten Aufgaben während meines Studiums gehörte ein Bebauungsvorschlag für die Siedlung westlich des Flughafens Tempelhof, den ich für meinen Lehrer Hermann Jansen[43] entwerfen mußte und der von ihm eine gute Beurteilung erhielt. Jansen war als Städtebauer recht bekannt und brachte uns Studenten manches Wissenswerte für die Praxis bei. Das Projekt dieser Siedlung war aus dem Leben gegriffen, das erhöhte den Reiz einer Mitarbeit, zumal ich wußte, daß auch andere Bebauungsvorschläge vorlagen, die dann zum großen Teil ausgeführt wurden.

1926 erhielten einige Poelzig-Schüler – das zeigte die guten Beziehungen zwischen unserem Meister und Gropius – Einladungen zur Eröffnung des neuen Bauhauses in Dessau. Möglicherweise verschaffte uns auch Richard Paulick, der sowohl mit Poelzig als auch mit Gropius verbunden war und bei letzterem an der Siedlung Törten mitgearbeitet hatte, die Gelegenheit zu dieser Fahrt.

Natürlich war auch für uns Gropius einer der bekanntesten modernen Baumeister. Wenn heute über das Bauhaus und dessen Wirkung in der Gegenwart immer noch diskutiert wird, so ist und bleibt das Werk von Gropius doch eine unumstrittene Leistung. Er hat – wie Bruno Taut – viel zur Typisierung und Industrialisierung des Bauens beigetragen. Schon damals gefiel uns das Dessauer Bauhaus mit seinen klar gegliederten Baukörpern. 50 Jahre später sollte ich erneut auf einem der schönen, wenn auch nachgebildeten Stühle von Marcel Breuer[44] sitzen und der festlichen Veranstaltung zum Jubiläum der bekannten Kunstschule beiwohnen, denn 1976 ist dieses Haus – mit staatlichen Mitteln wiederaufgebaut – in der alten Form als wissenschaftlich-kulturelles Zentrum Dessaus erneut eröffnet worden.

1927 erhielten ein Studienkollege und ich die Möglichkeit, in den Semesterferien bei Mies van der Rohe arbeiten zu können, dem ab 1930 dritten und letzten Direktor des Bauhauses, das 1933 von den Faschisten aufgelöst wurde. Mies hatte damals ein dreigeschossiges Mietshaus für die Weißenhofsiedlung in Stuttgart entworfen und gleichzeitig die Gesamtleitung des Vorhabens übernommen.

Für uns war das eine willkommene Möglichkeit, wieder einmal ganz nahe an die Baupraxis heranzukommen. Wir saßen bzw. standen an großen Reißbrettern und mußten die einzelnen Wohnungen und jeden Wohnraum im Maßstab 1:10 oder 1:20 durchzeichnen. Das war anstrengend, schulte aber sehr, da dieser Maßstab die Genauigkeit jedes Details erforderte und unser Auftraggeber auf eine korrekte Wiedergabe auch von Einzelheiten Wert legte.

Die ganze Siedlung fand dann in Deutschland großen Widerhall, waren doch an ihr unter anderen Peter Behrens, Le Corbusier[45], Walter Gropius, Ludwig Hilbersheimer[46], Jacobus Johann Pieter Oud[47], Hans Poelzig, Hans Scharoun, Mart Stam[48] sowie Bruno und Max Taut mit ihren Wohnbauten beteiligt.

Mies van der Rohe schrieb damals über seinen Häuserblock: „Wirtschaftliche Gründe fordern heute beim Bau von Mietwohnungen Rationalisierung und Typisierung ihrer Herstellung. Diese immer steigende Differenzierung unserer Wohnbedürfnisse aber fordert auf der anderen Seite größte Freiheit in der Benutzungsart. Es wird in Zukunft notwendig sein, beiden Tendenzen gerecht zu werden. Der Skelettbau ist hierzu das geeignetste Konstruktionssystem. Er ermöglicht eine rationelle Herstellung und läßt der inneren Raum-

Weißenhofsiedlung in Stuttgart, das von Mies van der Rohe selbstentworfene 3geschossige Wohnhaus im Hintergrund

aufteilung jede Freiheit. Beschränkt man sich darauf, lediglich Küche und Bad ihrer Installation wegen als konstante Räume auszubilden, und entschließt man sich dann noch, die übrige Wohnfläche mit verstellbaren Wänden aufzuteilen, so glaube ich, daß mit diesen Mitteln jedem berechtigten Wohnanspruch genügt werden kann."[49]

Man möchte fast sagen, daß diese Worte auch heute noch ihre Gültigkeit haben. Neulich las ich über neuentwickelte Plattenbauten in Karl-Marx-Stadt, die sich auf die bekannte Wohnungsbauserie 70 gründen. Zu den Veränderungen gehört der Einbau leichter Trennwände in den größeren Wohnungen. Nach dem Auszug der Kinder können sie entfernt werden. Das könnte ein Schritt sein hin zu den verstellbaren Wänden, wie Mies sie gefordert hat.

Wir arbeiteten in seiner Wohnung in der Straße am Karlsbad in einem großen Raum. Wenn es Nachmittag wurde, zog sich Mies meist zurück und äußerte nur, daß er ein wenig nachdenken, Ideen sammeln müsse. Bald hörten wir aus dem Nebenzimmer ein leises Schnarchen und wußten, daß er die neuen Ideen im Schlafe suchte. Wenn er danach zu uns kam, war er frisch und hatte wirklich manches Problem gelöst.

Zwischen ihm und seinem Konstrukteur – der Name ist mir entfallen –, der in einer anderen Wohnung arbeitete, bestand ein gutes Einvernehmen. Doch manchmal gab es auch Meinungsverschiedenheiten, z. B. hinsichtlich der auskragenden Platte über der Terrasse im obersten Geschoß seines Weißenhof-Wohnhauses. Der Konstrukteur wollte eine Stütze am Zusammenstoß der beiden Kragbalken, was auch ökonomischer gewesen wäre, Mies aber beharrte aus ästhetischen Gründen auf seinem Standpunkt. Den Gesprächen zwischen beiden konnten wir lauschen. Bei der Gelegenheit eines solchen Streites kam es vor, daß sich der Hausherr am Telefon meldete: Hier Mies, und der Konstrukteur antwortete: Hier beschissen.

Die Persönlichkeit von Ludwig Mies van der Rohe unterschied sich grundsätzlich von der des vitalen Hans Poelzig. Mies war ruhig, sehr sachlich, fast nüchtern, sprach nur soviel wie notwendig. Uns imponierte er durch seine ideenreichen Entwürfe, wobei seine Ausstellungs- und Wohnbauten durch die Klarheit der Grundrißkonzeption und des ganzen Aufbaus sowie durch fließende Wände, die im allgemeinen keine geschlossenen Räume zuließen, bestachen. Er war besonders in seinen reifen Jahren ein konsequenter Verfechter des rechten Winkels im Bauwerk und lehnte die sogenannte organische Architektur, wie sie z. B. Hans Scharoun vertrat, ab. Besonders starke Eindrücke auf mich hinterließen seine Wohnbauten sowie der Pavillon in Barcelona (1929) und das 1926 aus rotem Backstein erbaute Monument auf dem Zentralfriedhof Berlin-Friedrichsfelde für Karl Liebknecht und Rosa Luxemburg. Die Faschisten zerstörten es später und ebneten es ein. Zu den letzten Bauten Mies van der Rohes gehörte die 1962–1968 entstandene Neue Nationalgalerie in Westberlin, ein schöner, lakonischer Bau.

Trotz der Unterschiede im Temperament erinnerte uns Mies van der Rohe in einem sehr an Hans Poelzig, die sich im übrigen gut verstanden: Beide schätzten die Bauten von Karl Friedrich Schinkel hoch ein.
Nach 1933, nach der endgültigen Schließung des von Weimar nach Dessau und von Dessau nach Berlin vertriebenen Bauhauses, mußte auch Mies van der Rohe in die Emigration gehen, weil er, wie so viele andere fortschrittliche Künstler, keine Möglichkeit mehr sah, in Deutschland zu arbeiten.

Für uns ging die Schule nach dem Zwischenspiel (Weißenhofsiedlung) in der Praxis vom Sommer 1927 weiter. Wir hörten interessante Gastvorlesungen von Mies van der Rohe, von Gropius sowie von den beiden Holländern van Eesteren[50] *und Oud. Alle diese Architekten engagierten sich mehr oder weniger für die Probleme des sozialen Wohnungsbaus und unterstützten so eine von den Gewerkschaften geforderte progressive Baupolitik. Mit solchen für jene Zeit mustergültigen Wohnsiedlungen wie Berlin-Britz, Weißenhofsiedlung Stuttgart, Frankfurt (Main)-Römerstadt und Bruchfeldstraße*[51]*, Dresden-Hellerau oder Törten bei Dessau schufen sie ihre vieldiskutierten Beispiele.*

Siedlung Bruchfeldstraße
in Frankfurt (Main)
a) Gartenhof mit Planschbecken
b) Dachterrasse auf der Gartenhofseite

Ich möchte nicht unerwähnt lassen, daß ich während meiner Berliner Jahre nach wie vor – wenn auch nicht so systematisch wie in Frankfurt – Theatervorführungen und Konzerte besuchte. Aufführungen von Max Reinhardt, Leopold Jessner und Erwin Piscator sind mir in guter Erinnerung, ebenso die Musikabende in der Philharmonie. Ich erlebte Werner Krauß, Eugen Klöpfer, Wilhelm Dieterle, Agnes Straub, Lucie Höflich und auch schon den jungen Ernst Busch in „Hoppla, wir leben".
Viel verdanke ich den schönen Abenden bei dem Chemiker Professor Arthur Rosenheim, der einst Lehrer meines Vaters war und bei dem ich mit einem

großen Kreis von Musikern persönlich bekannt wurde, so mit den Pianisten Arthur Schnabel, Edwin Fischer und Frederick Lamond. Ich lernte auch den jungen Maler Richard Hallgarten, genannt „Ricki“, kennen, der mit Erika und Klaus Mann befreundet war und dem Klaus Mann in seinem Buch „Der Wendepunkt“ ein Denkmal gesetzt hat. Erich Correns, später Präsident des Nationalrates der Nationalen Front der DDR, verkehrte ebenfalls bei den Rosenheims.
Professor Rosenheim war Jude. Wir hielten unsere, meist brieflichen, Beziehungen aufrecht bis zu seinem Tode Mitte der dreißiger Jahre. Er starb eines natürlichen Todes und bewahrte sich damit vor einem zumindest sehr ungewissen Schicksal. Mein letztes Lebenszeichen von ihm ist eine Postkarte vom September 1935: „Ihre Erinnerungen an meine Mutter, die Sie sehr liebte, und an mein Haus haben mir in diesen Zeitläuften, in denen so viele persönliche Beziehungen wanken, sehr wohl getan. Ich kann Ihnen nur versichern, daß auch meinerseits meine warme und teilnehmende Gesinnung für Sie über alle Ereignisse des offiziellen Lebens hinweg stets dieselbe geblieben ist und bleiben wird.“ Man muß bei diesem kurzen Text zwischen den Zeilen lesen, denn hier gibt ein Jude Sympathien an, die jemand für ihn empfindet, und bekennt sich seinerseits zu einem in der Sowjetunion lebenden und arbeitenden jungen Freund, dem man nach 1933 schon längst seine Stellung im faschistischen Regierungsdienst gekündigt hatte.
1929 fand mein Hauptexamen statt. Ich entwarf ein Theater für etwa 1 000 Besucher mit einem ovalen Saal, der amphitheatralisch angeordnete Sitzreihen hatte. Ich schäme mich nicht, zu bekennen, daß der Entwurf des Salzburger Festspieltheaters von Hans Poelzig dabei Pate gestanden hatte. Die Außenhaut war in Klinker gedacht, deren tektonische Eigenschaften auch in den bogenförmigen Fenstern und Türen hervorgehoben wurden.
Für diese Diplomarbeit erhielt ich Anerkennung.
Danach stand für mich sehr ernsthaft die Frage, wo ich arbeiten könne. Die Weltwirtschaftskrise hatte begonnen. Die umfangreiche Bautätigkeit der zwanziger Jahre wurde gestoppt. Auf der Tagesordnung standen Unterkünfte für das „Existenzminimum“ – unsoziale Kleinstwohnungen, die Bruno Taut von seinen Studenten untersuchen ließ. Es hatte sich also einiges geändert an unserer Schule. Aus den Untersuchungen ging hervor, daß diese Kleinstwohnungen, von den Behörden für zwei Bewohner gedacht, in Wirklichkeit aber mit der doppelten und dreifachen Anzahl, teilweise mit zehn Menschen, belegt waren. Architekten wurden für diese Art von Massenquartieren kaum gebraucht.
Es ergab sich der glückliche Umstand, daß Poelzig den Auftrag für das Rundfunkgebäude in der Masurenallee erhalten hatte und ein paar Architekten für die Anfertigung von Bauzeichnungen suchte. So wurde ich vom 1. Juni 1929 bis zum 31. Januar 1931 Mitarbeiter an dieser hochinter-

essanten, unmittelbar mit dem Baugeschehen verbundenen Aufgabe. Anfangs war ich Spezialist für Treppen- und Fensterzeichnungen, nach dem Beginn der Innengestaltung machte mich Poelzig verantwortlich für die Farbgebung der Treppenhäuser, des Sitzungssaales und der Korridore. Auch für die Gestaltung der Lampen im Lichthof hinter dem Haupteingang war ich zuständig.
Wir arbeiteten in einer für uns gebauten hölzernen Baubude, und alle Zeichnungen wurden uns förmlich aus den Händen gerissen, da das Bauen fast parallel erfolgte. Heute würde man unsere Arbeit als „gleitende Projektierung" bezeichnen, und bei großen Vorhaben und Sonderbauten ist sie ja zum Teil auch wieder üblich geworden.
Der Meister besuchte uns regelmäßig, um sich eingehend von Oberbauleiter Bauder über den Fortgang am Objekt unterrichten zu lassen. Außerdem kam er zu jedem von uns an den Arbeitsplatz und gab Ratschläge. Oft erzählte er uns auch kleine Geschichten über Vorfälle in der Künstlerwelt, denn er war befreundet mit Max Liebermann und dem Geiger Grünfeld, die beide sehr amüsant sein konnten. Er selbst hatte in jenen Jahren noch einmal geheiratet. Da sich bei seinen erwachsenen Kindern aus erster Ehe kein Nachwuchs einstellte, äußerte er einmal: „Meine Enkel mache ich mir allein", was er dann mit einer zweiten Generation eigener Kinder scheinbar auch verwirklichte.

Lichthof
im Rundfunkgebäude
in der Masurenallee

Der Bau in der Masurenallee wurde in etwa drei Jahren beendet, das war für jene Zeit als kurz anzusehen. Ich erhielt ein gutes Zeugnis. Poelzig wollte mich gern weiterbeschäftigen, aber neue Aufträge blieben aus. Ich erhielt eine Urlaubskarte von ihm aus Mallorca, auf der er mich in dieser Angelegenheit informierte. So rückte auch für mich die Aussicht auf Arbeitslosigkeit immer näher. Um mich nach meinem Studium noch weiterbilden zu können, war ich in die Preußische Bau- und Finanzdirektion eingetreten, wo ich nach einem Examen Regierungsbaumeister werden konnte. Diese Entwicklung hatten seinerzeit Schinkel und Poelzig auch genommen. Dank meiner Zeugnisse von Mies van der Rohe und Poelzig wurde ich aufgenommen und als Regierungsbauführer eingesetzt. Dieser Weg brachte jedoch materiell wenig ein und war nur möglich dank der Unterstützung durch meine Eltern.

Es kam mir allerdings zugute, daß ich als Regierungsbauführer noch ein halbes Jahr am Neubau der Universitätsfrauenklinik mitwirken konnte. Mein Arbeitsgebiet umfaßte die Bauaufsicht, Vertragsentwürfe, Vorverhandlungen mit der Baupolizei, die Überwachung der Ausführung elektrischer Starkstrom- und Schwachstromanlagen und anderes, was mich nicht gerade begeisterte, aber doch mein Wissen vertiefte.

Nach diesen sechs Monaten stand ich erneut auf der Suche nach Beschäftigung da.

1930 hatte ich geheiratet und war in ein Reihenhaus im Treibjagdweg der von Bruno Taut gebauten Gehagsiedlung gezogen. Ich wollte selbständig sein und auf die Hilfe meiner Eltern verzichten können. In der Weltwirtschaftskrise, die immer mehr auf Deutschland drückte und ein nie dagewesenes Arbeitslosenheer schuf, war jedoch an eine Veränderung meiner Lage kaum zu denken. Nicht nur die deutsche Arbeiterklasse, sondern auch die fortschrittliche Intelligenz interessierte sich deshalb in zunehmendem Maße für die Sowjetunion, das erste sozialistische Land, in dem die Bevölkerung unter großen Opfern die verheerenden Folgen der Intervention und des Bürgerkrieges beseitigt und einen großen Neuaufbau begonnen hatte.

Ernst May, der frühere Stadtbaurat von Frankfurt (Main), der sich durch seine Siedlungen einen Namen gemacht hatte und ein erfahrener, organisatorisch befähigter Architekt war, erhielt 1930 von der Sowjetregierung eine Einladung, beim Aufbau des Landes, besonders beim Bau neuer Städte und Siedlungen, mitzuwirken. Diese Einladung galt auch für eine Gruppe deutscher Architekten, die hauptsächlich aus seinem Frankfurter Mitarbeiterkreis bestand und die unter den „Rußlandfahrern" später die sehr bekannte Gruppe May bildete.

Nach einem kurzen Aufenthalt in Sowjetrußland und vor seiner endgültigen Abreise hielt May Vorträge in Berlin, die ich zusammen mit Freunden und Kollegen besuchte. Wenn ich mich nicht irre, fand ein solcher Vortrag auch in der Technischen Hochschule Charlottenburg statt. Der Redner führte unter anderem aus: „Bestand meine bisherige Tätigkeit, wie die fast aller Städte-

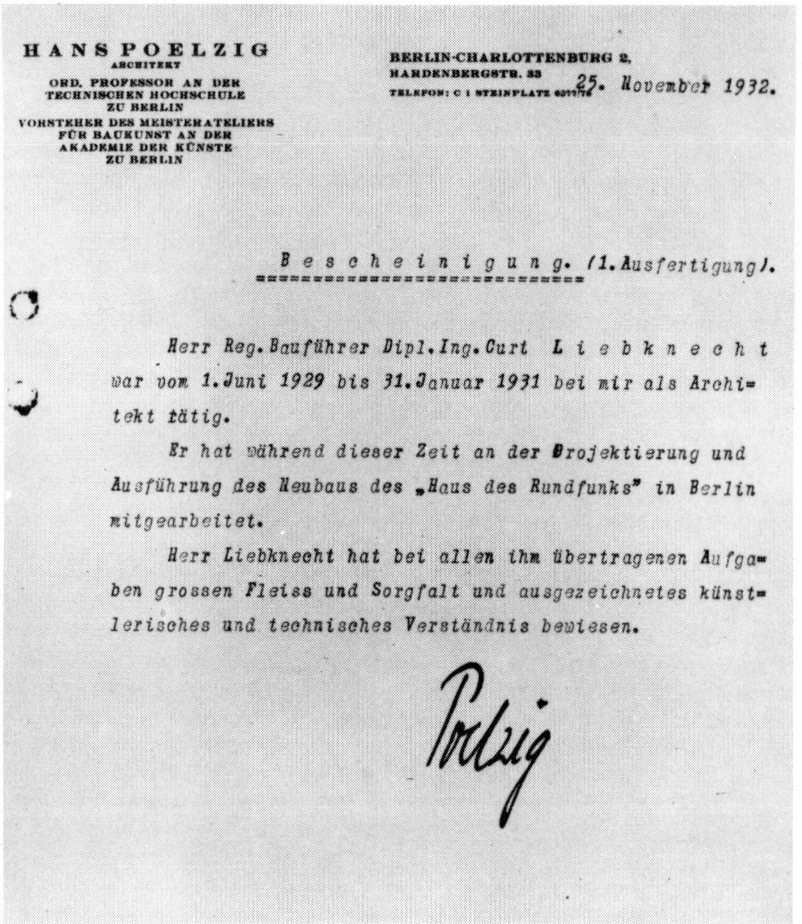

HANS POELZIG
ARCHITEKT
ORD. PROFESSOR AN DER TECHNISCHEN HOCHSCHULE ZU BERLIN
VORSTEHER DES MEISTERATELIERS FÜR BAUKUNST AN DER AKADEMIE DER KÜNSTE ZU BERLIN

BERLIN-CHARLOTTENBURG 2,
HARDENBERGSTR. 33
TELEFON: C 1 STEINPLATZ 6277/78

25. November 1932.

Bescheinigung. (1.Ausfertigung).

Herr Reg.Bauführer Dipl.Ing.Curt Liebknecht war vom 1.Juni 1929 bis 31.Januar 1931 bei mir als Architekt tätig.

Er hat während dieser Zeit an der Projektierung und Ausführung des Neubaus des „Haus des Rundfunks" in Berlin mitgearbeitet.

Herr Liebknecht hat bei allen ihm übertragenen Aufgaben grossen Fleiss und Sorgfalt und ausgezeichnetes künstlerisches und technisches Verständnis bewiesen.

Poelzig

Bescheinigung von Hans Poelzig an den Autor vom 25. November 1932

bauer der westlichen Länder, vorwiegend in der Stadterweiterung, ... so sollte ich nun Entwürfe für neue Städte aufstellen, die aus dem Nichts als selbständige Organismen zu schaffen waren. Eine der bedeutungsvollsten Aufgaben, die wohl je dem Städtebauer gestellt wurden, wurde mir anvertraut: die Gestaltung neuer sozialistischer Städte, deren Aufbau auf einer

Gehagsiedlung in Berlin-Zehlendorf

gänzlich veränderten sozialistischen Basis zu erfolgen hat, die in vielen Fällen erst zu ergründen und festzulegen ist."[52]

May verstand es, nicht nur uns zu begeistern, zumal in Deutschland kaum noch gebaut wurde. Wie er später mitteilte, meldeten sich für seine Gruppe, die aus 17 Mitarbeitern bestehen sollte, 1400 Bewerber. Bedingt durch die Zeitumstände, begann eine lebhafte Übersiedlung deutscher Architekten und Baufachleute in die Sowjetunion.

Schon als Studenten hatten wir viel von dem gewaltigen Aufbauprogramm Sowjetrußlands gehört. Wir kannten die Namen von El Lissitzky[53], Ginsburg[54], Melnikow[55] und Wesnin[56] – also von Architekten, die sich in den zwanziger Jahren durch ihr avantgardistisches Schaffen einen Namen gemacht hatten. 1931 dann erregte ein internationaler Wettbewerb für das imposante Theater in Charkow Aufsehen. Bekannte Architekten wie Le Corbusier, Walter Gropius und auch Hans Poelzig beteiligten sich daran, und wir hörten, daß in der Meisterwerkstatt unseres einstigen Lehrers Tag und Nacht an den Entwürfen gearbeitet wurde.

Zum regelrechten internationalen Kulturereignis jedoch wurde 1931/32 der Wettbewerb für den Sowjetpalast in Moskau, für den rund 160 Architekten verschiedener Länder ihre Entwürfe einsandten. Darunter war auch einer, den ich zusammen mit meinem Kollegen Marinus Gewin erarbeitet hatte;

denn zu jener Zeit befanden wir uns beide schon in der sowjetischen Hauptstadt.

Die Bauaufgaben in der Sowjetunion überstiegen alle unsere bis dahin vorhandenen Vorstellungen. Neue Städte entstanden im Donbass, im Ural, im Kusbass; Moskau sollte rekonstruiert, große Industriewerke sollten erweitert oder erbaut werden; Wohnviertel, Kulturpaläste, Theater, Kommunehäuser wuchsen empor. Die Sowjetunion brauchte zweckmäßige Pläne vor allem für den Wohnungsbau, die der Bevölkerung mit geringstem Aufwand hohe Gebrauchswerte sicherten. Da der deutsche Städtebau in dieser Hinsicht führend geworden war, seine in der Praxis bewährten Erfahrungen vorlagen, wurden zunehmend deutsche Bauarbeiter, Architekten und Ingenieure eingeladen, die ihre Erkenntnisse zur Verfügung stellten.

Dabei spielte auch die Gesellschaft „Freunde des neuen Rußland"[57] eine maßgebende Rolle. Sie gewannn einen großen Einfluß, und ihr gehörten bekannte Persönlichkeiten an. Sie gab eine Zeitschrift heraus, in der z. B. Walter Gropius 1931 nach den ersten neuen Stadtgründungen in der UdSSR zum Thema „Was erhoffen wir uns vom russischen Städtebau?" schrieb. Darin prangerte er das Privateigentum an Boden als schlimmste Fessel für einen vernünftigen Städtebau an. Ein davon befreites sozialistisches Bauwesen wie in der Sowjetunion lasse eine Bereicherung gerade der in Deutschland gemachten Erfahrungen erwarten.[58]

Beim Bau der neuen Frauenklinik hatte ich mit dem Architekten Marinus Gewin zusammengearbeitet, der mit Mitarbeitern der Gruppe May in Moskau bekannt war. Wir beschlossen zu versuchen, ebenfalls einen Arbeitsvertrag für eine Tätigkeit in der Sowjetunion zu erhalten, weil wir jung waren und eine Perspektive haben wollten.

Über die sowjetische Handelsvertretung schlossen wir einen Vertrag für zwei Jahre mit einem monatlichen Gehalt von 600 Rubel ab. Unverheiratete erhielten 500 Rubel. Ich mußte mich einem Gesundheitstest unterziehen, den einer meiner Vettern unternahm. Dr. Wilhelm Swenti war der Sohn der zweiten Tochter Wilhelm Liebknechts und Vertrauensarzt der sowjetischen Handelsvertretung. Das Resultat: Du bist gesund, du kannst fahren.

Natürlich war das kein leichter Entschluß. Ich hatte schon oft gehört, daß die Lebensverhältnisse wesentlich einfacher seien als die in Deutschland gewohnten. Aber ich war voller Erwartung, was auf mich zukommen würde, und auch meine Eltern bestärkten mich in meinem Vorhaben, zumal die faschistischen Horden immer mehr das öffentliche Leben in meiner Heimat bestimmten.

Anfang August 1931 setzte ich mich also wieder in den Zug, zusammen mit Marinus Gewin und dessen Gattin sowie mit meiner hochschwangeren Frau Olga. Wir fuhren in eine neue Welt. Sie begann in Njegoreloje, dem damaligen Grenzort nach der polnischen Grenze. Plakate und Grußbänder ließen uns wissen, daß wir sowjetrussisches Gebiet betreten hätten.

Meine Universitäten in der Sowjetunion

Der Lebensabschnitt in der Sowjetunion, der für zwei Jahre geplant war und der 17 Jahre dauern sollte, war außerordentlich entscheidend für mich. Rückblickend kann ich sagen, daß ich in dieser Zeit politisch geformt wurde, um eine Haltung auch in ideologischen Fragen zu beziehen, zu vertreten und durchzusetzen. Nicht umsonst bezeichne ich deshalb diesen Abschnitt meines Lebens nach Gorki als meine Universitäten.

Als Student und als junger Architekt in Berlin hatte ich viel Nützliches gelernt, hatte mich besonders auf fachlichem und künstlerischem Gebiet gebildet und war vor allem gefühlsmäßig in der Lage, fortschrittliche Bestrebungen und Ziele von reaktionären zu unterscheiden.

So gehörten die von mir verehrten Lehrer fast ausnahmslos zu jenen, die schon ein paar Jahre später in Deutschland nicht mehr wirken konnten. Gropius, Bruno Taut, Mies van der Rohe gingen ins Exil. Um andere Professoren sammelten sich Studenten, die „deutsches Volkstum" und nationalsozialistisches Gedankengut vertraten. Leider war auch der Kreis um Heinrich Tessenow von solchen Ideen durchdrungen, wie sie z. B. Albert Speer vertrat, den ich schon erwähnte. Trotzdem ließ sich der progressive Tessenow nicht kaufen, sondern zog sich, wie Poelzig, in die innere Emigration zurück.

Diese Polarisierung der politischen Kräfte schon an der Hochschule hätte ein Alarmsignal für mich sein müssen, eine klare Stellung einzunehmen, die Sorglosigkeit zu überwinden und auch das unzureichende Wissen um die Zusammenhänge hinsichtlich der Weltwirtschaftskrise zu ergänzen. Doch da sich meine politischen und gesellschaftswissenschaftlichen Erkenntnisse während des Studiums nicht wesentlich erweitert hatten, da ich mich weder intensiv mit sozialistischem Gedankengut beschäftigte noch direkte Verbindung zur Partei der Arbeiterklasse hatte, blieb es bei spontanen, zum Glück richtigen Hinwendungen.

Immer wieder gab es Erlebnisse, die mich stark berührten und die mich – ich möchte es einmal so allgemein nennen – für linke Ideen aufgeschlossen machten. Die Besichtigung des Denkmals für Karl Liebknecht und Rosa Luxemburg in Berlin-Friedrichsfelde gehörte dazu, ebenso die Teilnahme an der Maikundgebung der Kommunistischen Partei 1931 im Lustgarten, auf der Ernst Thälmann sprach. Ich hatte neben dem schon erwähnten Vortrag von Ernst May über seinen Aufenthalt in Sowjetrußland auch den sowjetischen Volksbildungskommissar Anatoli Lunatscharski über den sozialistischen Auf-

bau seines Landes sprechen gehört, und nicht zuletzt hinterließen Filme wie „Panzerkreuzer Potemkin", „Sturm über Asien" und „Die Mutter" sowie Romane wie „Zement" von Fjodor Gladkow ihre Wirkung auf mich.
Doch das Wissen um Zusammenhänge und über gesellschaftliche Ereignisse jener Zeit fehlte mir noch sehr.
So fuhr ich also in die Sowjetunion, immer noch als Regierungsbauführer der Preußischen Bau- und Finanzdirektion. Zwei Jahre später, 1933, sollte ich dann den Bescheid erhalten, daß mit der Neuordnung des Beamtentums im faschistischen Staat mein Verbleib in dieser Stellung nicht mehr zu verantworten und ich hiermit entlassen sei. Diese Nachricht berührte mich nicht sehr, sie verstärkte nur meinen Entschluß, in der Sowjetunion zu bleiben.
Wir reisten in den Augusttagen des Jahres 1931 per Bahn, denn damals war der zivile Luftverkehr noch nicht genügend entwickelt. Eine Bahnreise hat durchaus ihre Vorteile, man kann sich allmählich auf Land und Leute einstellen und natürlich auch umstellen. Je weiter wir in Polen nach Osten fuhren, um so mehr änderten sich viele äußerliche Gegebenheiten. Die Landschaft wechselte ihr Gesicht, ich kann mich an viele kleine Felder und an auffallend viele Birkenwälder erinnern. Dörfer, Städte, Bahnhöfe – alles zeigte ein anderes, uns ungewohntes Aussehen. Auch die offensichtliche Armut der Landbevölkerung war zu spüren. Vieles, was ich aus entwickelten kapitalistischen Ländern als üblichen Lebensstandard kannte, fehlte hier, jedenfalls bei flüchtiger, visueller Wahrnehmung.
Mit dem Grenzort Njegoreloje, damals der ersten sowjetischen Station, änderte sich dieses Bild insofern, als wir plötzlich Menschen zu Gesicht bekamen, deren Stolz trotz der unverkennbaren Not offensichtlich war. Überall hingen Transparente mit selbstbewußten Losungen: Hier entsteht ein neues Werk. Oder: Wir haben unseren Plan in der und der Zeit erfüllt. Solche Spruchbänder kannten wir vom Kampf der Parteien aus Deutschland auch, aber bei uns hatten sie kämpferisch geklungen, waren Aufrufe gewesen, dieses oder jenes zu tun. Hier nun stolze Aussagen über Erreichtes oder Angestrebtes. Zweifellos hatten in diesem Land Menschen ihr Schicksal selbst in die Hände genommen.
Wir brauchten zwei Tage, um über Minsk nach Moskau zu kommen, weil wir an der Grenze in einen anderen Zug umsteigen mußten. Die Gleisanlagen der Eisenbahn sind schon von alters her in Rußland breiter als die in Westeuropa. Trotzdem verläuft der Grenzverkehr heute einfacher, weil die Fahrgestelle der Wagen auf die größere Spur umgestellt werden können.
Schließlich kamen wir auf dem imposanten, Anfang des 20. Jahrhunderts erbauten Belorussischen Bahnhof in Moskau an, der an der nördlichen Mündung der Gorkistraße liegt und der auch heute noch der wichtigste Knotenpunkt der sowjetischen Hauptstadt im Verkehr mit Westeuropa ist. Der Bahnhofsvorplatz mit einer russischen Kirche, deren Turm von einer Zwiebelspitze gekrönt wurde, war für uns ein ungewöhnlicher Anblick. Heute sind die

Das Grenztor in Njegoreloje

Holzhäuser von einst verschwunden, an ihrer Stelle entstanden hohe, meist in den dreißiger Jahren erbaute Wohnhäuser.
Wir wurden von sowjetischen Genossen empfangen und in unsere vorläufige Behausung gebracht, in die Minin-Herberge[59], benannt nach einem der Befreier Moskaus von den polnischen Interventen. Der Gasthof lag gegenüber der Kremlmauer, südlich vom Roten Platz und der Wassili-Kathedrale. Unser erstes Domizil befand sich also in einer herrlichen Lage – mitten im historischen Kern der alten Stadt, mit Sicht auf die berühmten Kremlbauten, die Moskwa und den zentralen sakralen Bau Moskaus, die Erlöserkirche. Auch sie wurde später im Zusammenhang mit der Rekonstruktion Moskaus abgetragen, aber davon wird noch zu reden sein.
Unser Zimmer in der Minin-Herberge war geräumig. Daß es in seiner Ausstattung nicht unseren westlichen Ansprüchen entsprach, hat für uns damals kaum eine Rolle gespielt. Der Gasthof war zu einem großen Teil von Architekten und Ingenieuren bevölkert, die nach der bereits 1930 eingetroffenen Gruppe May nun ein zweites Baukollektiv bilden sollten. Zu uns, die wir alle 1931 angereist kamen, gehörten, soweit ich mich erinnere, außer Gewin der Ingenieur Bartoschat, der Grafiker Hüffner sowie die Architekten Jochen Grasshoff, Ernst Zerath, der Ungar Fred Forbát, der Österreicher Mossetig und der Holländer Bert Nienhuis.

Unser Arbeitsplatz befand sich im selben Gebäude, in dem auch die Gruppe May tätig war. Es handelte sich um ein großes, halbrundes Eckhaus in der Mjasnitzkaja, der heutigen Kirowstraße, das in mehreren Stockwerken, zum Teil in regelrechten Sälen, dem Projektierungstrust Standartgorprojekt – dem Planbüro sozialistischer Städte der Schwerindustrie – Raum bot.

Die Arbeit unseres Projektierungstrusts unterstand dem Volkskommissariat für Schwerindustrie unter der Leitung des bekannten und sehr geschätzten Sergo Ordshonikidse[60], seit 1930 Mitglied des Politbüros des ZK der KPdSU.

Es war unsere Aufgabe, neue Städte und Siedlungen für die Arbeiter und Werktätigen vor allem in der Nähe noch zu erschließender Rohstoffquellen im Ural und in Sibirien zu projektieren, was zu jener Zeit, da kaum Erfahrungen im Bauen mit solchen Dimensionen vorlagen, ein sehr schwieriges Unternehmen war.
Der Verbindungsmann zum Volkskommissariat für Schwerindustrie hatte den deutschen Namen Schmidt, und Ernst May kam mit ihm des öfteren zusammen. Ich glaube, es spricht für die gute und enge gemeinsame Arbeit innerhalb unseres Betriebes, daß mir noch so viele Namen gegenwärtig sind. Der Direktor des Trusts hieß Gasparjan, sein Hauptingenieur war der Genosse Stamo, der uns die Projektierungsaufträge erteilte und für ein gutes Zusammenwirken zwischen sowjetischen und ausländischen Spezialisten sorgte. Nach wie vor war das nur möglich durch ein Kollektiv von Dolmetschern und Übersetzern, denn unsere Kenntnisse der russischen Sprache waren

noch sehr dürftig. Aber es half uns, daß auch ein Teil unserer sowjetischen Kollegen etwas Deutsch sprach.
Unser Betrieb beschäftigte damals insgesamt etwa 700 bis 800 Mitarbeiter, darunter auch junge Bautechniker, Bauzeichner und andere. Zu unserem Ausländerkollektiv, den sogenannten Inospezialisten, gehörten rund 100 Personen.
Nach und nach gliederten wir uns in die Gruppe May ein. Das ergab sich ganz zwangsläufig aus den gemeinsamen Aufgaben und der daraus resultierenden Zusammenarbeit. Die erste Gruppe, ich erwähnte es schon, bestand aus engen Mitarbeitern von Ernst May, die mit ihm zusammen während seiner Tätigkeit als Frankfurter Stadtbaurat recht bekannte Siedlungen geschaffen, also schon selbständig gearbeitet hatten und einen Namen besaßen. Auch in der sowjetischen Baupraxis waren sie uns um ein Jahr voraus. Ich möchte nennen Werner Hebebrand[61], Walter Kratz, Erich Mauthner, Walter Schulz, Wilhelm Schütte und seine Frau, die Österreicherin Grete Schütte-Lihotzky, Walter Schwagenscheidt[62], den Schweizer Hans Schmidt, den Holländer Mart Stam sowie den Maler und Grafiker Hans Leistikow.
Später stießen noch andere Architekten aus dem Kollektiv um den einstigen Bauhausdirektor Hannes Meyer zu Standartgorprojekt – alles junge Absolventen des Dessauer Bauhauses, unter ihnen Konrad Püschel, Philipp Tolziner und der Ungar Tibor Weiner. Einzeln angereiste Ausländer schlossen sich den bestehenden Gruppen an. Im Laufe der Zeit wurden viele von ihnen – sofern sie in Moskau blieben und mit unserem großen Trust zu tun hatten – der Gruppe May zugerechnet, wie wir auch. So ist die tatsächliche Größe und Zusammensetzung des Kollektivs, das auf sowjetischer Seite und auch in vielen deutschen Quellen als „Gruppe May" bezeichnet wurde, bis heute nicht richtig festgestellt worden, jedenfalls habe ich nirgends exakte Angaben gelesen. Nur so viel gilt als verbürgt: Die Zahl der am sowjetischen Aufbau beteiligten Ausländer war groß, und der sowjetische Architektenverband betreute zwischen 1933 und 1936 nahezu 1000 Ausländer, etwa die Hälfte davon Deutsche. Aber auch diese Zahlen lassen Fragen offen. Nicht erfaßt sind z. B. die Architekten, die nicht Verbandsmitglieder wurden, ebenfalls nicht erfaßt sind die Ingenieure und sonstigen Bauschaffenden unter uns Ausländern.
Über die unterschiedliche Qualifikation unserer – anfänglich – drei Gruppen, der von May, der von Meyer und der unseren, habe ich schon etwas gesagt. Aber auch hinsichtlich der politischen Haltung gab es Differenzen. Die erfahrensten, die Frankfurter Architekten unter May, waren politisch nicht organisiert, besaßen aber eine positive Einstellung zur Sowjetunion und engagierten sich für die neuen, teilweise recht reizvollen Aufgaben in dem großen Land. Später wurden einige dieser Architekten Mitglieder der Kommunistischen Partei, so das Ehepaar Schütte, Hans Schmidt, Mart Stam und andere.

Zum Kollektiv von Hannes Meyer und auch zu uns, der „zweiten May-Gruppe“, gehörten überwiegend jüngere Leute, die sich für die zu erwartenden interessanten Aufgaben begeisterten und sich an ihnen noch vervollkommnen wollten. Unter uns waren auch einige Kommunisten, die am Anfang ihres Aufenthaltes sehr aktiv waren, aber dann, unter den für sie ungewohnten Bedingungen, nicht durchhielten. Ich werde noch versuchen, diese auf den ersten Blick so befremdliche Erscheinung zu erklären.
Es ist in dem Zusammenhang übrigens zu erwähnen, daß die 1930 angereisten Mitarbeiter der Gruppe May einen nicht zu unterschätzenden Anteil an vertraglich zugesicherten Valuta erhielten, ferner für ein Leben in der UdSSR reichlich Rubel. Für uns Nachfolger gab es keine Valutaverträge mehr, Alle Inospezialisten arbeiteten für Rubel. Das ist, wenn man die Weltwirtschaftskrise berücksichtigt, auch verständlich.
Gemeinsam war uns wohl allen, daß wir in die Sowjetunion gekommen waren, weil wir Arbeit suchten, die wir in unserer Heimat, besonders in Deutschland, nicht mehr fanden. Die Aussicht auf regelmäßige Tätigkeit und damit gesichertes Einkommen hatte gerade für uns Jüngere, z. B. für mich als zukünftigen Familienvater, etwas Verlockendes. Natürlich spielte bei manchen auch die Neugierde eine Rolle, einmal ein anderes Land, andere Menschen kennenzulernen; auch ein bißchen Abenteurertum will ich nicht ausschließen. Aber ob wir nun Mitglieder von Arbeiterparteien oder deren Sympathisanten oder parteilos waren – alle fanden wir Arbeit und waren willkommen, da trotz des enormen Bevölkerungsumfangs weder die Anzahl noch die Kenntnisse der sowjetischen Spezialisten für die geplanten großen Baumaßnahmen ausreichten.
Die Gruppe Städtebau, das größte Kollektiv innerhalb unseres Trusts, saß in einem saalartigen Raum im schon erwähnten Gebäude in der Mjasnitzkaja. Sie wurde von Ernst May geleitet, der sich später für seine umfangreiche planerische Arbeit den Namen „Planathlet“ erwarb. Ihm zur Seite standen Fred Forbát, Hans Schmidt, Walter Schwagenscheidt, Mart Stam, außerdem der junge Grafiker Hüffner, später auch Konrad Püschel und Tibor Weiner. Hans Leistikow – er war auch am Theater von Meyerhold als Gastbühnenbildner tätig – sorgte für die klare und verständliche Darstellung der Entwurfstafeln und deren Beschriftung.
Die Aufzählung dieser Namen beweist, was ich schon erwähnte: daß sich nämlich unsere ursprünglichen Gruppen verschoben und durch die Arbeit ganz neu zusammensetzten. Eng mit der Städtebaugruppe zusammen arbeiteten die Wohnbaugruppe unter der Leitung von Hans Schmidt, eine Schulbaugruppe unter Wilhelm Schütte und eine Krankenhausbaugruppe unter Werner Hebebrand. In der letztgenannten Gruppe war ich tätig.
Wir diskutierten damals viel darüber, worin sich sozialistischer Städtebau vom Städtebau des Westens unterscheiden solle, und wir legten verschiedene Projekte vor, um die es verständlicherweise Auseinandersetzungen gab. Na-

türlich besaß der sozialistische Städtebau schon eine ganz andere Basis dadurch, daß Grund und Boden der Gesellschaft gehörten. Auf diese Voraussetzung wiesen fortschrittliche Architekten des Westens immer wieder hin. Aber wie sollten sozialistische Städte nun aussehen?
Ich möchte an dieser Stelle etwas über die architektonischen Richtungen einfügen, die wir in der Sowjetunion vorfanden. Da gab es einmal die „Altmeister" Sholtowski, Stschussew und Fomin, die sich schon vor der Oktoberrevolution einen Namen gemacht hatten. Sie alle versuchten, das architektonische Erbe der Vergangenheit zu revolutionieren, teils durch die Wiederbelebung der Antike, teils durch die der altrussischen Kunst. Das klassische Prinzip der Säulenordnung, die Gesetze der Proportionalität und teilweise strenge Symmetrie kennzeichneten ihre Werke, wie sie der Kasaner Bahnhof in Moskau (Stschussew) oder der Generalbebauungsplan für die Landwirtschaftsausstellung 1923 (Sholtowski) zeigen. Diese älteren Architekten waren nach 1917, als jede historische Romantisierung „der Revolution im Wege stand", als die von Majakowski geführte „Linke Front" lautstark an die Öffentlichkeit trat, vielfach auf Unverständnis gestoßen. Zu unserer Zeit, vor allem nach 1932, festigte sich ihre Stellung wieder.
Die beiden Architekturrichtungen, die sich nach der Revolution vor allem theoretisch, in Form von Ideen und Entwürfen, herausbildeten, waren der Formalismus[63] (Ladowski, Dokutschajew, Krinski) und der Konstruktivismus[64] (Gebrüder Wesnin, Ginsburg, Golossow, Leonidow). Die Anhänger beider Richtungen vereinten sich in Verbänden, die Formalisten in der 1923 gebildeten Assoziation Neuer Architekten (Asnowa), die Konstruktivisten 1925 im Verband Moderner Architekten (OSA). Die ersten gaben der Form eines Bauwerkes eine eigenständige, besondere Bedeutung, stellten dessen Aussehen über dessen Funktion – die zweiten entwickelten die architektonischen Formen hauptsächlich nach der Funktion, überbetonten aber die Konstruktion gegenüber der Zweckmäßigkeit.
Im Wettstreit zwischen den „Neuen" und den „Modernen Architekten" trugen die „Modernen" eindeutig den Sieg davon. Anders konnte es gar nicht sein. Die Architekten, die ihrem Schaffen die Funktion und die Konstruktion eines Gebäudes zugrunde legten, mußten in einer Gesellschaft, für die Fortschritte im Bauwesen eine Existenzfrage waren, zwangsläufig Unterstützung finden. Auch mir, der ich in Deutschland vor allem zu einer sachlichen und zweckmäßigen Architektur erzogen worden war, standen die Konstruktivisten recht nahe, und die Entwürfe der Gebrüder Wesnin – ohne überflüssige Dekoration und anderes Beiwerk – haben mir meist sehr gefallen, ebenso die von Ginsburg, der der engste Mitstreiter der Wesnins im Kampf um den Konstruktivismus war.
Die sowjetischen Konstruktivisten waren in den zwanziger Jahren mit ihren Entwicklungen tonangebend in der Welt gewesen. Sie hatten manches vorweggenommen, was westeuropäische und amerikanische Architekten dann

Der Kasaner Bahnhof in Moskau

Sujew-Club in Moskau von I. Golossow

Club der Autoarbeiter in Moskau von den Gebrüdern Wesnin

ähnlich nachvollzogen. Vor allem hatten die sowjetischen Anhänger des Konstruktivismus ihre Aufmerksamkeit auf Massenbauten gerichtet, in erster Linie auf Probleme des Wohnhauses und des planmäßigen Siedlungsbaus. Leider blieben diese richtigen Bestrebungen in der Mehrzahl theoretischer Natur.
Zum Niedergang des Konstruktivismus hatte schließlich dessen Kollision mit der Praxis beigetragen; denn trotz der vielbeachteten Ideen des Konstruktivismus baute man fast überall im Lande weiter mit Ziegeln, kleinen Fenstern, winzigen Räumen. Einige Ausnahmen, z. B. das Wohnhaus von Ginsburg auf dem Moskauer Nowinski-Boulevard, können nicht widerlegen, daß der damalige Stand der Bauindustrie den Konstruktivisten ein Bauen in großem Umfange unmöglich machte. Durch die rückständige Bautechnik und die schlechte Qualität der Ausführung gerieten diese wenigen Bauten sogar in Verruf. So brachte die Öffentlichkeit den folgenden Entwürfen der Konstruktivisten, so talentiert sie zweifellos waren, immer weniger Vertrauen entgegen.

Wohnhaus am Moskauer Nowinski-Boulevard von M. Ginsburg

Als wir in Moskau Fuß zu fassen begannen, war die Lage etwa so: Der Konstruktivismus – oder besser, was davon verwirklicht werden konnte – existierte oft in Form von tektonischen Gebilden, bei denen mit Konstruktionsformen gespielt worden war, die manchmal die moderne Ingenieurbautechnik vergewaltigte. Die öffentliche Meinung wendete sich angesichts solcher offensichtlichen Verachtung der Realitäten sowohl von der konstruktiven als auch von der rationalistischen Architektur ab und den Idealen der Vergangenheit, dem Historismus, kurz: der Wiedergeburt von nationalen, aber auch nicht nationalen Traditionen zu. Das Wirken Sholtowskis stieß erneut auf großes Interesse, und ganz unter diesen Vorzeichen erfolgte dann auch 1933 die Gründung einer Akademie für Architektur.
Beim Wettbewerb für den Sowjetpalast prallten alle Architekturmeinungen noch einmal aufeinander. Als Sieger ging schließlich und verständlicherweise der monumentale und repräsentative Vorschlag Jofans hervor, der der „klassischen Moderne" nahestand. Doch zu diesem Entwurf später noch einmal.
Es leuchtet ein, daß unsere Arbeit von den erwähnten materiellen Schwierigkeiten des sowjetischen Aufbaus nicht unberührt blieb. May und Schwagenscheidt erwähnten in Vorträgen den „Kampf auf Leben und Tod" auf den Baustellen. Unter den Mängeln nannte Ernst May zuerst das Fehlen geschulter Arbeitskräfte, und zwar an ausgebildeten Bauhandwerkern, wie Maurern, Zimmerleuten und Bautischlern. Ein anderes Problem bildete der Mangel an Material. Stahl und Zement wurden für den Industriebau gebraucht und durften im Wohnungsbau nur in den dringendsten Fällen verwendet werden. Viele dieser Rückstände gingen auf das Erbe des zaristischen Rußlands, auf Weltkrieg und Bürgerkrieg, zurück. „Mit Naturgewalt formierte sich ein neues Bauwesen, bei dem Produzieren und Lernen gleichzeitig erfolgte und die schnellstmöglich erreichbare Quantität das Wichtigste war."[65]
Die erste große Aufgabe der May-Gruppe war der Stadtplan für Magnitogorsk, wo damals schon über 100000 Menschen in Baracken und Erdhütten hausten. Bald nach der Ankunft der Fachleute 1930 wurden ihnen ein Zug oder einige Eisenbahnwaggons zur Verfügung gestellt, damit sie das Gelände für die künftige Stadt erkunden sollten. Es ist vielleicht nicht ohne Interesse, daß die Architekten schon während der Fahrt – voller Elan und auf der Suche nach möglichen Lösungen – Entwürfe als erste Vorschläge für eine Bebauung erarbeiteten. Hauptverantwortlich für das Wohngebiet war Mart Stam.
Ich nahm am Entwurf Hebebrands für das Krankenhaus in Magnitogorsk teil, danach auch für das in Nowokusnezk. Beide wurden nach einem neuartigen Prinzip konzipiert, das sich vor allem in einer klaren Grundrißlösung und in klaren funktionellen Formen ausdrückte. Es leuchtet ein, daß sich meine Ausbildung bei Poelzig und Mies van der Rohe bemerkbar machte. So trennten wir den Bettentrakt von den Behandlungs- bzw. diagnostisch-therapeutischen Funktionseinheiten. Beide Teile wurden durch brückenartige Querrie-

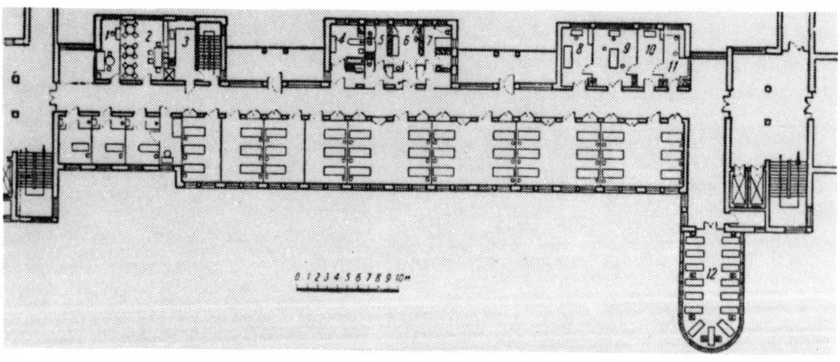

Krankenhaus Nowokusnezk (Projekt: Hebebrand unter Mitarbeit von Liebknecht)
a) Ansicht
b) Stationsgrundriß

gel verbunden. Der Bettentrakt besaß fünf, der Behandlungsteil drei Geschosse. Die Krankenzimmer faßten in der Mehrzahl sechs Betten. Das Ganze erregte damals architektonisch einiges Aufsehen, denn man war noch an Krankenhäuser im Pavillonstil gewöhnt, etwa so, wie das Rudolf-Virchow-Krankenhaus oder das Klinikum Buch. Hier war nun alles unter einem Dach vereint, bequem für Patienten und Personal, sehr transportgünstig und doch sinnvoll in Funktionseinheiten getrennt.

Bei dieser Arbeit habe ich Werner Hebebrand, den Leiter der Krankenhausbaugruppe, als einen ausgezeichneten Architekten kennen- und schätzengelernt. Vergessen möchte ich auch nicht unseren hervorragenden Arzt und Konsultanten Professor J. Nekrassow, der uns immer zur Seite stand, viel von der Materie verstand und der mir bis zu seinem zu frühen Tode 1944 ein Freund war. Er half uns besonders dadurch, daß er bei der Verteidigung unserer Projekte unsere Absichten teilte und lobend hervorhob, was im Begutachterausschuß des Volkskommissariats für Gesundheitswesen zu Interesse und Zustimmung führte. Dazu kam, daß Professor Nekrassow sehr verständlich und außerdem frei sprach; man hätte seine Ausführungen drucken können.

Später entwarf ich für das Krankenhaus in Orsk, das unter der Verantwortung von Hans Schmidt von der Wohnbaugruppe geplant wurde, eine Poliklinik, ebenfalls nach den Gesichtspunkten einer eindeutigen räumlichen Gliederung.

Natürlich gab es Meinungsverschiedenheiten zwischen uns und unseren Auftraggebern, wie die Aufträge umzusetzen seien, da sich ja die klimatischen und vor allem die Lebensbedingungen in dem riesigen Land wesentlich von denen in westlichen Ländern unterschieden. Unsere Gruppe, die für wichtige soziale Aufgaben zuständig war, bemerkte besonders den Mangel an ganz allgemeinen soziologischen Studien über die sozialistische Lebensweise. Solche Unterlagen gab es erst viel später, nachdem genügend praktische Erfahrungen gesammelt werden konnten.

Um 1932 begannen auch die Bemühungen um Planungsnormative und um die Typisierung im Wohnungs- und Gesellschaftsbau. An erster Stelle standen dabei Schulen, Kindereinrichtungen und Bettenstationen, weil man erkannt hatte, daß die große Anzahl solcher Bauten in den vielen neuen Städten und Siedlungen anders nicht bewältigt werden konnte. Ich wurde in einer Kommission für Projektierungsnormative des Volkskommissariats für Gesundheitswesen eingesetzt.

In diesem Zusammenhang möchte ich Grete Schütte-Lihotzky noch einmal erwähnen, die sich hauptsächlich mit Kindereinrichtungen befaßte. Kinderabteilungen in Kaufhäusern entwarf und deren Kindermöbelserie in die Produktion übernommen wurde. Als sie 1937 zusammen mit ihrem Mann das Land wieder verließ, tat sie es im besten Einvernehmen mit ihren sowjetischen Auftraggebern. Die Schüttes übersiedelten in die Türkei und betei-

ligten sich dort nach der Okkupation ihrer österreichischen Heimat am Widerstandskampf. 1966 wurde Grete Schütte-Lihotzky zeitweilig an die Bauakademie der DDR berufen, um bei der Aufstellung von Typenprojekten für Kindereinrichtungen zu helfen.
Ich glaube, die ausländischen Architekten, die sich mit Einzelbauten beschäftigten, ob es nun Polikliniken oder Kindergärten waren, kamen mit den Aufgaben in der Sowjetunion besser zurecht als die Städtebauer, denn diese mußten nicht nur mit landestypischen Schwierigkeiten, sondern mit weltweit ungelösten Problemen fertig zu werden versuchen.
Ich hatte schon das Projekt der Gruppe May für Magnitogorsk erwähnt. Dieses und auch andere städtebauliche Projekte zeigten eine Bebauung, wie sie für eine Siedlung möglich gewesen wäre, nicht aber für eine Großstadt mit Hunderttausenden Einwohnern. Die Häuser bildeten fast ausnahmslos nordsüdlich gerichtete einfache Zeilen, die allen Wohnungen den gleichen Anteil Licht, Luft und Grün sicherten und somit die besten sozialen Absichten und die besten westeuropäischen Erfahrungen verkörperten. Wer die Siedlung Törten bei Dessau kennt, wird sicher sehr angetan sein, aber nun stelle man sich ein ähnliches Bild kilometerweit vor, ohne Markt oder sonstiges Zentrum, ohne städtebauliche Dominanten, ohne Boulevards oder andere Geschäftsstraßen. Wo soll man abends bummeln gehen? Wo kann man sich treffen? Diese Fragen wurden viel diskutiert, und die Diskussion ist ja, wie wir wissen, in großen Neubaugebieten bis heute nicht abgeschlossen.
Zu den Problemen des sozialistischen Städtebaus war schon einiges geschrieben und gesagt worden. Wir aber mußten praktisch herangehen – allein mit den Erfahrungen des Siedlungsbaus. Nun aber ging es um Heimstätten für Hunderttausende, die nicht nur in den neuen Städten schlafen, sondern dort leben und – so würden wir heute sagen – sich dort wohl fühlen sollten. Daß unsere sowjetischen Freunde keine prognostischen Vorstellungen von den sozialen Bedürfnissen in diesen noch zu bauenden Städten hatten bzw. erst dabei waren, sich solche Vorstellungen zu erarbeiten, sagte ich schon. Sie waren mit diesem Suchen in der Welt nicht allein.
Eine Tagung der Internationalen Kongresse für Modernes Bauen (CIAM) hatte 1933 in der Charta von Athen vier Funktionen für die ideale Struktur einer modernen Stadt festgelegt: Arbeit, Wohnen, Erholen sowie günstige Verkehrslösungen. Mit dieser Funktionstrennung wollte man sich gegen den chaotischen Städtebau des 19. Jahrhunderts wehren, völlig verständlich und richtig. Aber zu Stadtzentren sagte man kein Wort.[66]
Die sowjetischen Städteplaner verfügten jedoch über einen Vorteil, der sich mit den Jahren zeigen sollte, das war die Möglichkeit einer gesellschaftlichen Planung. So wie wir die Anfänge von Normativen und einer Typisierung miterlebten, ebenso von Studien über die sozialistische Lebensweise, so konnten wir auch schrittweise das Entstehen von Zentren und gesellschaftlichen Einrichtungen in den neuen oder umgebauten Städten mitverfolgen.

Hans Schmidt bekannte 1934: „Wenn ich also konkret bezeichnen soll, was ich als Architekt in der UdSSR gelernt habe, so ist es in erster Linie ... die Planung der neuen Städte auf der Grundlage eines einheitlichen sozialen, technischen und architektonischen Programms."[67]
Dieses Bekenntnis trifft voll auf die Arbeit deutscher Architekten und auch das Selbstverständnis der Gruppe May in der damaligen Zeit zu.
Trotz aller Schwierigkeiten entstanden große Industriestädte vor allem an den Rohstoffbasen: Magnitogorsk, Nowokusnezk, Nishni Tagil, Orsk. Der große Mangel an technischen und baulichen Voraussetzungen für solche Riesenvorhaben, den wir in den Anfangsjahren immer wieder spürten, wandelte sich, wie wir wissen, zu einem Vorlauf, den die Sowjetunion gerade in der Industrialisierung ganzer Bauprozesse erreichen sollte. Nach 1949 haben wir in der DDR viel von den entsprechenden Erfahrungen der Sowjetunion lernen können.
Nachdem ich schon 1931 Mitglied der sowjetischen Bauarbeitergewerkschaft geworden war, wurde ich 1932 in den Betriebsrat unseres Projektierungstrusts gewählt und übernahm die Funktion des Leiters des Ausländeraktivs. Das war keine leichte Aufgabe, da ich kaum russisch sprach und für entsprechende Verhandlungen Dolmetscher benötigte. In eine besonders schwierige Lage geriet ich, als der sowjetische Vorsitzende des Betriebsrates in Urlaub ging und man mir für einen Monat vertretungsweise dessen Amt übertrug. Ich bemühte mich, so gut ich konnte, mit dieser für mich ersten gesellschaftlichen und verantwortungsvollen Arbeit fertig zu werden, war jedoch froh, als der eigentliche Gewerkschaftsvorsitzende zurückkehrte.
Leiter unseres Ausländeraktivs war zu Beginn unseres Aufenthaltes in der UdSSR ein Genosse der KPD geworden. Da er jedoch – teils aus familiären, teils aus persönlichen Gründen – schon vor Ablauf der vertraglich festgelegten zwei Jahre die Sowjetunion wieder verließ, wurde ich sein Nachfolger. Als Leiter des Ausländeraktivs war ich neben meiner fachlichen Arbeit sehr mit Auseinandersetzungen, mit der Klärung von Fragen und auch der Lösung manches persönlichen Problems beschäftigt. Wir mußten den ausländischen Kollegen helfen, in die sowjetische Wirklichkeit hineinzuwachsen, und dazu viel, sehr viel für unser politisches Wissen tun, woran die sowjetischen Genossen großen Anteil hatten. Als mich 1932 der Gewerkschaftsvorsitzende einmal lobte und mir sagte, ich arbeite wie ein Bolschewik, war ich verständlicherweise sehr stolz.
Das Ausländeraktiv hatte nicht nur die Aufgabe, den Inospezialisten die Probleme und speziellen Aufgaben des sozialistischen Aufbaus in der Sowjetunion verstehen zu helfen, sondern sollte sie auch fachlich weiterbilden. So gewannen wir erfahrene ausländische Kollegen für Kurse und Lehrgänge, in denen sich der Nachwuchs schulen konnte. Gleichzeitig zogen wir so diese Fachleute zu gesellschaftlicher Arbeit heran. Auch bei diesem Vorgehen war die Hilfe der sowjetischen Genossen von großem Wert.

Von Interesse dürfte in diesem Zusammenhang ein Aufsatz sein, den ich im Oktober 1932 für die erstmals in deutscher Sprache erscheinende sowjetische Gewerkschaftszeitung „Internationale Arbeiterbewegung" schrieb. Darin heißt es: „... Es ist besonders nach dem Urteil russischer Genossen gelungen, das allgemeine zeichnerische Niveau auf einen besseren Stand zu heben." Und weiter: „Auch technische Lehrgänge wurden zusammen mit der sowjetischen Bauarbeitergewerkschaft für viele nach der Sowjetunion gekommene deutsche Bauarbeiter abgehalten, die zu Beton- und Maurerinstrukteuren ausgebildet wurden. Besichtigungen von Baustellen und Industriebetrieben wurden durchgeführt und eine Wandzeitung ins Leben gerufen, die in russischer und deutscher Sprache Artikel über bautechnische und architektonische Fragen enthielt und die zu einem fruchtbaren Gedankenaustausch zwischen den deutschen und sowjetischen Genossen führte." Zum Schluß verpflichteten wir uns, „unser ganzes Können und Wissen den russischen Genossen zu übermitteln und in den Dienst des sozialistischen Aufbaus zu stellen" sowie an der Ausgestaltung der Feier zum 15. Jahrestag der Großen Sozialistischen Oktoberrevolution mitzuwirken.
Aus dem Dokument ist ersichtlich, daß sich ein progressives Bewußtsein der ausländischen Spezialisten, Ingenieure und Architekten zu entwickeln begann. Doch nach wie vor mißbrauchten antikommunistische Kreise die verständlichen Schwierigkeiten der jungen Sowjetmacht zur Hetze gegen das Land. Selbst die Einbeziehung von Holz und Lehm für den Bau von Siedlungshäusern mußte zum Schlag gegen kommunistische Theorien und sogar gegen die Planwirtschaft herhalten. Leider schlossen sich auch einige vielgelesene und ansonsten sachliche Bauzeitschriften diesen Verleumdungen an. Als sich sogar ein früheres Mitglied der Gruppe May zu solchen entstellenden Darstellungen hergab, sandten wir deutschen Architekten ein Protestschreiben, datiert vom 28. Juli 1932. Weil es die damalige Situation recht gut umreißt, möchte ich es zitieren:
„In der Sowjetunion arbeitet seit mehreren Jahren eine große Anzahl zur Hauptsache deutscher Architekten und Ingenieure auf einem besonderen Abschnitt des großen Kulturwerkes, das die Union im Rahmen des Fünfjahrplanes in Angriff genommen hat – an der Planung und am Aufbau von Städten und Siedlungen, die zum Teil in kaum erschlossenen Gebieten, in ganz neu zu organisierenden industriellen Zentren, unter besonders schwierigen Verhältnissen des Klimas, des Transports und der Versorgung entstehen.
Über die äußeren Umstände und den Erfolg dieser Arbeit werden zur Zeit in der deutschen Presse unter der deutlichen Marke politischer, antisowjetischer Propaganda Darstellungen verbreitet, die dazu beitragen, nicht nur die Anstrengungen des sowjetrussischen Aufbaus, sondern auch die Mitarbeit der deutschen Fachleute an diesem Aufbau planmäßig herabzusetzen.

Als Quelle für diesen Feldzug dienen neuerdings Vorträge, welche ein früheres Mitglied der Gruppe May, Architekt Regierungsbaumeister W. Schulz, in verschiedenen Städten Deutschlands gehalten hat.
Es ist ganz selbstverständlich, daß unter den heutigen Verhältnissen der fortschreitenden Faschisierung Deutschlands der Inhalt dieser Vorträge durch die verschiedenen Pressereferate mehr oder weniger grob verfälscht wurde. Außerdem gehört der Vortragende zu derjenigen Gruppe von Heimkehrenden, die ihre Arbeit mit durch ihr Verschulden verlassen mußten und die daraus entsprungene persönliche Mißstimmung auf ihre Darstellung der sowjetrussischen Verhältnisse übertragen.
Unter dem Vorbehalt einer eingehenden Erwiderung in der Fachpresse auf die einzelnen Entstellungen sowohl seiner Vorträge als auch seines Leitartikels in Nr. 26 der ‚Bauwelt' bedauern und verurteilen wir als Mitglieder des Planbüros sozialistischer Städte der Schwerindustrie (Standartgorprojekt) alle ausnahmslos die Tätigkeit jener Kollegen, die, unberührt von den Tatsachen des sowjetrussischen Aufbaus, ihre hier erworbenen Kenntnisse von seinen unvermeidlichen Wachstumsschwierigkeiten – bewußt oder unbewußt – in einer politisch entscheidenden Stunde in den Dienst der Gegner stellen."
Diesen Brief unterzeichneten May, Meyer, Bartoschat, Forbát, Grasshoff, Hebebrand, Hüffner, Kratz, Liebknecht, Mossetig, Schütte, Schütte-Lihotzky, Schwagenscheidt und Zerath.
Als wir unser Protestschreiben verfaßten, lebte ich fast genau ein Jahr in Moskau. Im September 1931 war meine Tochter Natalie geboren worden. Wir konnten deshalb recht schnell aus dem Gasthof in eine etwas geeignetere Unterkunft umziehen, denn das Parterre im Wohnhaus der ersten May-Gruppe in der Bolschoi Karjetni Pereulok, der heutigen Jermolajewa-Straße, wurde durch Verlegung des gemeinsamen Speiseraums frei, und wir durften von den drei Räumen zwei in Anspruch nehmen.
Während der folgenden Jahre wurden wir Zeugen der erheblichen Veränderungen Moskaus durch seine Rekonstruktion. 1932 wurde ein Wettbewerb ausgeschrieben, zu dem auch drei Ausländerbrigaden unter Leitung von Ernst May, Hannes Meyer und dem Kölner Stadtbaumeister Kurt Meyer eingeladen waren. Bei diesen ganzen Baumaßnahmen zeigte sich erneut, wie schwierig es war, den Ansprüchen der Bewohner einer neuen, sozialistischen Welt gerecht werden zu wollen.
Die Struktur Moskaus bestand aus mehreren Ringen: einem um den Kreml, einem um die Altstadt, einen dritten bildete der Gartenring. Heute schließt sich ein vierter, der Autobahnring, an. Ein System von Radialstraßen verband diese Ringe und stellte zugleich die Ausfallstraßen dar. Die Stadt verfügte Anfang der dreißiger Jahre noch zu 60 Prozent über Holzhäuser, und das allein sagt genug aus über das Erbe der alten Zeit, das mit viel Mühe zu überwinden war.

Im ersten Fünfjahrplan 1928–1932 (er wurde schon in vier Jahren erfüllt) beschloß man den Bau der Metro. Überall fielen ihre sehr sichtbaren Baustellen auf, besonders innerhalb des Gartenrings. Die ersten Linien wurden 1935 eröffnet. In der Innenstadt wurde der berüchtigte Ochotny Rjad, die Jägerzeile – früher einmal der Mittelpunkt des Handels mit Eßwaren, Geflügel, Obst und Gemüse –, wegen der gegen alle hygienischen Vorschriften verstoßenden Baulichkeiten abgerissen. Wie es dort zugegangen war, kann man sehr anschaulich in dem von Giljarowski über das alte Moskau geschriebenen Buch „Kaschemmen, Klubs und Künstlerklausen"[68] nachlesen. An der Stelle des einstigen Marktes bildete sich ein großer Platz zwischen der klassizistischen Manege und dem heutigen Hotel „Moskwa". Der Platz geht in den Karl-Marx-Prospekt über, der zum Dzierzynski-Platz führt.
Wo unsere alte Minin-Herberge, unser erstes Quartier in Moskau, stand, öffnet sich heute zur Moskwa hin ein großer Platz, dessen Ostseite das größte Hotel der Stadt „Rossija" begrenzt. Die schon erwähnte Erlöserkirche, in den fünfziger Jahren des 19. Jahrhunderts von dem Architekten K. A. Ton im Stil der russischen Eklektik[69] entworfen, wurde 1932 abgetragen. Bauliche Veränderungen betrafen auch den östlich des Kremlkomplexes gelegenen ältesten Moskauer Stadtteil Kitaigorod, die Chinesenstadt. Trotzdem ist das historische Straßengefüge erhalten geblieben.
Auch der Kremlkomplex blieb erhalten und ist heute wie damals Touristenattraktion mit seinen typisch russischen Architekturzügen, die von tatarischen und – bei den Kremlmauern – auch italienischen Einflüssen bereichert wurden.
Die alte Stadtmauer wurde bis auf ein Teilstück am Südende des Swerdlow-Platzes abgetragen. Der Gartenring, den wir noch als eine große Allee mit einrahmenden Grünanlagen und hohen Bäumen kennenlernten, wurde, um dem immer stärker werdenden Fahrzeugverkehr gerecht zu werden, so verbreitert, daß die Grünflächen weichen mußten. Obwohl die Gärtner wieder neue Bäume pflanzten, erinnerten wir uns immer noch an die frühere schattige Anlage, in der die Moskauer spazieren gehen und während der heißen Sommer Erholung finden konnten. Die Neupflanzungen waren gegenüber der alten Allee spärlich und konnten den Eindruck eines Asphaltmeeres nicht mindern.
Der Rekonstruktion fiel auch der hoch gelegene Sucharewturm zum Opfer, ein Bau des frühen 18. Jahrhunderts.
Dieser Turmbau war einst auf den Befehl des Zaren Peter I. errichtet worden und galt als erstes großes, ziviles Bauwerk in Rußland. Man rechnete den Turm sogar zu den „vier Wundern Moskaus" – neben dem höchsten der Kremltürme, genannt Iwan Weliki, der Moskwarezki-Brücke und der Zarenglocke im Kreml. Der Sucharewturm hob sich gewaltig vom Panorama Moskaus ab. Der russische Dichter Lermontow hatte zu Beginn des 19. Jahrhunderts folgende Eindrücke wiedergegeben: „... auf einem jäh ansteigenden

Bergrücken, der von niedrigen Häuschen bedeckt wird, schaut manchmal eine breite weiße Wand, wahrscheinlich eines Bojarenhauses, hervor, auf der sich ein viereckiger, dunkelgrauer, phantastischer Riese erhebt – der Sucharewturm. Er blickt stolz auf die Umgebung ... Sein düsteres Antlitz, seine riesigen Ausmaße, seine festen Umrisse, alles prägt ein anderes Jahrhundert. Ein Ausdruck der schrecklichen Macht, der sich niemand erwehren konnte ...“[70]

Es leuchtet ein, daß es zu diesem Abriß eines Gebäudes, auf das die Moskauer stolz waren, viele ablehnende Stimmen gab. Um so mehr freute ich mich, kürzlich in der Zeitschrift „Ogonjok“ eine Notiz zu finden, daß der Sucharewturm unweit seines früheren Standortes am Gartenring wiederaufgebaut werden soll.[71]

Eines der eindrucksvollsten Bauvorhaben war die Verbreiterung der Twerskaja, der jetzigen Gorkistraße, die das Zentrum mit dem Belorussischen Bahnhof verbindet und später in die Leningrader Chaussee überleitet. Sie war eine Hauptausfallstraße. Um wertvolle Bausubstanz stehenzulassen, wurden teilweise Häuser zurückgerückt – ein Schauspiel, das ich seinerzeit mit Bewunderung für die dabei angewandte Technik bestaunt habe. Die alte Kopfsteinpflasterstraße von 13, höchstens 17 Meter Breite, auf der wir viel spazierengegangen waren, weil sich dort schon immer die besten Geschäfte und Restaurants befanden, erhielt nun eine Breite von 35 bis 40 Meter.

Bei der Bebauung wendete man erstmalig über einen größeren Abschnitt das Takt- und Fließverfahren an. Die Gestaltung der Gorkistraße nach Entwürfen des Architekten Mordwinow[72] war vielleicht die herausragendste städtebauliche Leistung im Moskau der dreißiger Jahre.

Auch das Bett der Moskwa wurde umgestaltet, was gleichzeitig der besseren Wasserversorgung der Hauptstadt dienen sollte. Der Flußlauf erhielt ein Steinufer, von einer Seite zur anderen spannten sich neue und eine Anzahl rekonstruierter alter Brücken, was den Anblick Moskaus von der Kremlseite her wesentlich verschönte.

Die Grundlage für diese erste Rekonstruktion der sowjetischen Hauptstadt bildeten die schon erwähnten, 1932 ausgeschriebenen Wettbewerbe, die aber im Laufe der Zeit mehrmals Veränderungen erfuhren. 1936 bestätigte ein Partei- und Regierungsbeschluß den Plan für die Rekonstruktion Moskaus und legte den endgültigen Baubeginn fest.

Ich möchte noch einmal auf den Sowjetpalast zu sprechen kommen, dieses als größtes Gebäude Moskaus geplante Vorhaben, dessen zwei Säle für 15000 bzw. 6000 Menschen den vielseitigen Veranstaltungen, Vorführungen und Umzügen, besonders an Festtagen, Rechnung tragen sollten. Der dafür ausgerufene Wettbewerb hatte ja, wie ich ebenfalls schon schrieb, 1931/32 ein außerordentliches internationales Echo gefunden, und die Entwürfe wurden in vielen Zeitungen und Zeitschriften veröffentlicht.

Gorkistraße – erbaut im Takt- und Fließverfahren von A. Mordwinow

Nach diesem Wettbewerb fertigten sowjetische Architekten weitere Entwürfe, darunter war der mit einer Monumentalfigur Lenins gekrönte Vorschlag Jofans, der schließlich bestätigt wurde.
Ich hatte schon angedeutet, daß der Wettbewerb für den Sowjetpalast noch einmal alle Architekturrichtungen der Sowjetunion auf den Plan rief. Die Ausstellung der Entwürfe nahm fast die gesamte Ausstellungsfläche des Museums der schönen Künste ein. Es gab bestellte Entwürfe von den namhaftesten ausländischen und sowjetischen Architekten, daneben den sogenannten offenen Wettbewerb, an dem sich jeder beteiligen konnte. Die meisten der Entwürfe zeigten, daß die stürmischen Diskussionen abgeebbt waren und daß sich die „Neuen" und die „Modernen Architekten", so unvereinbar sie anfangs schienen, angenähert hatten – in fast zum Verwechseln gleichen Lösungen.
Da sich weder die Konstruktivsten noch die Formalisten hatten durchsetzen können, war auch der Glaube an ihre Künstlerverbände, die OSA und die Asnowa, dahin. Es existierten noch die Berufsvereinigungen der Moskauer (MAO) und der Leningrader Architekten (LAO), mitgliederstarke Verbände,

die schon vor der Oktoberrevolution bestanden hatten; im übrigen war das Feld frei für einen sowjetischen Architektenverband, der 1932 auch gegründet wurde. Die Ausländer bildeten darin eine eigene Sektion unter der Leitung von Werner Schneidratus.
Vor allem die bestellten sowjetischen Entwürfe für den Sowjetpalast zeigten ganz deutlich die Architekturrichtung der kommenden Jahre, auch unter Berücksichtigung der öffentlichen Einschätzung bestimmter künstlerischer Bemühungen. Daß die dekorativen und manchmal recht überflüssigen Elemente wieder stark betont wurden, ist teilweise dem Geschmack der Bevölkerung zuzuschreiben, die immer noch zu 80 Prozent bäuerlicher Herkunft war, teilweise ist es auch eine Besinnung auf die damals tatsächlich vorhandenen technischen Möglichkeiten. Monumental, solide und repräsentativ – so zeigte sich der preisgekrönte Entwurf für den Sowjetpalast, und so präsentieren sich heute noch viele sowjetische Regierungs- und Verwaltungsgebäude, die nach 1932 errichtet wurden.
Der geplante Sowjetpalast sollte als Hochhaus von etwa 400 Meter Höhe entstehen. Nicht alle Architekten begrüßten diese Variante, denn nicht alle glaubten daran, daß solcher Gigantismus das richtige Symbol eines sozialistischen Staates sei. Es gab auch das Argument, vor allem unter der Bevölkerung, daß man zu einer Leninfigur in 400 Meter Höhe keine rechte Beziehung mehr aufnehmen könne. Die größte Ablehnung erfuhr das Vorhaben aber durch die zu erwartenden Probleme des Verkehrs und des Transports in solchen Höhen, denn in den Jahren nach dem Wettbewerb hatten sich für das Gebäude viele zusätzliche Funktionen ergeben, die einfach „übereinandergestapelt" worden waren, aber technisch kaum zu lösen gewesen wären. Nicht zuletzt wäre die Wirkung des nahe gelegenen Kreml durch die übergroße Dominante gemindert worden.
Einen ähnlichen Fall hätte es beinahe östlich des Roten Platzes gegeben, wo auch ein riesiges Hochhaus vorgesehen war, das die Proportionen des Kreml gestört hätte. Heute steht dort das Hotel „Rossija" – ebenfalls architektonisch umstritten und für meine Begriffe immer noch ein wenig hoch für die harmonischen Proportionen des Roten Platzes. Aber inzwischen hat man sich an das Gebäude gewöhnt, wie an manches bauliche Unschöne in vielen Städten der Welt.
Trotz einiger ablehnender Meinungen begann der Bau des Sowjetpalastes. Anfang des Krieges mußte aber der Bau unterbrochen und das fast 60 Meter hohe Stahlskelett später aus Sicherheitsgründen demontiert werden. Auf den Fundamenten befindet sich nun das größte offene Schwimmbad der Hauptstadt, ganzjährig geöffnet und mit geheiztem Wasser gefüllt.
Die Entwürfe beider Mayscher Brigaden – der von Marinus Gewin und mir sowie der unter Leitung von Schwagenscheidt erarbeitete – wurden angekauft und in der „Bauwelt" 1932, Heft 19, veröffentlicht, was für uns natürlich eine große Anerkennung bedeutete.

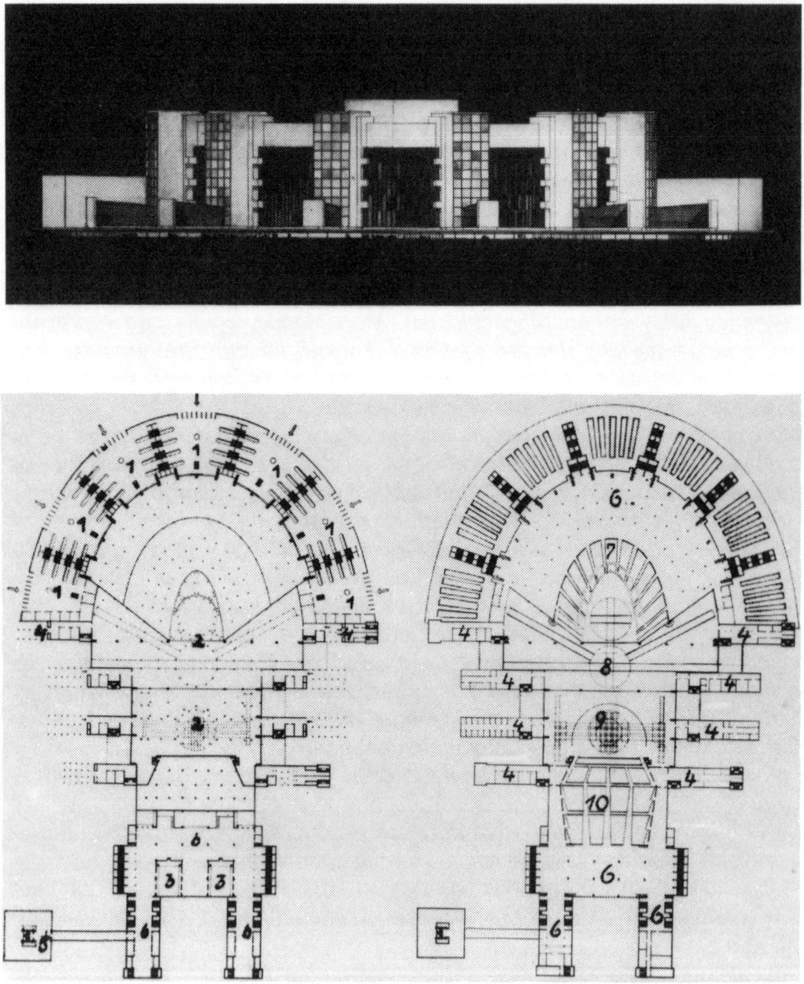

Internationaler Wettbewerb für den Sowjetpalast in Moskau (Projekt: Liebknecht/Gewin)
a) Ansicht
b) Grundrisse

1932 wurde ein weiterer internationaler Wettbewerb für die linke Bebauung des Scheldeufers der Stadt Antwerpen ausgeschrieben, an dem sich so bekannte Architekten wie Le Corbusier beteiligten. Auch in der Gruppe May interessierte man sich dafür. Auf das Angebot Walter Schwagenscheidts hin arbeitete ich mit, weil es sich wie bei unseren Aufgaben in der Sowjetunion ebenfalls um den Bau eines völlig neuen Stadtteils handelte. Das Gebiet für etwa 100000 Einwohner sollte auf einem bis dahin kaum aufgeschlossenen Gelände gegenüber der schönen Altstadt Antwerpens mit seiner imposanten Silhouette entstehen.

Ich gehe deshalb auf diese Arbeit ein, weil sie uns trotz des notwendigen großen Aufwandes an Arbeit, der mehrere Nächte einschloß, viel Freude bereitete. Manche schon gewonnene Erkenntnis über Städtebau konnten wir einfließen lassen.

Schwagenscheidt erwies sich als ein sehr freundlicher Gastgeber, der seine Wohnung für unser gemeinsames Unternehmen zur Verfügung stellte, und die gute Atmosphäre bei ihm trug sehr zum Gelingen der Arbeit bei.

Der Plan zeigte eine der damaligen Zeit gemäße, fortschrittliche Lösung, die uns aber heute als zu starr und eintönig erscheinen würde. Wir versuchten eine Hauptachse zu schaffen, von 20geschossigen, y-förmigen Hochhäusern umrahmt. In deren Mitte sollten sich eingeschossige Geschäfte, Restaurants und Sozialbauten befinden, die von einem neuen Bahnhof im Westen aus die Sicht auf die Altstadt Antwerpens im Osten öffneten. Die sich im Hintergrund anschließenden Wohnquartale bestanden aus zwei- bis fünfgeschossigen, frei stehenden Gebäuden mit Schulen, Kindereinrichtungen und anderem.

Bei einem meiner letzten Besuche 1932 in Berlin zeigte ich Hans Poelzig und seinem Gast, dem damaligen Stadtbaurat von Berlin, Martin Wagner[73], unseren Entwurf, der durch seine – damals so empfundene – lebendige Struktur Interesse fand. Wagner begrüßte die Arbeit deutscher Architekten in der UdSSR, in der, wie er sagte, die Schranken des kapitalistischen Städtebaus, das Eigentum an Grund und Boden, überwunden waren. Auch er mußte bald darauf emigrieren.

Diese kurze Visite in Berlin führte mir innerhalb der wenigen Tage die politischen Veränderungen in Deutschland vor Augen. Noch hatte der Faschismus nicht offiziell die Macht übernommen, aber seine Herrschaft und sein unverschämtes Auftreten im Alltag waren nicht zu übersehen. Was mich jedoch beruhigte: Meine Eltern lebten verhältnismäßig unbehelligt. Sie hatten sich völlig zurückgezogen und überstanden dadurch die kommenden Jahre.

1933 hielt ich mich noch einmal in Deutschland auf. Ich war mit dem sowjetischen Schiff „Feliks Dzierzynski“ in Hamburg angekommen und reiste mit dem sowjetischen Schiff „Jan Rudsutak“ wieder zurück, in das Land – soviel war mir inzwischen klargeworden –, das mir nun Heimat sein sollte.

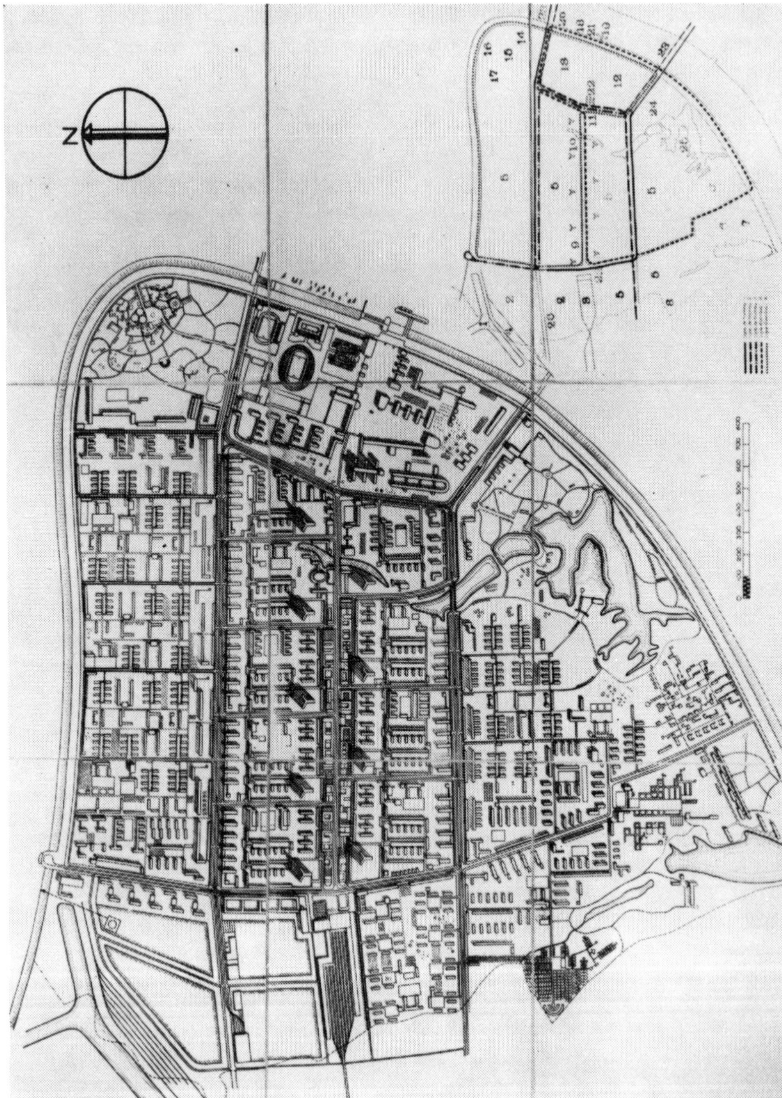

Internationaler Wettbewerb für die Bebauung des linken Scheldeufers in Antwerpen (Bebauungsplan von W. Schwagenscheidt und K. Liebknecht)
a) Bebauungsplan

Meine Frau Olga blieb in Deutschland, da eine längere ärztliche Spezialbehandlung unserer Tochter dies erforderte und sie sich auch in der UdSSR nicht wohl fühlte. Diese Trennung hatte das Scheitern der Ehe zur Folge. Ich habe dann in der Sowjetunion erneut geheiratet. Meine Frau Maria, eine Ukrainerin, war Schauspielerin. 1934 wurde unser Sohn Otto, genannt Kostja, geboren.
Auch solche kurzen Erlebnisse wie die beiden letzten Deutschlandreisen trugen dazu bei, daß ich den Antrag auf sowjetische Staatsbürgerschaft stellte und diese nach längerer Zeit des Wartens auch erhielt. Der sowjetischen Gewerkschaft und ab 1933 dem sowjetischen Architektenverband gehörte ich ohnehin schon an. Zuerst einmal wurde mir auf mein Gesuch hin meine auf zwei Jahre befristete Aufenthaltsgenehmigung, die an und für sich im Herbst 1933 abgelaufen wäre, ohne weitere Umstände verlängert. 1937 erhielt ich dann meinen sowjetischen Paß. Ich feierte dieses Ereignis im Moskauer Künstlerklub zusammen mit Wsewolod Pudjowkin, dem Regisseur des Films „Sturm über Asien", der am gleichen Tag sein Parteidokument in Empfang nehmen konnte.
Eines Tages wurde ich mit deutschen Genossen anderer Betriebe zum Vorsitzenden der Sowjetischen Gewerkschaften, M. Schwernik, gebeten. Er war Mitglied des Politbüros des ZK der KPdSU und informierte uns darüber, daß die Autonome Republik der Wolgadeutschen demnächst den 15. Jahrestag ihres Bestehens feiere. Wir sollten als Delegierte an den Feierlichkeiten teilnehmen.
Ende 1933 fuhr ich also mit einer kleinen Delegation zu dieser Feier in die Gegend um Saratow. Bei den Wolgadeutschen herrschten immer noch

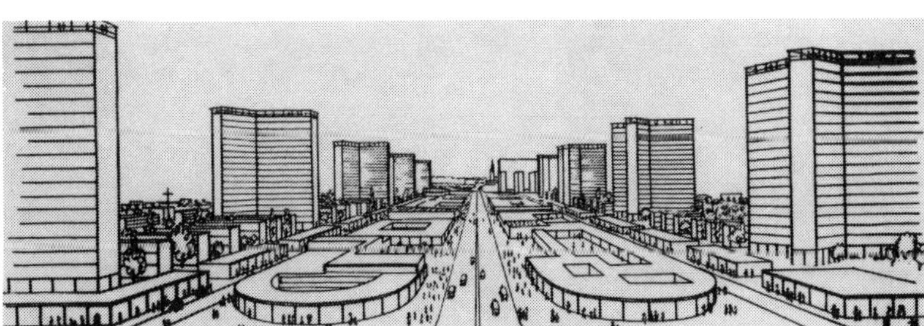

b) Ansicht der Hauptachse

ganz sichtbar deutsche Sitten und Gebräuche, obwohl sie schon rund 200 Jahre in dieser Gegend lebten, in der sie – meist aus Schwaben kommend – einst durch die Zarin Katharina II. angesiedelt worden waren. Die Felder waren sehr sauber und die Häuser sehr reinlich. Viele Kleinigkeiten, auch die Art der Begrüßung und das Essen, erinnerten an die Herkunft der Leute, die im übrigen sehr isoliert lebten. Sie sprachen mit uns auch nicht russisch, sondern einen schwäbischen Dialekt, der für uns schwer verständlich war. Wir konnten uns demzufolge nur sehr eingeschränkt unterhalten.

Geleitet wurde unsere Abordnung von den bekannten deutschen Kommunisten Fritz Heckert und Hans Beimler. Die Begegnung mit ihnen blieb mir nachhaltig im Gedächtnis, zumal sie mir meine flüchtigen Eindrücke von meinen letzten Deutschlandaufenthalten nicht nur bestätigten, sondern mir auch sehr ernste und bittere Einzelheiten über die zunehmende Herrschaft der Nazis mitteilten.

Nach wie vor war ich Leiter des Inoaktivs und Mitglied des Betriebsrates im ehemaligen Standartgorprojekt, das inzwischen die Bezeichnung Gorstroiprojekt – Planbüro des Städtebaus – erhalten hatte. Die tägliche Arbeit und meine gesellschaftliche Tätigkeit spielten eine große Rolle dabei, daß ich mir die marxistisch-leninistische Weltanschauung immer mehr aneignete. Ich bemühte mich, in der Arbeit und auch in Gesprächen eine entsprechende Meinung zu vertreten und im immer noch großen Kreis der ausländischen Spezialisten durchzusetzen. Wenn es beispielsweise um unser größtes Problem, den Städtebau, ging und als einziger Maßstab westliche Ansprüche zugrunde gelegt wurden, bin ich sofort dagegen aufgetreten. Wir hatten es in der UdSSR – davon war ich inzwischen überzeugt – mit einem weit größeren Mangel und zugleich mit wesentlich geringeren Ansprüchen hinsichtlich des Wohnraums zu tun. Dem mußten wir gerecht werden, wenn wir unsere Aufgaben in jenem Staat erfüllen wollten.

Außerdem versuchte ich zu verdeutlichen, daß eine Revolution Opfer kostet und daß wir Deutschen uns nicht als besondere Schicht beim Aufbau des Sowjetlandes betrachten dürften. Nur gemeinsam mit den einheimischen Bauleuten würden wir etwas erreichen. Die Nichtachtung sowjetischer Leistungen wurde für mich immer mehr zu einem ideologischen Problem, und ich glaube, auch meine Widersacher merkten, daß es mir Ernst war mit dem, was ich sagte.

Ich mußte in jenen Jahren aber leider auch erkennen, daß nicht alle unserer ausländischen Kollegen meiner Meinung waren. Manche anspruchsvollen Erwartungen hinsichtlich einer Lebenshaltung, die ein Land, das selbst um seine wirtschaftliche Stärke kämpfte, nicht erfüllen konnte, erwiesen sich als zu hoch. Hin und wieder beobachtete ich auch Überheblichkeit gegenüber Mängeln in der Versorgung, obwohl den Ausländern nach dem Wegfall der Valutazahlungen weiter Vergünstigungen gewährt wurden. So konnten wir in den Läden der Insnab, der Ausländerversorgung, einkaufen, in denen

Lebensmittel, Konsumgüter und Industriewaren zur Verfügung standen, die die sowjetischen Kollegen nicht erhielten.
Deutsche und andere ausländische Architekten und Ingenieure, die am Anfang unseres Aufenthaltes ein großes Verständnis für die Lage der UdSSR gezeigt hatten, begannen nun, das Land zu verlassen. Wie ich schon andeutete, waren die Gründe dafür sehr unterschiedlich. Einige verließen die Sowjetunion aus rein familiären Gründen, manche, weil sie mit vielen der ihnen übertragenen Aufgaben geistig und fachlich nicht fertig wurden. Es war in der Tat nicht leicht, die komplizierten Bedingungen für die Projektierung und den Bau der zahlreichen Wohnungs-, Industrie- und gesellschaftlichen Vorhaben verstehen zu lernen, die sich in diesem ersten sozialistischen Land der Welt grundsätzlich von denen in kapitalistischen Ländern unterschieden.
Auch die nach der Gründung des sowjetischen Architektenverbandes einsetzende Tendenz zur Tradition führte dazu, daß bei einigen Ausländern das Interesse am Bauen in der Sowjetunion nachließ.
Dazu kam eine zunehmende faschistische Propaganda gegen den jungen Sowjetstaat, eine Verunglimpfung der Planwirtschaft, ein Infragestellen der Leistungsfähigkeit östlicher Völker überhaupt. Es waren die Auswirkungen jener gräßlichen Rassentheorie, die im wesentlichen bekannt sind.

1934 verließ Ernst May die Sowjetunion. Ganz sicher spielten materielle Gründe bei ihm eine Rolle, aber auch eine gewisse Resignation darüber, in ihn gesetzte Erwartungen nicht völlig erfüllt zu haben. Er verabschiedete sich aber ohne sichtlichen Groll im damaligen Grand-Hotel von einem größeren Kreis seiner deutschen und sowjetischen Kollegen und ging nach Kenia, da er das faschistische Deutschland nicht mehr betreten wollte.

Im selben Jahr verließ auch Mart Stam die Sowjetunion. Dieser anerkannte Fachmann war an den harten Realitäten nicht nur von Magnitogorsk gescheitert, die es ihm unmöglich gemacht hatten, sein Idealbild einer sozialistischen Stadt zu verwirklichen. Als letzten Auftrag hatte er das Projekt für die Stadt Balchasch in der Nähe wichtiger Kupferminen schaffen sollen. Er hatte diese Idee aus – seiner Überzeugung nach – humanitären Gründen abgelehnt, weil die Stadt in einer öden Salzsteppe entstanden wäre, und statt dessen eine entferntere Ansiedlung sowie den Bau einer 200 Kilometer langen Schnellbahn vorgeschlagen. Dieses zusätzliche Projekt konnte die Sowjetmacht jedoch nicht verwirklichen. Die Pläne von Balchasch entstanden daraufhin durch eine Komsomolbrigade, und aus dem einstigen Projekt ist inzwischen eine blühende Stadt geworden.
Der allgemeine Rückstrom der Ausländer setzte aber erst 1936 ein, nachdem die internationale Lage sich verschlechtert hatte und der Aufenthalt in der Sowjetunion Schwierigkeiten mit sich brachte. Viele Ausländer wurden deshalb direkt aufgefordert, das Land zu verlassen.

Für kurze Zeit kam ein enger und sehr qualifizierter Mitarbeiter von Poelzig, Heinrich Schapiro, nach Moskau, weil er wie viele andere zur Emigration gezwungen war. Er arbeitete im Projektierungsbüro für Verkehrswesen, das später zum Projektierungstrust Transgrashdanprojekt (Zivilbauten des Verkehrswesens) umgebildet wurde. Da sich auch in meiner bisherigen Arbeitsstelle einiges verändert hatte, nahm ich durch Vermittlung von Schapiro eine Tätigkeit in der Projektierungseinrichtung des Volkskommissariats für Verkehrswesen auf. Damit verbesserten sich auch meine Wohnverhältnisse. Ich konnte eine Dreizimmerwohnung beziehen, die nur einige hundert Meter von meinem Arbeitsort entfernt lag.
Bald war ich der einzige Deutsche in meinem Projektierungskollektiv, obwohl immer noch namhafte Ausländer in der Sowjetunion wirkten, so Werner Hebebrand, Hans Schmidt und das Ehepaar Schütte von der ursprünglichen Gruppe May, weiterhin Oswald und Werner Schneidratus, Kurt Meyer, Hannes Meyer, Konrad Püschel, Tibor Weiner, Philipp Tolziner, Benny Heumann, Gerhard Kosel, Heinz Abraham und manche andere.
Bis 1933 etwa hatte uns ein ganzer Stab von Dolmetschern zur Verfügung gestanden. So waren unsere Sprachkenntnisse über „choroscho" und „plocho" nicht viel hinausgegangen. Als die Verträge mit den ausländischen Experten dann abliefen – in der Regel nach zwei Jahren –, wurden die Übersetzer wieder abgezogen. Auch das war ein Ausdruck der schon erwähnten Sparmaßnahmen. Mir kam zugute, daß ich inzwischen in einer typisch russischen Familie lebte und daß meine Frau Maria kein Deutsch verstand. Der Alltag zwang mich sehr schnell zu gutem Verstehen und Sprechen.
Eine Hilfe für uns verbleibende Deutsche war jedoch der Unterricht in Sprachzirkeln, die die sowjetischen Genossen in den Folgejahren einrichteten.
Mein Aufgabengebiet umfaßte die Projektierung kleiner Wohnheime für Eisenbahner – meist in Form eingeschossiger Blockhäuser. Ich erarbeitete weiterhin die Unterlagen für kleine Bahnhöfe, die als Typenprojekte dienten und von denen einige auch gebaut wurden. Ich war in der UdSSR vor allen Dingen in der Typenprojektierung tätig und habe mich dabei um die Sachlichkeit bemüht, zu der ich erzogen worden war. Dabei kam es mir weder auf die Größe noch die Wichtigkeit der Gebäude an, ebensowenig darauf, ob das Material Stein oder Holz war. Ich bemühte mich um Proportionen, um eine klare Gruppierung der Baukörper, die man überblicken konnte und die im Einklang mit der Funktion des Gebäudes standen. Diese Schule habe ich nie verleugnet, trotz gewisser Kompromisse, die klimatische Bedingungen und ästhetische Ansprüche des anderen Landes mir vorschrieben.
Mein größtes Projekt und zugleich einer meiner wenigen größeren Bauten war 1936 das Gebäude der zentralen Apothekenverwaltung mit einem großen Lagerhaus, das sich unweit der Landwirtschaftsakademie in Moskau befindet. Das Gebäude entstand in Ziegelbauweise und wurde, was das Lager betraf,

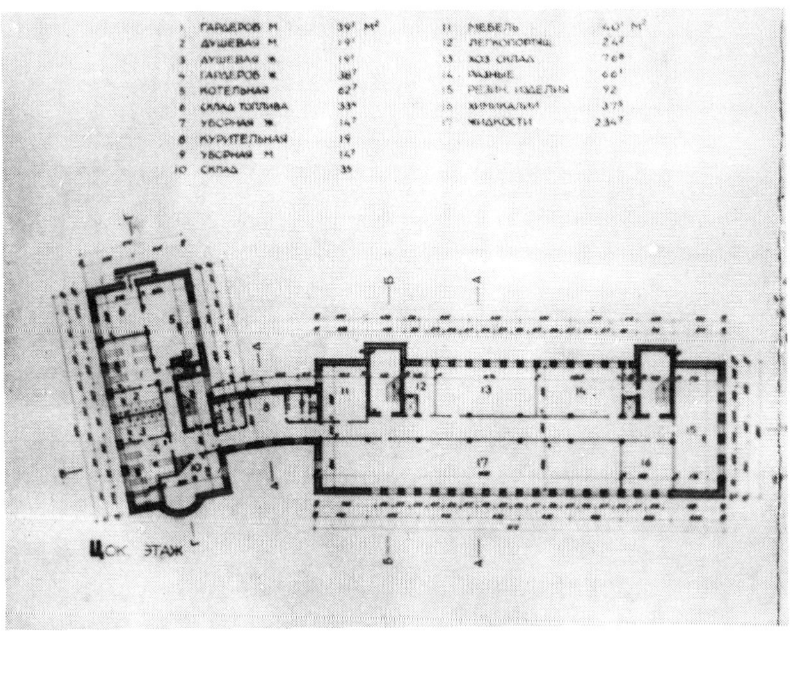

Zentrale Apothekenverwaltung und -lager des Volkskommissariats für Verkehrswesen in Moskau
a) Ansicht
b) Grundriß

mit monolithischen Stahlbetonstützen und Querbalken errichtet. Zwischen dem viergeschossigen Verwaltungsbau und dem dreigeschossigen Lager befand sich ein ebenfalls dreigeschossiger Verbindungsbau für einen Warteraum, sanitäre Einrichtungen und anderes.

Der Haupteingang hob sich architektonisch am Giebel des Verwaltungsbaus mit dem Haupttreppenhaus, den Fensterumrahmungen und einem Gesims hervor. Entsprechend seiner Funktion sollte das Haus einfach und lakonisch wirken. Ich führte auch einige Zeit die Baukontrolle durch.

Die eindeutige Trennung von Lager und Verwaltung und die von mir immer wieder angestrebte klare Gliederung brachten mir eine gewisse Anerkennung unter den sowjetischen Kollegen ein.

Im sowjetischen Architektenverband und auch in meinem Projektierungsbüro fanden viele Streitgespräche zur Architektur statt, an denen ich natürlich auch teilnahm und zu denen ich einige Bemerkungen machen möchte.

Im Prinzip standen sich zwei Seiten gegenüber: die Vertreter des Historismus, der sich Anfang der dreißiger Jahre durchgesetzt hatte, und der Kreis der Konstruktivisten um Viktor Wesnin und Ginsburg. Der noch lebende Bruder Alexander Wesnin trat kaum noch in Erscheinung. Die Architekten stritten hauptsächlich in Worten, denn eigentlich war der Kampf längst entschieden. Die Konstruktivisten hatten ausgespielt, und ihre noch lebenden Verfechter wie Wesnin und Ginsburg, bekamen wenig baupraktische Aufgaben. Ich erinnere mich, daß ich außer Ginsburgs Wohnhaus in Moskau, seinem Regierungsgebäude in Alma-Ata und seinem Sanatorium in Kislowodsk kaum andere Bauten von ihm kannte. Er befand sich deutlich in der Isolation.

Der Meinungsstreit ging also nicht mehr um ein Für oder Wider den Historismus, der hatte sich – auch in der Bevölkerungsmeinung – längst durchgesetzt. Die Gründe dafür waren die gleichen geblieben wie fünf, sechs Jahre zuvor, als wir nach Moskau gekommen waren. Nach wie vor fehlte die moderne Bautechnik, um die großen Bauaufgaben mit modernen Mitteln lösen zu können. So hatten sowjetische Bauleute größte Schwierigkeiten, große, glatte Flächen aus Beton oder Putz zu fertigen, auch das erklärt die Vorliebe für verzierte Fassaden.

Es ging im Streit höchstens noch um die Ausdrucksformen des Historismus. Der Kreis um Wesnin und Ginsburg versuchte immer wieder, die dekorativen Mittel auf ein Minimum zu beschränken bzw. diese Elemente mit der Funktion des Gebäudes in Einklang zu bringen. Tatsächlich war der Schmuck der Häuser Mitte der dreißiger Jahre noch recht zurückhaltend, das zeigen unter anderem die neue Gorkistraße, der Gartenring und weitere Wohnhäuser. Das mag an den Auseinandersetzungen gelegen haben und nicht zuletzt auch daran, daß Sholtowski, wohl der Hauptvertreter des Historismus, als ein Meister seines Fachs die Dekoration sehr überlegt einsetzte. Die in späteren Jahren, vor allem nach dem Krieg, einsetzenden Überwucherungen sind ihm

Haus in Großblockbauweise in der Großen Poljanka in Moskau (Architekten B. Blochin und A. Burow)

nicht anzulasten. Sholtowski baute immer in hoher Qualität. Er war in den dreißiger Jahren der verehrteste Lehrer am Moskauer Architekturinstitut.
Die wichtigsten Bauten im rekonstruierten Moskau entstanden durch Sholtowski, Fomin, Stschussew, Mordwinow. Sie griffen auf eine Formensprache und auf Schmuckelemente zurück, die aus dem Klassizismus, der Renaissance und der altrussischen Baukunst stammten, wobei sie die gestalterischen Ausdrucksmittel vereinfachten.
Bis Ende der dreißiger Jahre wurde dann die Produktionsbasis allmählich erweitert, und nach dem Auftakt in der Gorkistraße (Takt- und Fließverfahren) begann das industrielle Bauen auch in anderen Moskauer Straßen – allerdings zunächst nur in ganz geringem Umfang. Man bediente sich der Großblockbauweise, es entstanden Häuser in der Großen Poljanka, die Architekten waren B. Blochin und A. Burow.
Ich habe in den genannten Diskussionen mit der Meinung Wesnins übereingestimmt, der eine tektonisch klar gegliederte Gestaltung eines Gebäudes vertrat, die meinen Auffassungen am nächsten stand.

Interessant für mich war es, daß die Auseinandersetzungen nicht nur im Moskauer Haus der Architekten, sondern auch unter der Bevölkerung geführt wurden. Es gab in Moskau die Tradition, an jedem Ersten Mai die Schaufenster der Geschäftsstraßen mit Entwürfen und Modellen der neuesten Bauvorhaben zu füllen. Solche Auslagen waren stets von einer diskutierenden Menge umlagert. Die Architektur erlangte auch in kleinen Orten und sogar Dörfern eine unglaubliche Popularität. Es war eine der Formen der Inbesitznahme von Kultur.
Ich entwarf in dieser Zeit (1939) das achtgeschossige Kurhotel für die Schwarzmeerküste in Stahlbetonskelettbauweise. Es gründete sich auf einen Viermeterraster. Das Hotel besaß 300 Betten, jedem Zimmer war eine fast 12 Quadratmeter große Terrasse vorgesetzt. Im Erd- und Sockelgeschoß befanden sich die gesellschaftlichen und Versorgungseinrichtungen. Solch ein kompakter Baukörper erwies sich als wirtschaftlich vorteilhafter als die häufig angewendeten einzelnen Pavillons. Das Projekt sah sich einmal V. A. Wesnin an, der bedeutende Repräsentant sowjetischer Architektur. Ihm gefiel der Entwurf und er sagte, „so können (oder dürfen) wir heute nicht bauen, aber vielleicht kommt die Zeit". Mein Projekt wurde aber doch in der Nummer 2/1941 der Zeitschrift „Architektur der Sowjetunion" veröffentlicht.

Danach entwarf ich einen Typenbau für ein Jägerheim, das auf Befehl des Volkskommissars für Verteidigung in einer Reihe von Jagdgebieten des Landes für die Kommandeurskader der Roten Armee errichtet werden sollte. Entsprechend der bestehenden russischen Traditionen plante ich Blockhäuser aus Holz, die etwa 30 Betten im zweiten Geschoß aufnehmen konnten. Das Erdgeschoß enthielt gesellschaftliche Räume, die Küche und Dienstzimmer.

Eine gewisse Zeit beschäftigte ich mich auch mit Kinderkrippen. Ein zweigeschossiges Typenprojekt für 60 Kinder wurde bestätigt und ebenfalls veröffentlicht, aber leider ebensowenig wie das Hotel und das Jägerheim gebaut. Inzwischen war der zweite Weltkrieg ausgebrochen, und manches, was geplant worden war, konnte nicht mehr verwirklicht werden.
Zu dieser Zeit war ich fast der einzige Deutsche in den Institutionen, an denen ich zu tun hatte. Nach 1936 hatten die sowjetischen Genossen alle leitenden Stellen auch im Bauwesen eingenommen, die Ausländer, sofern sie im Lande geblieben waren, versahen ihre Tätigkeit als Mitarbeiter. Diese Maßnahmen betrafen mich nicht. Mit der Sprache kam ich inzwischen gut zurecht, auch hatte ich Freunde und fühlte mich wohl in dieser für mich schon fast nicht mehr fremden Mentalität – dennoch war es für mich nicht immer leicht
Trotz meiner sowjetischen Staatsbürgerschaft fühlte ich mich irgendwie mitschuldig an den Überfällen der Faschisten, die schon in halb Europa hausten. Die Vereinbarung zwischen Hitlerdeutschland und der Sowjetunion über einen Nichtangriffspakt beruhigte mich nicht, sondern schürte eher eine Unruhe in mir, die ich kaum überwinden konnte.

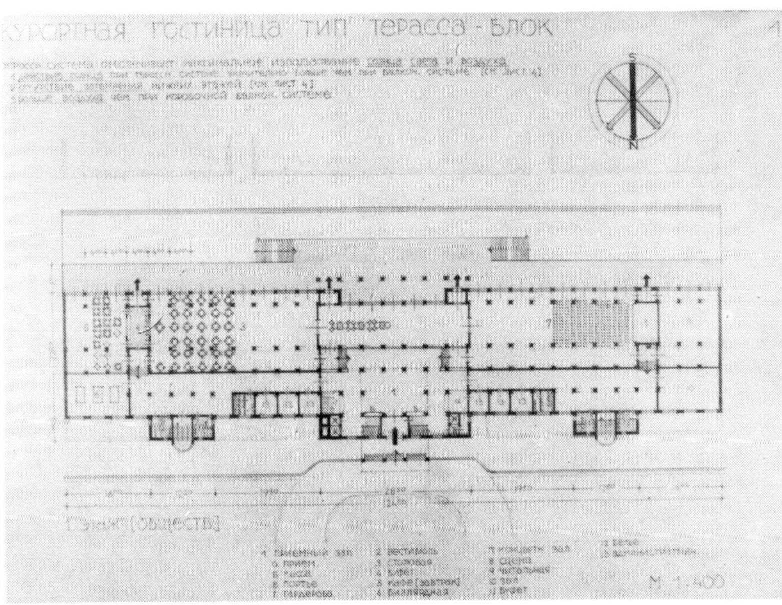

Kurhotel für die Schwarzmeerküste (Projekt K. Liebknecht)
a) Perspektive
b) Grundriß Erdgeschoß

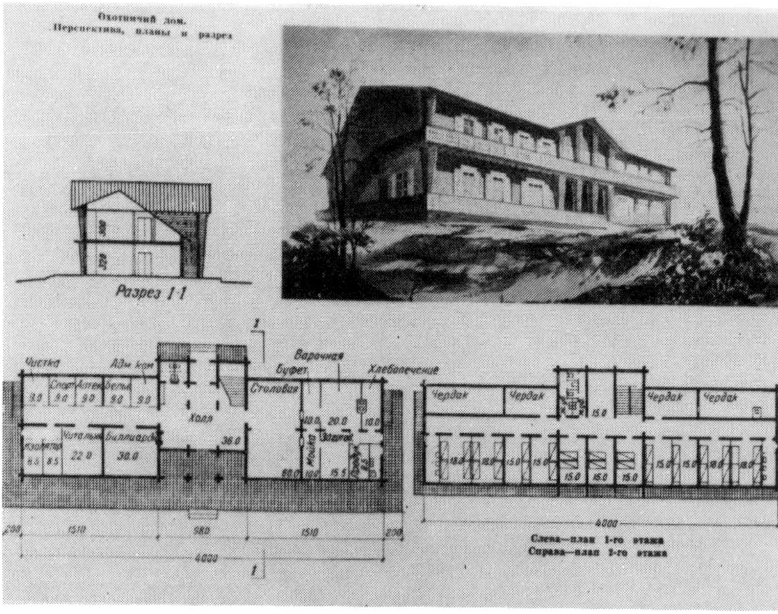

Typenbau für ein Jägerheim der Roten Armee (Projekt: K. Liebknecht)
a) Ansicht
b) 2 Grundrisse

Ich vergaß nie, daß in meiner Heimat der Faschismus mit allen seinen furchtbaren Folgeerscheinungen herrschte, und ich vermied es, bewußt oder unbewußt, deutsch zu sprechen. Trotzdem ließ mein leichter Akzent natürlich den Ausländer erkennen. So hatte ich mich jederzeit unter Kontrolle, und es gab keinen Moment, in dem ich etwas sagte, was man hätte falsch verstehen können. Das war von besonderer Wichtigkeit, da ich an Konferenzen teilnahm, nach wie vor in der Gewerkschaft aktiv war und in manchen Diskussionen auftrat.

Ich machte mir damals ständig bewußt, daß ich nur durch meine Arbeit und mein Auftreten unter Beweis stellen konnte, daß ich mich tatsächlich als sowjetischer Staatsbürger fühlte.

Am 18. Juni 1941 begann die 3. Konferenz des Moskauer Architektenverbandes, der führend im Landesverband war und sicher auch noch ist. Ich erhielt das Mandat Nummer 185 als Delegierter.

Um acht Uhr abends trafen wir uns im neuen Architektenhaus in der Granatnipereulok, der heutigen Stschussewstraße. Den Bericht über die Arbeit der Leitung erstattete Nikolai Jakowlewitsch Kolli[74], der sich unter anderem als Bauleiter eines 1929 von Le Corbusier entworfenen Moskauer Verwaltungsgebäudes sowie beim Bau der Metrostation Kirowskaja verdient gemacht hatte.
Ich erinnere mich an viele interessante und auch kritische Diskussionen über die weiteren Möglichkeiten der Industrialisierung des Bauens und die Entwicklung der sowjetischen Architektur. Zwar erwähnten einige Redner die Gefährlichkeit der politischen Lage, auch das Mißtrauen gegenüber der faschistischen Regierung in Deutschland, aber im Grunde genommen war die Konferenz beherrscht von einem gewissen Optimismus hinsichtlich des weiteren friedlichen Aufbaus. Ich möchte das so verallgemeinern: Die sowjetischen Menschen waren auf einen Krieg noch nicht eingestellt. Das heißt nicht, daß sie eine Auseinandersetzung ausschlossen, aber zu diesem Zeitpunkt erwartete sie niemand. Stalin als die absolut herrschende Autorität hatte den Nichtangriffspakt mit Deutschland abgeschlossen, und nirgendwo war von einem „drohenden" Krieg zu lesen oder zu hören. So wurden auch ungenügende Vorbereitungen für eine Verteidigung getroffen. Die sowjetischen Menschen waren zu jener Zeit frei von Mißtrauen und völlig mit ihrem sozialistischen Aufbau beschäftigt.
Die Konferenz dauerte bis zum 20. Juni und sollte mit einer Feierlichkeit am 21. Juni beendet werden.
Nach der erfolgreich verlaufenden Tagung herrschte auf dem Abschlußball die beste Stimmung. Wir feierten bis zum frühen Morgen, der zu einem herrlichen Tag zu werden schien. Auf dem Nachhauseweg hörten wir dann aus den öffentlichen Lautsprechern die Nachricht, daß Hitler der Sowjetunion den Krieg erklärt und mit mehreren Armeen, mit Flugzeugen und Panzern die Grenze zur UdSSR überschritten hätte. Viele Opfer seien schon zu beklagen.
Diese Nachricht wirkte auf uns alle niederschmetternd. Wir standen in festlicher Kleidung, jäh herausgerissen aus unserer fröhlichen Stimmung, auf der Straße, plötzlich konfrontiert mit einer Situation, mit der wir überhaupt nicht gerechnet hatten. So erging es nicht nur uns, sondern allen Menschen, auf die wir in den frühen Morgenstunden trafen.
Völlig verwirrt kam ich zu Hause an. Was war zu tun, speziell für mich – einstiger deutscher Staatsbürger? In meinen Dokumenten war immer noch meine Nationalität als Deutscher angegeben. Ich war in der Sowjetunion verheiratet, Familienvater, 36 Jahre alt und in diesem Land seit Jahren zu Hause. Meine Lage war besonders kompliziert. Was würden die sowjetischen Genossen von mir erwarten?
Ich fühlte eine besondere persönliche Verantwortung und wollte mich als Freiwilliger melden. Also packte ich mein kleines Bündel mit den, wie mir schien,

notwendigsten Dingen, meistens Toilettenartikeln. Nach einem doch sehr wehmütigen Abschied von Frau, Sohn und anderen Verwandten begab ich mich zu dem für mich zuständigen Stellpunkt, in der Tasche das mir schon früher übergebene Militärdokument.

Ich hatte bis dahin niemals eine militärische Ausbildung erfahren und wußte deshalb nicht, wo ich am besten eingesetzt werden konnte. Eine große Schar von Sowjetbürgern wartete schon vor dem Stellpunkt, alle hatten, wie sich herausstellte, ein ähnliches Anliegen. Nach etwa drei Stunden rief mich der verantwortliche Kommandeur. Er unterhielt sich lange mit mir, wobei ich aus meinem Leben berichtete. Wegen der fehlenden militärischen Ausbildung schlug ich vor, vielleicht in einer sogenannten Maskirowkaabteilung für die Tarnung von kriegs- und lebensnotwendigen Gebäuden arbeiten zu dürfen. Der Kommandeur überlegte und entschied dann, daß ich auf Grund meiner Spezialisierung zunächst vom Kriegsdienst zurückgestellt würde. Er sagte: „Wir haben auch in der gegenwärtigen Situation Menschen nötig, die auf ihrem Platz weiterarbeiten, um später Kader für den Wiederaufbau zur Verfügung zu haben.“

Ich war überrascht von der Weitsicht dieses Mannes, der selbst noch jung, in Kaderfragen aber schon sehr geschult schien. So kehrte ich zu meiner Familie zurück, die sich natürlich freute, während ich nicht ganz befriedigt war. Mich beschäftigte der Gedanke, daß eine große Anzahl Freiwilliger für die Verteidigung Moskaus bereitstand, ich aber abseits bleiben sollte, obwohl mir die Stadt ebenfalls sehr ans Herz gewachsen war.

Viele Sowjetmenschen konnten oder wollten trotz des Krieges immer noch nicht glauben, daß ihre friedliche Arbeit nun unterbrochen sein sollte und sie sich auf eine neue, gefährliche Situation umstellen mußten. Die Lebensmittellage blieb noch einige Wochen fast normal, bevor notwendige Beschränkungen auftraten. Gleichzeitig begann man, Kinder und Frauen in östliche Teile des Landes zu evakuieren. So siedelten auch bald meine Frau und mein Sohn nach Swerdlowsk im Ural um.

Die faschistische Wehrmacht stieß mit allen ihr zur Verfügung stehenden Panzerverbänden und Flugzeugen immer tiefer in das europäische Gebiet der Sowjetunion vor, besetzte große Teile von Belorußland und befand sich schon an der Grenze zur Ukraine. Es dauerte nicht lange, da hörte man auch in Moskau Fliegeralarm. Ich wurde der zivilen Feuerwehr und der Beobachtungsabteilung unseres Häuserblocks in der heutigen Katschalowstraße zugeordnet und bezog einen Posten auf einem Treppenaufgang. Vom Dach des in den dreißiger Jahren erbauten Hauses hatte ich einen weiten Blick vor allem in westlicher Richtung, was mich sehr zwiespältig berührte. Ich wußte nicht recht, woran ich denken sollte, wenn mir Deutschland in den Sinn kam.

In Moskau wurden – vor allem in den breiten Straßen wie dem A-Boulevard und dem Gartenring – Fesselballons angebracht, die nachts hochgelassen

wurden, um möglichen feindlichen Fliegern die Bombardierung zu erschweren. Die Verdunkelung der Stadt war schon lange angeordnet. Die Metrobahnhöfe standen der Bevölkerung als Luftschutzbunker zur Verfügung. Langsam gewöhnten sich die Einwohner an den Ernst der Lage und taten alles, um mit den ihnen auferlegten Opfern fertig zu werden.
Viel ist über jene Kriegszeit geschrieben worden, auch über die Gründe, die zu den schnellen Vorstößen der Hitlertruppen geführt haben. Ich will deshalb hier nur auf wenige persönliche Erlebnisse der kommenden Jahre eingehen.
Unsere ersten Einsätze nach Fliegeralarmen erfolgten im September und Oktober 1941, und ich weiß noch, daß wir viele abgeworfene Brandbomben von den Dächern entfernen konnten. Einige größere Bomben fielen ganz in unserer Nähe und führten zu Zerstörungen und Bränden. Unheimlich wirkte das große Timirjasew-Denkmal[75] am Nikitzki-Boulevard, das zertrümmert in einem gewaltigen Kraterloch lag.
Viele Brände erklärten sich dadurch, daß ein Teil der Gebäude immer noch aus Holz bestand und so leicht ein Opfer der Flammen wurde. Wenn ich zurückdenke, hielt sich aber die Zerstörung Moskaus dank der vielen Verteidigungsmaßnahmen der verantwortlichen Organe und der sich aufopfernden Bevölkerung in Grenzen. Die Hauptstadt konnte im großen und ganzen erhalten werden, um so mehr, als die Rote Armee alles tat, um die Zugänge nach Moskau zu verteidigen.
Die wichtigsten Betriebe der Stadt, auch Hochschulen und wissenschaftliche Einrichtungen, wurden nach und nach in östliche Landesteile verlegt. Allein diese Tatsache gehört zu den Ruhmesblättern der Geschichte des Großen Vaterländischen Krieges, da somit die Arbeiterklasse die materielle Basis für die Verteidigung des Landes immer wieder in Sicherheit erneuern konnte. Die gesamte Ausrüstung der Roten Armee wurde am Ural und in Sibirien hergestellt, auch das führte schließlich zur Überlegenheit der heldenhaft kämpfenden Sowjetsoldaten.
Wie konnte ich teilhaben an diesen heroischen Taten?
Ich war gleich zu Kriegsbeginn als Spezialist und wissenschaftlicher Mitarbeiter in der Allunionsakademie für Architektur eingestellt worden, die – zwar kadermäßig stark reduziert – besondere Aufgaben erfüllen mußte. Ein großer Teil der Mitarbeiter unter Leitung des bedeutenden Architekten Karo Alabjan[76] beschäftigte sich mit Fragen der Tarnung von Industriebetrieben und anderen wichtigen Anlagen. Solche Arbeiten erledigten übrigens Architekten, Ingenieure und Bauleute im ganzen Lande.
Ich selbst erhielt die Aufgabe, unterirdische medizinische und soziale Einrichtungen zu projektieren, in Holzkonstruktionen wie Unterstände errichtet und für den Feind unsichtbar. Sie entstanden in Zusammenarbeit mit einer Kriegsakademie, die für Bauten der Roten Armee verantwortlich war. Hier traf ich erneut mit Professor Nekrassow zusammen, der in medizinischen Bauten solcher Art große Kenntnisse bewies. Für diesen Auftrag war das

Institut für gesellschaftliche Bauten zuständig. Sein Direktor, Professor Kolli, war ebenfalls als namhafter Architekt bekannt, denn unter anderem hatte er ja auf der Architekturkonferenz in den letzten Friedenstagen den Bericht über die Arbeit der Leitung erstattet.
Mit mir arbeitete der Architekt Igor Kastel, der heutige Professor und Direktor des Instituts für Weiterbildung beim Moskauer Architekturinstitut. Er hatte vorher schon längere Zeit bei Professor Kolli gearbeitet, so an dessen Projekt und Bau der Metrostation Kirowskaja. Wie sich herausstellte, hatte er einige Jahre in Deutschland gelebt und war kurz nach mir Schüler der Freien Schulgemeinde Wickersdorf gewesen. Der damalige sowjetische Volksbildungskommissar Lunatscharski hatte seinerzeit ein Internat für die Kinder der sowjetischen Botschaft und anderer sowjetischer Institutionen in Deutschland gesucht und in Wickersdorf jene namhafte Bildungseinrichtung gefunden, die schon 1923, also nach meinem Aufenthalt, den Russischunterricht eingeführt hatte. Die fortschrittlichen Tendenzen des ganzen Schulbetriebes waren international bekannt.
Kastel hatte noch die besten Erinnerungen an jene schon 20 Jahre zurückliegende Zeit. Wir tauschten unsere Erfahrungen aus und kamen uns auch dadurch näher, daß er Deutschland gut kannte. Das alles half uns nicht unwesentlich in der Arbeit weiter, die wir bald den entsprechenden Instanzen übergeben konnten.
Die Kriegslage hatte sich weiter verschlechtert, und die faschistischen Truppen stießen immer weiter vor. Ihr Hauptziel, das sie allerdings nie erreichen konnten, war das Herz der Sowjetunion, Moskau.
Ende September 1941 fand im Hause der Architekten eine Session, eine erweiterte Plenartagung, der Akademie statt, die der slawischen Baukunst gewidmet war. Sie sollte eine Antwort auf die von den faschistischen Barbaren entfesselte Hetze gegen jedwede Bedeutung der slawischen Kultur sein. Ich wurde aufgefordert, auch ein paar Worte vorzubereiten.
Einige Auszüge aus meinem Beitrag möchte ich wiedergeben, weil sie mir in unserer heutigen Zeit gerade wegen der Konfrontation westlicher Länder gegen die Sowjetunion noch wichtig zu sein scheinen. Antisowjetismus und Antikommunismus sind ja dort leider wieder hochaktuell.
„... Es ist lächerlich, wenn die deutschen Faschisten, die Kulturschätze und die schönsten Bauwerke vernichten, schreien und versichern, daß die deutsche Kultur höher als andere, z. B. die slawische Kunst, einzuschätzen sei. Das ist auch deshalb lächerlich, weil erstens die Behauptung unwahr ist und zweitens die faschistischen Wortführer nicht die geringste Beziehung zur wahren und wirklichen Kunst besitzen. Die ganze Kultur der Menschheit resultiert aus unendlich vielen Verbindungen, Wechselwirkungen und dem Austausch der Völker untereinander.
Gerade die deutsche Kunstgeschichte beweist den völligen Unsinn solcher wahnwitzigen Ideen, die vom Faschismus gepredigt werden. Es existiert

keine deutsche Kunst, die nicht durch tausende Fäden mit der europäischen Malerei, Bildhauerei und Architektur verbunden wäre. So entwickelten sich die slawische und die deutsche Kunst auf verschiedenen Wegen und durch unterschiedliche Einflüsse, sind aber in der Weltkultur absolut gleichwertig. Beide gaben der Menschheit wertvollste Kunstwerke. Lassen die Faschisten der Menschheit irgendwelche Kunstdenkmäler zurück? In Wirklichkeit hinterlassen sie zerstörte Städte mit ehemals berühmten Ensembles, vernichtete Gebäude – Wohnhäuser, Schulen, Krankenhäuser, Museen, Theater und anderes –, also zertrümmerte Architekturdenkmäler.

Dieser Architektur des Todes stellen wir eine echte, wahrhafte Architektur des Lebens, der schöpferischen Tätigkeit aller Völker unserer Erde entgegen. Der Tag ist nicht fern, wo die großen slawischen Völker nach der Befreiung vom faschistischen Joch und auch andere Völker, darunter das deutsche Volk, in enger Zusammenarbeit und Freundschaft darangehen werden, die schrecklichen Wunden, die den Völkern, ihren Städten und Dörfern zugefügt wurden, zu heilen. Neue großartige Baudenkmäler menschlicher Kultur werden entstehen.
Das friedliche Schaffen und der brüderliche Bund freier Völker werden über allen Ungeist triumphieren.“
Wenn ich diese Worte heute lese, finde ich darin den Optimismus wieder, der mich, aber auch meine Freunde und Genossen während der Kriegszeit und trotz der oft verzweifelten Lage kaum verlassen hat.

Wir arbeiteten weiter, jeder nach seinen Möglichkeiten und Fähigkeiten, an Aufgaben, die im Gegensatz zu bisherigen Forderungen von der besonderen Kriegslage geprägt waren. Wer das helle, heitere Moskau kannte, kann sich nur schwerlich vorstellen, wie die verdunkelte Stadt wirkte. Die Leuchtbomben, die den verhaßten „Messerschmitts“[77] Ziele ausfindig machen sollten, zeigten nur wenig Wirkung. Ich konnte das mit eigenen Augen verfolgen. Trotzdem gab es natürlich Situationen, die schrecklich und mit dem erlebten Bombardement des ersten Weltkrieges in Frankfurt (Main) nicht vergleichbar waren.
Einmal war eine Bombe in das hintere Gebäude der Architekturakademie gefallen und hatte das Bauwerk mit seinen Bücherbeständen und dem Archiv schwer in Mitleidenschaft gezogen. Alle zur Verfügung stehenden Mitarbeiter, darunter die mir noch gut in Erinnerung gebliebenen Architekten und Bauingenieure Varga, ein Ungar, die Spanier Sanches Arkas und Lacasa, krempelten die Hemdsärmel hoch. Es war ein Glück, daß es nicht regnete, so bemühten wir uns, unter Kommando die Buchbestände auf dem Hof zu ordnen. Das klappte aber nicht einwandfrei, weil wir schließlich bemerkten, daß wir die Bücher nur von einer Ecke in die andere wandern ließen. Aber bald fanden wir ein System und stellten fest, daß der Schaden verhältnismäßig gering war.

Immer mehr Moskauer Einwohner wurden evakuiert. Auch einige Institutionen trafen für ihre verbliebenen Mitarbeiter, unter denen mehr Frauen als Männer waren, Vorkehrungen für eine Verlegung ins Hinterland.
So begann Ende Oktober 1941 auch in der Akademie die Vorbereitung für die Übersiedlung in östlicher Richtung, wobei man Tschimkent in Mittelasien wählte – eine mittlere Stadt im südlichen Kasachstan, nicht weit von Taschkent entfernt. Wir bekamen jeder eine Urkunde für die Evakuierung mit der entsprechenden Zielangabe. Doch die Akademie konnte für diese weite Reise nicht jedem Mitarbeiter den Transport garantieren. Dazu reichte einfach in jener schweren Zeit, in der aller Transportraum für den Krieg gebraucht wurde, die Kapazität des Eisenbahnverkehrs nicht aus. Jeder Zug in Richtung Osten war überfüllt und konnte teilweise die Massen von Einwohnern, die abreisen und Moskau entlasten sollten, nicht aufnehmen. Durch die tatkräftige Hilfe meines Vetters Helmi Liebknecht, der mich schon bei früheren komplizierten Anlässen unterstützt hatte, erhielt ich mit anderen, auch deutschen Genossen die Möglichkeit, einen der letzten Züge der Komintern zu benutzen. Es sollte alles sehr schnell gehen, und wir durften auch nur das Allernotwendigste mitnehmen. Ich packte eine größere Mappe mit Arbeiten und sonstigen notwendigen Dokumenten zusammen, alles andere mußte in der Wohnung verbleiben. Wir waren inzwischen zu meiner Schwägerin gezogen, aber ich lebte allein in der Wohnung, denn Frau, Sohn und Schwägerin hatten ja schon vorher Moskau verlassen. Die Wohnung sollte zwar noch von einem Bekannten gehalten werden, aber nach meiner späteren Rückkehr war von meinen Sachen nichts mehr aufzufinden. Verschwunden waren auch fast alle meine Projektzeichnungen und Fotoalben mit Bauten und Modellen aus der früheren Berliner Zeit, die mir sehr am Herzen lagen.
So zog ich nun zum Kasaner Bahnhof, einem von Stschussew erbauten und unter der Sowjetmacht rekonstruierten größeren Gebäude – vielleicht der schönste der Moskauer Bahnhöfe.
Auf dem Bahnsteig stand eine riesige Menschenmenge, alles Abreisende und die sie Begleitenden. Unser Abteil war kaum zu finden. Schließlich erhielten wir eines in der 2. Klasse – mit weichen Polstern –, in dem außer meinem Vetter und seiner Tochter die Genossen Martha Arendsee und Paul Kämpf sowie zwei, drei andere Personen Platz finden mußten. Meine wenige Habe bekam ich schnell unter. Auf dem Bahnsteig lagen aber noch andere Gepäckstücke, Körbe, Koffer und Bündel, die nicht mehr aufgenommen werden konnten. Das Durcheinander war unvorstellbar, das Schreien und Rufen, der Kampf um jeden Platz sind mir heute noch gegenwärtig. Aber letztlich hatte doch eine unwahrscheinliche Menge von Fahrgästen Plätze erobert, und der Zug setzte sich – wenn auch verspätet – in Bewegung.
In unserem Abteil gab es vier Liegen. Nachts mußten wir also Schlafschichten einführen, wobei wir auf die älteren Genossen und besonders auf Martha Arendsee, die ein Nierenleiden hatte, Rücksicht nahmen.

Verpflegt wurden wir täglich von der Zugleitung. Dabei blieb das heiße Wasser zur Teezubereitung, soweit ich mich erinnere, die einzige warme Mahlzeit, die wir erhielten. Doch beklagen konnten wir uns unter den damals gegebenen Bedingungen keinesfalls. Die Verpflegung reichte bis zu unserer Ankunft in Kuibyschew. Dort war unser erster Haltepunkt, der Aufenthaltsort eines großen Teils der emigrierten deutschen Parteiführung.
Während der achttägigen Reise hatten wir nur einen kurzen Fliegeralarm, und der Zug blieb stehen. Unterwegs war unser vorherrschender Gesprächsstoff: Wie lange kann der Krieg noch dauern, der zu dieser Zeit nicht zu unseren Gunsten verlief? Was können wir tun, jeder an seinem Platz, um einen Beitrag zu leisten für den Kampf der heldenhaften Roten Armee, die jeden Meter ihrer Heimat verteidigte, die auch uns die Möglichkeit gab, in einem weit von der Front gelegenen Ort unsere Pflicht zu tun?
Kuibyschew brachte uns plötzlich das glückliche Gefühl, jetzt so wohlbehütet und ruhig, ohne Fliegeralarm, wenn auch beengt, leben zu können. Aber wir dachten dabei stets: Wie wird die Zukunft aussehen? Wie lange werden wir Moskau nicht wiedersehen?
Mein persönliches Pech war es, daß ich auf der Reise zu diesem Aufenthalt Nierenkoliken bekam, die mir ziemliche Schmerzen bereiteten. Meine Abteilgenossen machten mir sofort einen Platz frei, damit ich liegen konnte, und durch Medikamente aus der Zugapotheke konnten die Schmerzen etwas gelindert werden. Nun waren schon zwei Liegen ständig besetzt, und die Situation für unsere anderen sechs mitreisenden Genossen wurde problematisch. Aber alle hielten fest und gegenseitig besorgt zusammen.
Bei unserer Ankunft im nicht verdunkelten Kuibyschew hatte sich mein Befinden noch nicht gebessert. Deshalb wurde ich in das Krankenhaus eingeliefert, in dem ich nach sorgfältiger Untersuchung 14 Tage blieb. Ich wurde ausreichend medizinisch betreut und lag in einem Mehrbettzimmer. Auch hier kümmerte sich Helmi um mich.
Vor meiner Weiterreise habe ich mir noch das während der Sowjetmacht stark veränderte und vergrößerte frühere Samara angesehen. Kuibyschew liegt nicht weit von dem größten Automobilwerk der UdSSR und der heutigen Großstadt Togliatti entfernt. Gegenüber befindet sich die Stadt Shigolewsk, in der das in der UdSSR besonders geschätzte Bier Shiguli hergestellt wird. Diesen Namen trägt auch der in Togliatti gefertigte Pkw.
Bald ergab sich für mich die Gelegenheit, mit dem schon damals berühmten Puppentheater von Sergej Obraszow weiter nach Taschkent zu fahren. Der Zug war weniger komfortabel als der erste, aber wir hatten, was den Platz betrifft, etwas mehr Bewegungsfreiheit und natürlich auch hier Kibitok, heißes Wasser, zur Teeaufbereitung.
Durch die Entfernung war die Spannung von uns allen etwas gewichen. Die Unterhaltung mit den Theaterleuten verlief gelöster und heiterer als beim ersten Streckenabschnitt, obwohl unsere Zukunft nach wie vor ungewiß war

und uns alle immer wieder die Frontberichte beschäftigten, denn noch gab es ja keine positiven Nachrichten von der Kriegslage.
Die Landschaft veränderte sich wesentlich, weil sich die Steppe der Bahnlinie näherte. Ich aß zum ersten Male auf den Stationshaltepunkten die dort angebotenen getrockneten Zuckermelonen. Sie ähneln etwas den Datteln und waren für uns einfach eine Delikatesse. Auch wurde es bedeutend wärmer als vorher, und die Tage erreichten gegen Mittag bei strahlender Sonne Temperaturen bis zu 20 Grad.
Wir kamen an der Station Aralsk vorbei, die am Nordzipfel des Aralsees, schon nicht mehr weit von unserem Ziel, liegt. Ich dachte an meine Freunde Erwin und Hilde Marcusson, die seit Anfang des Krieges dort Zuflucht gefunden hatten und beide unter schwierigen Bedingungen als vielbeschäftigte Landärzte tätig waren.
Es stand die Frage meines Verbleibs in Taschkent, bevor ich zum vorläufigen Sitz der Akademie nach Tschimkent weiterreisen konnte. Wenn ich vorhin schrieb, daß Tschimkent „nicht weit von Taschkent entfernt" liegt, so blieben doch noch etwa 80 Kilometer nach Norden zu bewältigen. Da ich Moskau bisher selten verlassen hatte, beeindruckten mich immer wieder die Dimensionen dieses großen Landes.
Ich hatte die Adresse von Ljuba Saleskaja bei mir, die mit mir kurz vor dem Kriege an dem schon erwähnten Jagderholungsheim der Roten Armee gearbeitet hatte und die zusammen mit ihrem Sohn dem Moskauer Architekturinstitut schon vorher nach Taschkent gefolgt war. Wir begrüßten uns sehr herzlich, wenn auch die Schatten der Ereignisse der letzten Monate über dem Wiedersehen lagen. Aber ich konnte bei ihr übernachten und fand infolge Platzmangels auf einer Matratze unter dem Tisch mein Lager, wo ich nach den Strapazen der vergangenen Tage sehr gut schlief.
Die Gastfreundschaft meiner Hausherrin ermöglichte es mir, einige Tage in dem sonnenüberfluteten Taschkent mit seiner fast gartenstadtähnlichen, niedrigen Bebauung zu verweilen. Die herrliche breite Puschkinallee mit ihren zu beiden Seiten fließenden, von Grün und alten Bäumen eingefaßten kleinen Kanälen beeindruckte mich sehr, da sie für mittelasiatische Städte charakteristisch, aber in ihrer räumlich-gestalterischen Breite und Länge vielleicht einmalig war.
Die Kanäle, Ariks genannt, und die schattenspendenden Bäume haben von alters her die Aufgabe, das Mikroklima in diesen im Sommer doch recht warmen Städten zu verbessern.
Ich besuchte auch die alten Stadtteile, deren Häuser von hohen Mauern umgeben sind und die zum Teil einen Innenhof besitzen. All diese Bauformen sollen die Sonne abhalten und Schatten spenden. Aus diesem Grunde sind die Fenster nach innen, zum Hof, gerichtet, manchmal mit kunstvollen Schnitzgittern aus Alabaster sowie mit Läden versehen, um besonders die intensive Einstrahlung der hoch stehenden Sonne zu mindern.

Neu erbaut worden in jenen Jahren war das imposante Staatstheater von Stschussew. Das Gebäude entsprach den traditionellen mittelasiatischen Formen und war im Innern von einheimischen Künstlern gestaltet worden. Es konnte übrigens nach dem Erdbeben von 1966 völlig restauriert werden. Die übrige Stadt erhielt ein ganz verändertes Aussehen, obwohl man bei größeren Gebäuden die Bautraditionen dieses Volkes beachtete.

In Taschkent traf ich Gustav und Inge von Wangenheim. Er war als Theatermann und Schriftsteller schon damals bekannt, während sich seine Frau als Autorin erst in der DDR einen Namen machte. Auch Karl Pollak – Jurist und später ein bekannter Staats- und Rechtswissenschaftler der DDR – begegnete ich. Er war ein guter Bekannter von Helmi. Am Architekturinstitut in Taschkent wurde die Tätigkeit des Moskauer Instituts fortgesetzt. Manche der Kollegen aus der Hauptstadt hatte es dorthin verschlagen.
Natürlich waren die Kriegswirren auch in Mittelasien zu spüren. Die Ernährungslage wurde immer komplizierter, und die Bewohner Taschkents und der anderen Städte waren nicht gerade begeistert über die Massen von Menschen, die sich nun einfanden und mit denen sie Nahrung und Wohnung teilen mußten. Doch da sich die meisten über den Ernst der Lage im klaren waren, überwog doch die an sich bekannte Gastfreundschaft, und man hörte kaum eine Klage.
Die Situation wurde auch dadurch immer prekärer, daß in diesen Gegenden viele Lazarette für die an der Front Verwundeten eingerichtet wurden. Die Zahl der Kranken und Verletzten erhöhte sich ständig; denn die Rote Armee mußte vor allem in den ersten Kriegsjahren große Opfer bringen.

In Tschimkent begann dann ein neuer Lebensabschnitt – fern meiner zweiten Heimat Moskau, fern von den Kämpfen an der Front. Ich gelangte mit der Bahn in etwa zwei Stunden an meinen Bestimmungsort. Mit unserer Evakuierungsurkunde brauchten wir kein Billett zu kaufen. Die Fahrt im Personenzug führte bald aus der fruchtbaren Oase Taschkent heraus in die karge Steppenlandschaft, die nur dort, wo sich Siedlungen befanden, durch die Arbeit der Menschen mehr oder weniger Grün aufwies.
Der Bahnhof von Tschimkent lag zwischen der alten Siedlung, in der wir arbeiten und wohnen sollten, und dem Bleiwerkskomplex, wo neue Siedlungen mit mehr städtischem Charakter gebaut worden waren.
Der ganze Ort besaß zwischen 60000 und 70000 Einwohner und war in schachbrettartige Quartale gegliedert, wie sie für die meisten Ansiedlungen aus der zaristischen Kolonialzeit typisch sind. Heute leben fast 400000 Einwohner in Tschimkent.
Ein halbstündiger Fußweg führte mich in die Sowjetskaja Uliza, die Sowjetstraße, Nummer 16, wo unserer Akademie in einem stabilen, zwar eingeschossigen, aber für die Verhältnisse der Stadt recht ansehnlichen Gebäude zehn zum Teil große Zimmer zur Verfügung standen. Neben dem Bezirks-

komitee der Partei und dem uns fast gegenüber stehenden Theater gehörte unser Haus zu den repräsentativsten Bauten.
Natürlich war nur ein kleiner Teil der Arbeitskräfte der Architekturakademie dort untergebracht. Diese Gruppe wurde vom Vizepräsidenten A. Mordwinow geleitet. Der Vizepräsident Karo Alabjan, mir schon aus Moskau bekannt, weilte nur manchmal zu Besuch in Tschimkent. Nach wie vor erfüllte er notwendige Spezialaufgaben, die der Verteidigung des Landes dienten. Der schon ältere Akademiepräsident Viktor Wesnin übersiedelte mit seiner Frau erst später in die Stadt.
Als „Junggeselle" durfte ich ein Zimmer beanspruchen. Mein Domizil befand sich nicht weit in einer der Nebenstraßen der Sowjetskaja bei einem Ehepaar mit zwei Kindern. Die Frau war Lehrerin, der Mann Agronom und in dieser Eigenschaft nur an den Wochenenden zu Hause. Von den Kindern, einem zehnjährigen Mädchen und einem vier- bis fünfjährigen Jungen, ist mir insbesondere der Junge noch gut im Gedächtnis, weil er des öfteren versuchte, mir üble Streiche zu spielen, und mir damit das Eingewöhnen recht schwer machte. Aber die Mutter, die Lehrerin, konnte manches abwenden, und bald war ich ein Mitglied der Familie. Damals konnte ich ja noch nicht ahnen, daß ich über zwei Jahre unter mittelasiatischem Himmel leben sollte.
Die Arbeit unserer Akademie wurde hauptsächlich auf Aufgaben ausgerichtet, die für Mittelasien zweckmäßig waren. So arbeitete ich unter Kolli und seinem Stellvertreter W. Scherbakow an Gesundheitsbauten unter Berücksichtigung der besonderen klimatischen und demzufolge auch baulichen und architektonischen Bedingungen.
Das Klima wies sowohl im Sommer als auch im Winter Temperaturschwankungen bis zu 30 Grad auf. Das heißt, es konnten im Winter nachts bis minus 15 Grad und tags, da Wolken über viele Monate eine Seltenheit waren, bis zu 15 Grad Wärme sein. Im Sommer fiel das Thermometer von 30 oder 40 Grad am Tage auf nur ein bis zwei Grad in der Nacht. Auch wir mußten uns erst an diese für Mittelasien typischen Kontraste anpassen.
Ich möchte noch erwähnen, daß die sanitärhygienischen Verhältnisse sehr primitiv waren. Meine Wohnung und die Toilette, eine Art „Vogelbauer", lagen 15 Meter auseinander – des Nachts und im Winter keine große Annehmlichkeit. Da das Brennmaterial zu Hause nicht ausreichte, mußte ich vor allem bei Frost in ein feuchtes Bett kriechen, das erst durch die eigene Körperwärme trocknete. Ich wundere mich heute noch, wie wir das alles ertrugen. Der Gedanke an den verheerenden Krieg machte wohl auch die Menschen härter und widerstandsfähiger.
Bei unseren Bauten mußten wir nicht nur die unerbittlichen Mittagstemperaturen, sondern auch die Sandstürme berücksichtigen. Sie traten zwar selten auf, aber wenn sich der Himmel entsprechend verdunkelte, machten die feinen Sandkörnchen allen Menschen zu schaffen und drangen in jede Pore und in jede Ritze.

Ich habe schon die traditionellen Baukompositionen erwähnt – Atrien, Innenhöfe, Fensterschutz und auch besondere Durchlüftungslösungen. Wir haben sie in unsere Entwürfe, die wir mit Konsultanten hauptsächlich aus Taschkent berieten, ebenfalls einbezogen. Als Baumaterial nutzte man von jeher unter der Sonne getrocknete Lehmbausteine, die – mit Stroh vermischt – einen guten, dauerhaften Mauerwerksbau, ermöglichten. Sie entsprachen in den Abmessungen etwa unserem normalen Ziegel und genügten völlig dem vorgesehenen Zweck, wurden aber meist nur für eingeschossige Bauten verwendet. Für den Sockel und auch für die Kellerräume nahm man gebrannte Ziegel, ebenso für die Fenster- und Türstürze, für Bögen und die obersten Schichten des Mauerwerks, da man eine mögliche Zerstörung durch die Feuchtigkeit des Dachbodens befürchtete.
Da Holz in diesen Gebieten rar war, bildeten Balken nur die Decken und das Dach. Zur Eindeckung von Ställen und Lagerräumen diente Kuhmist, der verstrichen wurde und als guter Wetterschutz galt. Auch Mauern und Umzäunungen bestanden aus diesen Materialien.
In der Akademie entstanden auch andere, meist als Typenprojekte gedachte Entwürfe, die zweifellos eine Hilfe für das Bauen im mittelasiatischen Raum darstellten.
Dies waren nur einige Bemerkungen zu unseren Aufgaben während der Evakuierung. Wir bemühten uns, unter den gegebenen Umständen nützliche Arbeit für die Bevölkerung zu leisten, deren Gastfreundschaft wir ja in Anspruch nahmen.
Natürlich kamen wir viel herum. Wir sahen außer Taschkent und Alma-Ata, wo uns ein Gebäude von Ginsburg auffiel, die bekannten und einmaligen alten Städte Buchara und Samarkand. Dort fand auch eine Session der Akademie statt. Die bejahrten, tektonisch großartigen Moscheen, Türme und Denkmäler beeindruckten uns sehr. Alle waren aus einem gelblich-rötlichen Backstein erbaut und mit glasierten Ziegeln verkleidet, deren Farbenpracht heute noch Erstaunen hervorruft.
Mich erinnerten diese monumentalen Bauten oft an die antiken Gebäude Roms. Beider Gewölbekunst und Bauweisen zeigten viel Gemeinsames. Vor allem hatten beide Völker ihre großen und hohen Gebäude aus Backstein erbaut. In Rom war es auch üblich, Naturstein für die Verkleidung einzubeziehen.
Mit uns zusammen war auch das bekannte Theater Mossowjet nach Tschimkent gekommen, dessen Leiter Sawadski, ein Schüler Stanislawskis, mit einer großen Truppe seines Ensembles im dortigen Theatergebäude spielte. Das Theater führte auch Dramen auf, die dem Krieg und dem Kampf gegen den Faschismus gewidmet waren. Ich wurde um Hilfe gebeten, wie die deutschen Sätze richtig auszusprechen seien, und kam auf diese Art unter anderem mit der namhaften Volksschauspielerin Vera Marezkaja zusammen, die als Darstellerin in Filmen und im Theater sehr populär geworden war.

Nun sprach ich also wieder deutsch – seit vielen Jahren das erste Mal und dazu gezwungenermaßen noch in der Terminologie der verhaßten Nazis, denn natürlich waren die im Stück dargestellen Deutschen Faschisten. Aber der Kontakt mit den Künstlern war sehr freundschaftlich. Manche Veranstaltung bestritten wir gemeinsam, weil auch andere Mitarbeiter der Akademie daran teilnahmen.
Die Rote Armee hatte bei der Schlacht um Moskau ihre ersten bedeutenden Erfolge erzielt, was unsere Stimmung wesentlich verbesserte. Wir waren uns nun bewußt, daß die Hitlerarmee zu schlagen sei, und wir feierten die ersten Siege.
Ich sprach schon von den Kriegslazaretten, die auch in Tschimkent eingerichtet wurden. Wir waren gehalten, die Verwundeten durch kulturelle Darbietungen etwas zu erfreuen. Auf der Suche nach Talenten in unseren Reihen fiel mir wieder ein, daß ich schon als Jugendlicher gut pfeifen konnte. Unsere Konzertmeisterin bot sich an, die Mitarbeiter der Akademie nicht nur zum Gesang, sondern auch zum Pfeifen zu begleiten. Schon die Proben machten uns als Abwechslung zum Alltag viel Freude. Dann wurde ich eingeladen, zusammen mit der Sängerin M. M. Wesnina, der Frau des Präsidenten, in einem Lazarett als Kunstpfeifer aufzutreten. Obwohl mir meine Kunst nicht ganz vollwertig vorkam, willigte ich ein und hatte mehr Erfolg, als ich dachte. Ich pfiff ein Lied von Tschaikowski und eine Melodie aus dem „Vogelhändler" von Zeller. Die Verwundeten waren dankbare Zuhörer, die zum Teil sogar versuchten, es mir nachzumachen.
Ich trat noch einige Male in Tschimkent sowie in benachbarten Städten wie Dshambul auf – auch im Theater, ohne Mikrofon. Die unmittelbare Anerkennung und der spontane Beifall der Zuhörer bedeuteten mir viel. Vielleicht trugen aber auch die angespannten Zeiten dazu bei, daß ich so empfänglich für offensichtliche Dankbarkeit war.
Die Ernährungslage blieb kompliziert. Wir bekamen täglich 300 bis 400 Gramm Brot und nachmittags in einer speziellen Stolowaja, einer Gaststube, eine dürftige Mahlzeit mit sehr geringem Fleisch- und Fettanteil. Es war nicht zu übersehen, daß der Krieg bis nach Tschimkent vorgerückt war. Er veränderte Lebensgewohnheiten und forderte in vieler Hinsicht Opfer, Einsichten und die Bereitschaft zur Härte. Jeder von uns wurde darauf vorbereitet, kämpfen und sein Leben einsetzen zu müssen.
1942 wurden in Tschimkent wie auch woanders für alle wehrfähigen Männer Kurse einer militärischen Ausbildung angeordnet. Ich erlernte die Handhabung eines Gewehrs und eines Minenwerfers. Unser Übungsgelände lag im Norden der Stadt. Mein Kollege Alexander Wlassow[78] und ich bekamen zum Zielschießen einen Minenwerfer, dessen Rohr aber ein ganz klein wenig gekrümmt war. Wir mußten entsprechend den Zielmesser genau auf diese Krümmung einstellen. Die Minen wurden mit der Hand in das Rohr eingelassen, eine nicht ganz ungefährliche Angelegenheit. Beim ersten Schuß traf

Wlassow ins Ziel, ich konnte beim zweiten dieselbe Treffsicherheit aufweisen. Vor dem Hintergrund der immer noch drohend vorrückenden Front der Angreifer war das schon ein Ereignis. Am späten Nachmittag berichtete Radio Tschimkent über unsere Leistung, die als vorbildlich und nachahmenswert bezeichnet wurde.
Wir erhielten, um die Lebensmittelknappheit zu vermindern, kleine Grundstücke zum Anbau von Gemüse. Meist säten wir Melonen und Zuckermelonen. Zum Schutz der Kulturen stellten wir von 18 bis 24 Uhr sowie von 24 bis 6 Uhr früh Wachen auf, aus jeweils zwei Mann bestehend. Als Belohnung durfte die Wache nachts eine Zuckermelone verzehren, was uns sehr anspornte, aber die Menge des zu erwartenden Ernteguts auch planmäßig auf ein Minimum reduzierte.
Da jeder sein Grundstück selbst anlegte, waren der individuellen Gestaltung keine Grenzen gesetzt. Meine Beete wurden besonders belächelt, denn sie hatten die Form eines Amphitheaters und brachten leider auch keine Früchte. Später, nachdem sich der Krieg zugunsten der Sowjetunion gewandelt hatte, erhielten wir hin und wieder kleine Lebensmittelpakete. Manches konnte man auf dem Markt natürlich zu erhöhten Preisen kaufen, wobei auch der Tauschhandel lebhaft florierte: Kleidungsstücke für Butter, Fleisch, Mehl, Brot und vieles mehr. So erstand meine Schwägerin, die als Schauspielerin in Alma-Ata arbeitete und die Familienbande immer zusammenhalten wollte, bei einem Besuch zweieinhalb Kilogramm Honig. Sie gab ihn mir zur Aufbewahrung, und dieser Honig heilte mich von meiner hartnäckigen, einen Monat dauernden Gelbsucht.
Die Duplizität der Ereignisse führte dazu, daß ein Teil unseres Akademiegebäudes abermals abbrannte – nicht wie damals in Moskau durch Bomben, sondern durch Fehler in der elektrischen Leitung. Mitten im friedlichen Alltag von Tschimkent war das schon eine kleine Katastrophe. Wir mußten umziehen, konnten aber bald wieder einige Räume benutzen.

Meine sowjetischen Genossen hatten mich schon mehrmals angesprochen, ob ich nicht meine beim Bau von Gesundheitseinrichtungen in dieser Gegend gesammelten Erfahrungen in einer Dissertation vertiefen und zugleich weitervermitteln wolle. Den Vorschlag nahm ich gern auf, um so mehr, als eine weitere Qualifizierung in dieser verhältnismäßig schwierigen Zeit für mich von Bedeutung war. Ich wählte das Thema „Gesundheitsbau – Projektierung unter den Bedingungen Mittelasiens".

Inzwischen schrieben wir das Jahr 1943, und die erste größere Gruppe von Mitarbeitern der Architekturakademie konnte nach Moskau zurückkehren. In der Folge der Siege der Roten Armee an allen Fronten lag die Kampflinie schon weit hinter Moskau im Westen. Ein erhabenes Gefühl für uns alle; wußten wir doch, daß der Faschismus immer mehr zurückgedrängt wurde und die Befreiung der ganzen Sowjetunion vom hitlerischen Joch in nicht

mehr allzu weiter Ferne lag. Die Schlacht bei Stalingrad hatte die Wende eingeleitet.
Da ich noch in Tschimkent bleiben mußte, schrieb ich an den Vizepräsidenten K. S. Alabjan, daß ich Zweifel an der weiteren Nützlichkeit meiner Arbeit hätte, worauf er mir in einem Brief aus Moskau antwortete:
„Verehrter Genosse Liebknecht, ich denke, Sie sollten trotz verständlicher Schwierigkeiten Ihre nützliche Arbeit fortsetzen. Es wäre gut und zweckmäßig, wenn Sie für die Aufbauperiode der Nachkriegszeit (bei Berücksichtigung der Verwüstungen weiter Gebiete der Sowjetunion durch die faschistischen Eindringlinge) ausarbeiten: Ambulatorien für Kolchosen, ein Landkrankenhaus sowie Apotheken, Ambulatorien, Krankenhäuser für Arbeitersiedlungen mit 10000–20000 Einwohnern." Dieser Brief gab mir Mut für die Tätigkeit im fernen Tschimkent. So blieb ich noch ein paar Monate in Mittelasien, folgte den Anregungen von Alabjan und ergänzte meine Dissertation.

Als Bedingung für die Aufnahme meiner Dissertation hatte ich bereits zwei Prüfungen ablegen müssen: Eine erste im dialektischen und historischen Materialismus sowie eine Sprachprüfung. Eine ausländische Sprache mußte man lesen und übersetzen können.
Während mir die zweite Prüfung verständlicherweise keine Schwierigkeiten bereitet hatte, war das Philosophieexamen doch ganz schön anstrengend, da ich alle Begriffe russisch beherrschen mußte. Doch meine Dissertation mußte ich ja auch russisch schreiben, und so habe ich manches gelernt, was mir auch heute noch von großem Nutzen ist. Aus dieser Zeit bewahre ich ein kleines handgeschriebenes Notizbuch auf, das die Lehre vom dialektischen und historischen Materialismus als kurzen Leitfaden enthält und Zeuge meiner damaligen Studien ist.

Endlich kam auch für mich die Erlaubnis, wieder nach Moskau zurückzukehren. Vor allem Alabjan, Kolli und Jakob Kornfeld[79] hatten sich dafür eingesetzt.
Mit nur geringem Gepäck fuhr ich einige Tage später erneut in den Kasaner Bahnhof in Moskau ein, von dem ich vor zwei Jahren auch abgereist war. Es ist schwer, zu schildern, wie die Hauptstadt auf mich wirkte, die ja ebenfalls schwere Jahre durchgemacht hatte. Allein die Spaziergänge durch die altvertrauten Straßen muteten mich wie wiedergewonnenes Leben an. Bald mußten wir auch nicht mehr verdunkeln, denn Ende 1943 war die Front schon in weite Ferne gerückt.
Ich sah voller Freude meine Familie wieder. Mein Sohn war bereits neun Jahre alt. Die alte Wohnung von Klawdia Michailowna, meiner Schwägerin, stand unzerstört. Leider waren, wie ich schon früher schrieb, meine Fotoalben und manche anderen privaten Sachen abhanden gekommen.
Herzlich war auch das Treffen mit meinen Kollegen und Genossen im alten Akademiegebäude in der Puschkinstraße, wo die Arbeit bis auf wenige Aus-

nahmen wieder auf vollen Touren lief. Wir empfanden es alle als beglückend, daß das schreckliche Gemetzel des Krieges bald ein Ende haben mußte und die friedliche Arbeit nicht mehr fern war. Nach der Befreiung jeder sowjetischen und später jeder größeren ausländischen Stadt wurde ein grandioses Feuerwerk inszeniert, was die Stimmung der Moskauer wesentlich verbesserte. Auch die Ernährungsfrage stabilisierte sich stetig, obwohl die Lebensmittelkarten noch lange nicht abgeschafft werden konnten.

Ich erhielt den Auftrag, meine in Tschimkent begonnene Dissertation fortzuführen, zu erweitern und zu ergänzen, wobei mich Nikolaj Kolli und Jakob Kornfeld – beide ordentliche und korrespondierende Mitglieder der Akademie – wesentlich unterstützten. Auch mein alter Freund, der Arzt Jakob Nekrassow, stand mir, wie schon so oft, helfend zur Seite.
In dieser Zeit wurde ich mit Typenprojekten für Kinderkrippen betraut. Ich saß damals mit mehreren sowjetischen Kollegen in einem Zimmer. Wir teilten uns gegenseitig unsere Meinungen mit, was die Arbeit voranbrachte und mir verdeutlichte, daß ein solcher Erfahrungsaustausch jedem von uns Nutzen brachte. Außerdem erwies sich ein gemeinsames Herangehen als wichtig für die Qualität von Typenprojekten.

Nach mancher Diskussion und mancher Beratung vollendete ich meine Doktorarbeit. Nikolaj Kolli schrieb mir ein Zeugnis, das ich aufbewahren konnte und das die Grundlage für die Zulassung zur Dissertation bedeutete.
Einen kurzen Auszug daraus möchte ich wiedergeben:

„K. O. Liebknecht[80] hat sich zu einem nachdenklichen und ernsten wissenschaftlichen Mitarbeiter entwickelt und als ein schöpferischer Architekt ausgewiesen … Seine wissenschaftliche Arbeit, unter anderem über die Besonderheiten der Projektierung von Gesundheitsbauten für Mittelasien, ist von großem Interesse wegen seiner darin gemachten Vorschläge für das Bauwesen in dieser Region, auch durch die von ihm dazu angefertigten Entwürfe. K. O. Liebknecht hat große Erfahrung auf dem Gebiet von Gesundheitsbauten. Aus diesen Erwägungen heraus ist er völlig geeignet für die Durchführung selbständiger Arbeiten und würdig für den wissenschaftlichen Grad eines Kandidaten (bei uns: Doktor – d. Verf.) der Architektur."

Ich war in der Zwischenzeit zum leitenden wissenschaftlichen Mitarbeiter ernannt worden. Mir unterstand die Gruppe Gesundheits- und Sozialeinrichtungen, wobei ich auch an Projektnormativen für den Gesundheitsbau mitwirkte. Zu meinen Aufgaben gehörten Ambulatorien, Krankenhäuser und Kinderkrippen.
In der Allunionsakademie für Architektur arbeiteten schon früher der Schweizer Architekt und frühere Bauhausdirektor Hannes Meyer, der Tscheche Urban, der Ungar Varga sowie der heute in der DDR tätige Deutsche Benny Heumann.

Zu meiner Zeit hatte die Akademie etwa folgende Struktur, die den jeweiligen Aufgaben entsprach:

1. *Institut für Städtebau*
2. *Institut für den Massenbau (vor allem Wohnungsbau)*
3. *Institut für Gesellschaftsbauten*
4. *Institut für Möbel und Inneneinrichtungen*
5. *Institut für Theorie und Geschichte*
6. *Institut für Baukonstruktionen und Sanitärtechnik*
7. *Institut der Aspirantur*

Eine Bibliothek, ein Architekturmuseum sowie Laboratorien waren der Akademie angegliedert. Das Institut für Aspirantur diente der Fortbildung der Architekten und Ingenieure und der Vorbereitung zum Kandidaten der Wissenschaften durch Verteidigung einer Dissertation, Dr.-Ing. bei uns. Jedes Institut hatte etwa 50 bis 100 Mitarbeiter und war in Abteilungen und Gruppen gegliedert. Meine Gruppe gehörte zum Institut für Gesellschaftsbauten und umfaßte etwa fünf Kollegen.
Die Aufgaben der Institute wurden durch das Präsidium und den Wissenschaftlichen Sekretär der Akademie festgelegt und angeleitet und mußten vor diesem Gremium auch verteidigt werden. Die Themen ergaben sich aus der Praxis des Bauwesens, d. h. aus den komplizierten Problemen des Wiederaufbaus des ganzen Landes.
So wurden der Aufbau und die Generalpläne für die zerstörten Städte Stalingrad (heute Wolgograd), Kiew, Minsk und viele andere von Kollektiven der Akademie konzipiert. Besonders der Wohnungsbau erhielt von der Akademie eine große und wirksame Hilfe.
Die Industrialisierung des Bauwesens, die schon vor dem zweiten Weltkrieg in Form der Großblockbauweise begonnen hatte, setzte sich nach der Entwicklung der Plattenbauweise erfolgreich weiter durch. Auch dafür schuf die Akademie wesentliche Voraussetzungen.

Eine bedeutende Rolle im wissenschaftlichen Leben der Akademie spielten die Sessionen, die erweiterten Plenartagungen. Sie fanden mindestens zweimal im Jahr zu wichtigen Problemen des Bauens statt. Als Tagungsstätte diente das Haus der Architekten in der heutigen Stschussewstraße. Häufig wurde während einer Session auch die Thematik des einen oder des anderen Instituts behandelt. Da ich selbst oft Teilnehmer war, will ich kurz auf eine Tagung eingehen, die allerdings der Zeit, die ich noch zu schildern habe, ein wenig voraus ist.
Es handelt sich um die VII. Session, die im November 1946 stattfand und eine Woche dauerte. Das Hauptreferat „Grundlegende wissenschaftliche Probleme des Fünfjahrplans der Akademie (1946–1950)" hielt Akademiepräsident Wesnin, den Rechenschaftsbericht über die wissenschaftliche Arbeit der Akademie von 1945 bis 1946 erstattete der Wissenschaftliche

Sekretär, N. P. Bilinkin. Danach fanden Sektionssitzungen zu folgenden Themen statt:

1. *Zu Fragen des Massenwohnungsbaus, seiner Gestaltung, Fragen des Klimas und der Möblierung*
2. *Zu städtebaulichen Problemen (Die gesellschaftlichen Zentren der Städte und Hauptprinzipien der Planung und Bebauung von Siedlungen)*
3. *Entwicklungswege für die Konstruktion der Wohnbauten*
4. *Grundprobleme der sowjetischen Architekturtheorie (Alabjan)*
5. *Über die Organisation der komplexen Bebauung der wiederaufzubauenden Städte am Beispiel Stalingrad. Die Rekonstruktion und Erweiterung der Industriebauten und Erfahrungen der Wärmehaltung und anderer Eigenschaften neuer Baumaterialien*
6. *Zur Geschichte der russischen Architektur.*

Der letzte Tag war der Beschlußfassung über den Fünfjahrplan vorbehalten.

Dieser kurze Bericht zeigt, daß wir später manches für den Aufbau und die Arbeitsweise einer eigenen Bauakademie übernehmen konnten, da viele Probleme im kriegszerstörten Deutschland ähnlich waren wie in der kriegszerstörten UdSSR. Meine Erfahrungen aus der Moskauer Zeit sollten sich deshalb noch als nützlich erweisen.
Der Krieg ging seinem Ende entgegen. Die Rote Armee hatte das Territorium der Sowjetunion von der faschistischen Wehrmacht befreit, und die Front näherte sich immer mehr den damaligen deutschen Gebieten. Die Aufgaben an der Akademie nahmen zu. Ich erarbeitete Schriften über die Klassifizierung des Krankenhausbaus mit dem Arzt Dr. Rodionow, über die Zentralisierung von Krankenhäusern und Bettenstationen in allgemeinen Krankenhäusern mit Dr. Siliwanik sowie Planungsnormative für den Gesundheitsbau. Fast alle diese Arbeiten wurden später im Moskauer Akademieverlag veröffentlicht. Nicht zuletzt saß ich viele Abende und Nächte, um mich auf die Verteidigung der Dissertation vorzubereiten.

Ende 1944 traf ich durch Vermittlung meines alten Bekannten, des mir freundschaftlich verbundenen Gustav von Wangenheim, der im Nationalkomitee „Freies Deutschland" arbeitete und mit dem ich schon oft über meine mögliche Arbeit im Nachkriegsdeutschland gesprochen hatte, mit Wilhelm Pieck zusammen. Das Gespräch fand im Hotel „Lux" statt, in dem auch andere Arbeiterführer, wie Gottwald, Togliatti (Ercoli) und Tito – letzterer während seiner kurzen Aufenthalte –, wohnten und arbeiteten. Wilhelm Pieck trug einen für die damalige Zeit typischen dunkelblauen Funktionärsrock und saß in einem kleinen, bescheidenen Raum. Er weckte bei mir sofort Vertrauen, so daß das Gespräch schnell in Gang kam. Er befragte mich nach meiner Arbeit und meinem Leben sowie nach meinen Absichten für die Zukunft. Er empfahl mir, Überlegungen für den späteren Aufbau in Deutschland zu

Hotel Lux

machen, da das Ende des Krieges ja vorauszusehen war. Er versprach, mit mir Kontakt zu halten, und bat um meine private Telefonnummer.
Am 9. Mai 1945 konnten wir den Sieg der Roten Armee über Hitlerdeutschland feiern. Ich entsinne mich noch der Stimmung der Moskauer Bürger, die auf den Hauptstraßen zeitweise den Verkehr zum Erliegen brachten, weil sie stürmisch Soldaten der Roten Armee begrüßten, sie umarmten und küßten. Es herrschte ein Trubel, wie ihn die Stadt seit langem nicht erlebt hatte. Obwohl die ganze Bevölkerung schwere Opfer gebracht und fast jede Familie den Tod von Angehörigen oder den Verlust von Hab und Gut zu beklagen hatte, wurde es ein Volksfest.
Ich selbst feierte mit. Wir fuhren langsam mit dem Auto durch die Straßen und erlebten den Sturm der Begeisterung, der die Volksmassen ergriffen hatte. Dieser Tag und auch die folgenden krönten die Kraft und Aufopferungsfähigkeit eines ganzen Volkes, das den faschistischen Gegner bezwungen und letztlich auch andere Länder, darunter mein Vaterland, befreit hatte.

Der Gedanke an meine Zukunft rückte wieder näher, und das Gespräch mit Wilhelm Pieck kam mir in Erinnerung.
Kurz nach Kriegsende ließ er wirklich von sich hören und bat mich zu einer Aussprache, an der noch zwei Genossen teilnahmen. Es waren Walter Ulbricht, der zu einem kurzen Besuch aus der damaligen sowjetischen Besatzungszone in Deutschland nach Moskau gekommen war, und Franz Dahlem, den man erst wenige Tage zuvor aus dem Konzentrationslager Dachau befreit hatte. Unsere Besprechung diente weiteren Maßnahmen zur Verbesserung der Lage in Deutschland, insbesondere in der sowjetischen Zone und in Berlin. Walter Ulbricht stellte vor allem den Wiederaufbau dieser Stadt in den Mittelpunkt und gab eine Einschätzung der Zerstörungen, wobei er an mich einige Fragen stellte und meine Rückkehr zur Unterstützung des beginnenden Aufbaus als sehr dringlich betrachtete.
Franz Dahlem merkte man seinen langen Aufenthalt im Konzentrationslager und damit seinen schwer angeschlagenen Gesundheitszustand noch an. Er sollte sich erst einmal einem Erholungsurlaub in der UdSSR unterziehen. Trotzdem führten wir das Gespräch temperamentvoll, mit Optimismus und voller Tatendrang. Es waren für mich denkwürdige Stunden.

Ich sollte so bald als möglich zu einer in Berlin schon arbeitenden Architektengruppe stoßen. Aber die Verteidigung meiner Dissertation war auf den 13. Juni 1945 festgelegt worden. So mußte ich mich noch einmal mit Wilhelm Pieck verständigen. Sein persönlicher Referent, Paul Wandel, organisierte ein erneutes Treffen im Marx-Engels-Lenin-Institut am Sowjetplatz gegenüber dem Rathaus. Auch diese Begegnung fand in den ersten Wochen des Monats Mai statt, in den turbulenten Tagen nach Kriegsende.
Ich teilte Wilhelm Pieck mein Problem mit, und er sagte, ohne lange zu überlegen: „Die Dissertation verteidigst du! In Deutschland wirst du jetzt

keine Zeit dazu haben, und wir brauchen qualifizierte Fachleute. Danach kannst du in die Heimat zurückfahren, um beim Aufbau mitzuwirken.“

An diese klugen Worte des späteren Präsidenten unseres Arbeiter-und-Bauern-Staates denke ich gern zurück, weil sie ihn als großen Menschen und weitsichtigen Politiker kennzeichnen. Dieses Gespräch legte die Grundlage für ein Vertrauen zwischen uns, das noch in manchen späteren Begegnungen zum Ausdruck kommen sollte.

Am Freitag, dem 13. Juni verteidigte ich erfolgreich meine Dissertation vor dem Wissenschaftlichen Rat der Akademie, dem Alabjan, Wesnin, Kolli, Stschussew, Ginsburg und andere ordentliche und korrespondierende Mitglieder angehörten. Wie bei jeder Verteidigung waren Konsultanten und Spezialisten hinzugezogen. Anschließend erschien auch meine Doktorarbeit, wie allgemein üblich, als Broschüre im Moskauer Akademieverlag.

Danach meldete ich mich sofort beim Leiter der Gruppe Deutscher Kommunisten, die noch in Moskau weilten – es war der große proletarische Dichter Erich Weinert. Wilhelm Pieck war inzwischen auch nach Berlin gefahren.

Doch meine Übersiedlung verzögerte sich. Ich hatte aber noch so viel an der Akademie zu tun – einige der Arbeiten nannte ich schon –, daß die Wartezeit nicht so schwer zu überbrücken war.

Im Jahr 1945 erhielt ich für die aktive Arbeit im sozialistischen Wettbewerb eine Ehrenurkunde des Präsidiums, der Parteiorganisation und des Betriebsrates der Architekturakademie. Ich wurde einige Monate danach in einem großen Wohnhaus als Agitator für die Wahlen zum Obersten Sowjet eingesetzt. Meine Aufgabe war es, mit den Einwohnern Aussprachen zu führen. Auch solche ehrenamtlichen Beschäftigungen gehörten zu meinem Moskauer Alltag.

Unter der Überschrift „Die ersten Häuser für Stalingrad“ erschien am 30. Mai 1946 auf der ersten Seite der „Prawda“ ein Beitrag über unsere Arbeit. Es hieß darin: „Das Institut für Gesellschaftsbauten der Architekturakademie der UdSSR arbeitet zur Zeit an einem Projekt für eine Musterklinik mit 850 Betten. Sie wird im Zentrum der Stadt in der Nähe des Parks an den Ufern des Flusses Zarizi gebaut werden.

Die Autoren des Projektes: K. Liebknecht und J. Meltschakow“ (das ist falsch, es muß heißen: L. Woronkow) „sowie der ärztliche Konsultant Dr. Silivanik sehen dieses Gebäude als einen repräsentativen Baukörper vor, das dem Charakter der wiedergeborenen Heldenstadt entspricht. Die Baukörper verschiedener Funktionen sind miteinander zu einem einheitlichen Ensemble verbunden. Das Hauptgebäude wird sechs Geschosse, die anderen Bauten werden drei bis vier Geschosse haben. Die Grundrisse werden unter Berücksichtigung der fortschrittlichen Erfahrungen des In- und Auslandes konzipiert. In diesem Musterkrankenhaus wird eine große Nutzfläche für die Lehrtätigkeit zur Verfügung gestellt – mit einem Auditorium und anderen Räumen für die Arbeit der Studenten.“

Die Bestätigung des Entwurfs wurde dann allerdings wegen inzwischen erfolgter Planveränderungen aufgeschoben und schließlich ganz verworfen, so daß die Klinik nie entstand. Die Wiederbelebung nationaler Traditionen in der Architektur – das, was wir heute als Historismus bezeichnen – war inzwischen in der Sowjetunion so selbstverständlich geworden, daß auch wir nicht umhingekonnt hatten, unseren Entwurf in einer entsprechenden Form auszuarbeiten. Lediglich funktionell war ich meiner alten Schule treu geblieben und hatte mit meinen Partnern eine im Vergleich zu früheren sowjetischen Bauten modernere Lösung angestrebt, in der klar gegliederten Form, um die ich mich immer bemüht hatte. Von der Konstruktion her berücksichtigten wir traditionelle Bauweisen.
Kurz nach Kriegsende bekam ich eine Ausgabe der „Täglichen Rundschau", die von der Sowjetischen Militäradministration in Deutschland herausgegeben wurde, in die Hände. In einem Beitrag über den Wiederaufbau und das kulturelle Leben wurde mitgeteilt, daß in Potsdam das Präsidium des Kulturbundes gegründet worden war. Ich las die Namen der Mitglieder Otto Nagel, Bernhard Kellermann und Otto Liebknecht. Das war das erste Zeichen von meinen Eltern, von denen ich über zehn Jahre nichts mehr gehört hatte, denn natürlich hoffte ich sehr, daß auch meine Mutter noch lebte. Meine Freude über diese Nachricht ist schwer zu beschreiben.
Ich unterhielt mich mit Gustav von Wangenheim, der mir riet, alles einzuleiten, um mit Hilfe des Nationalkomitees „Freies Deutschland" erst einmal einen längeren Urlaub nach Berlin zu erhalten. Zufällig erfuhr ich, daß der namhafte Architekt, Professor Nikolski, der spätere Erbauer des Kirowstadions in Leningrad, nach Berlin fahren sollte. Er war Mitglied der Akademie, so setzte ich mich mit ihm in Verbindung, und er versprach mir sofort mit großer Herzlichkeit, meine Eltern aufzusuchen und mir später zu berichten.
Aus Erzählungen meiner Eltern weiß ich, daß eines Tages ein hochgewachsener Oberst der Sowjetarmee zu ihnen kam, Mutter und Vater fest in die Arme nahm, sie herzlich grüßte und von mir erzählte. Meine Eltern haben diese so typisch russische Begrüßung sowie die Liebenswürdigkeit von Professor Nikolski niemals vergessen. Ich wußte nun, daß beide noch lebten und ich sie bestimmt bald sehen konnte.
Ehe ich alle Papiere für meinen Deutschlandurlaub in den Händen hatte, wurde es Ende 1946. Dann fuhr ich nach 17 Jahren wieder in das Land, in dem ich geboren und aufgewachsen war. Das Wort Heimat kam mir natürlich in den Sinn, aber auch mit der Sowjetunion verband mich inzwischen vieles, nicht zuletzt meine Staatsbürgerschaft. Auch der tägliche Umgang mit der deutschen Sprache war mir seit etwa zehn Jahren fast völlig fremd. Ich habe schon erklärt, warum ich es jahrelang bewußt vermieden hatte, diese Laute zu sprechen.
Ich empfand auch sehr deutlich, daß das Deutschland, in das ich fuhr, kaum mit dem zu vergleichen war, das ich verlassen hatte. Die materielle

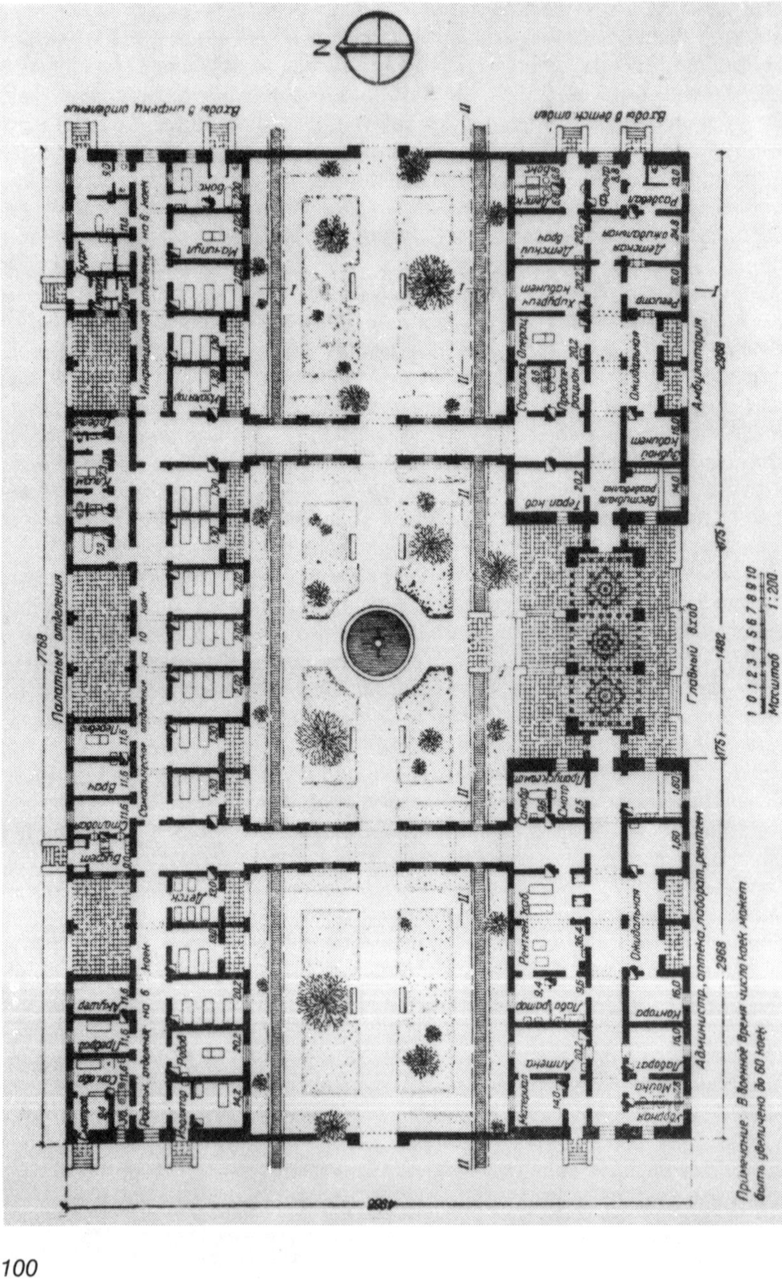
N
Входы в инфекц. отделение
Входы в детск. отдел
Палатные отделения
Главный вход
Амбулатория
Администр., аптека, лаборат., рентген
Масштаб 1:200
Примечание: В военное время число коек может быть увеличено до 60 коек

Projekt für ein Kreiskrankenhaus mit 31 Betten und einem Ambulatorium für 100 Besuche für Mittelasien (aus der Dissertation des Autors)

a) Grundriß

b) Ansicht und Schnitt

und die ideologische Zerstörung, die ich antraf, überstieg meine schlimmsten Erwartungen. Die Masse der Sowjetmenschen war gefestigt aus dem Krieg hervorgegangen, viele Deutsche dagegen lebten vorerst ohne Hoffnung und eines falschen Glaubens beraubt. In solchen Momenten kam ich mir in meinem Geburtsland wie ein Ausländer vor.

Ich erinnerte mich der Worte Stalins, der einmal gesagt hatte: „Die Hitler kommen und gehen, aber das deutsche Volk bleibt.“ An diese Voraussicht hielt sich die Sowjetarmee, die trotz der komplizierten Situation überall sehr tatkräftig versuchte, das Leben wieder in Gang zu bringen.

Ich blieb zwei Monate, von Dezember 1946 bis zum Februar 1947, und verbrachte diese Zeit bei meinen Eltern in Neu-Babelsberg, einem Stadtteil Potsdams, wo ich auch mit meiner Schwester und meiner Nichte zusammenkam. Neben den vielen privaten Wiedersehensfreuden gab es für mich eine intensive politische Tätigkeit. Nach einem Treffen mit Wilhelm Pieck, Walter Ulbricht und Willi Stoph bereiteten wir einige Pläne für meinen endgültigen Aufenthalt in der sowjetischen Besatzungszone (SBZ) vor, zu denen, vor allem nach dem Kennenlernen des zerschlagenen Berlins, die vordringlichsten Bauarbeiten sowie die Gründung einer Bauakademie als Institution für die theoretischen Grundlagen und den praktischen Aufbau von Städten, Dörfern und der Industrie gehörten.

Ende Dezember, genau am Weihnachtsabend, erhielt ich einen Brief von Willi Stoph, der in der Deutschen Zentralverwaltung der Industrie der SBZ eine leitende Stellung innehatte. Darin nahm er Bezug auf eine Unterredung mit seinen Mitarbeitern Kogut, Hans Duntz und Dirk van Rickelen und bat mich, ihn Anfang Januar noch einmal aufzusuchen, um wichtige Fragen des Bauwesens in diesem Teil Deutschlands zu besprechen. Auch schlug er eine Zusammenkunft mit Professor Henselmann, Direktor der Staatlichen Hochschule für Baukunst und bildende Künste Weimar, vor.

Weiterhin regte er als Leiter der Fachgruppe „Bauwesen“ in der Kammer der Technik an, daß ich Ende Januar über das Bauen in der Sowjetunion reden solle, was in der Berliner Architektenschaft großen Anklang finden würde.

Die Besprechungen und Begegnungen fanden statt, wobei ich auch Alfred Krause und Hans Mucke kennenlernte.

Am 29. Januar 1947 hielt ich im Kulturbund den Vortrag „Der Architekt beim Wiederaufbau in der Sowjetunion“, der von Willi Stoph eingeleitet wurde. Ich berichtete hauptsächlich über die Arbeit und die Organisation der Architekturakademie der Sowjetunion sowie über meine persönliche Verantwortung als wissenschaftlicher Mitarbeiter im Institut für Gesellschaftsbauten, speziell für den Bereich der Gesundheitsbauten.

In allen Aussprachen und Diskussionen ging es immer wieder darum, wie man unter den damaligen schwierigen Bedingungen den Wiederaufbau, die Reparatur und die Instandsetzung, natürlich auch den Neubau, insbeson-

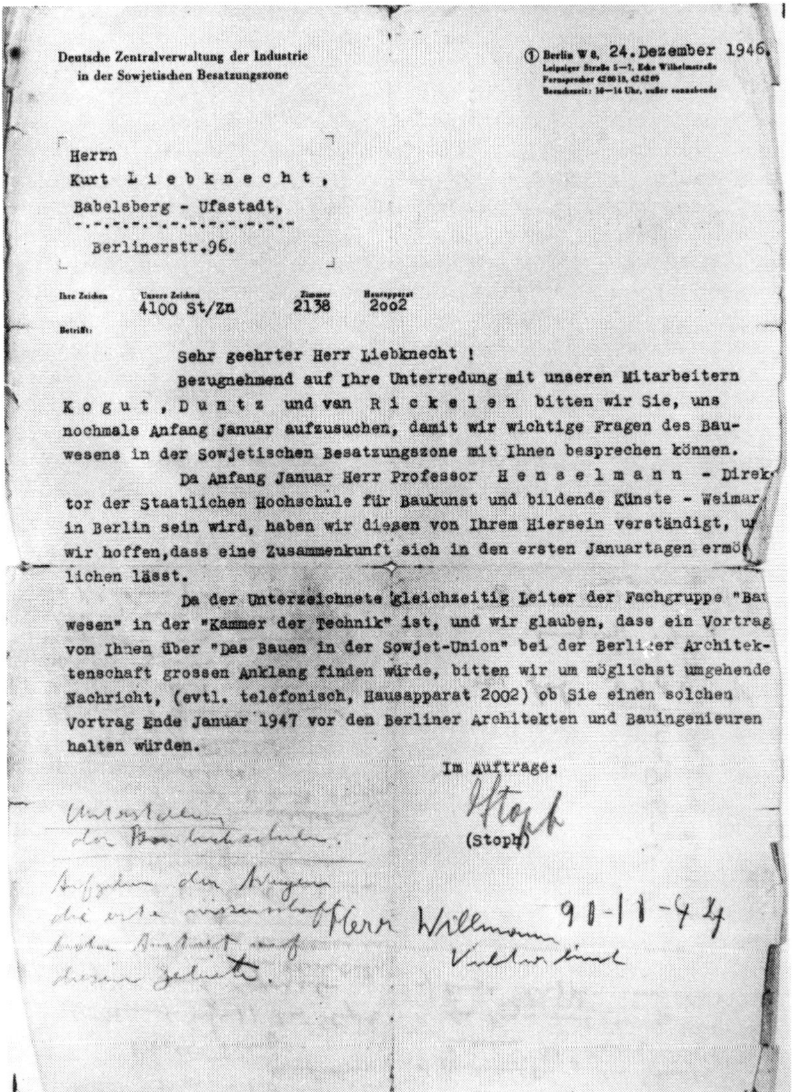

Deutsche Zentralverwaltung der Industrie
in der Sowjetischen Besatzungszone

Berlin W 8, 24. Dezember 1946.
Leipziger Straße 5—7, Ecke Wilhelmstraße
Fernsprecher 420018, 426209
Besuchszeit: 10—14 Uhr, außer sonnabends

Herrn
Kurt Liebknecht,
Babelsberg - Ufastadt,
Berlinerstr.96.

Ihre Zeichen | Unsere Zeichen 4100 St/Zn | Zimmer 2138 | Hausapparat 2002

Betrifft:

Sehr geehrter Herr Liebknecht !

Bezugnehmend auf Ihre Unterredung mit unseren Mitarbeitern K o g u t , D u n t z und van R i c k e l e n bitten wir Sie, uns nochmals Anfang Januar aufzusuchen, damit wir wichtige Fragen des Bauwesens in der Sowjetischen Besatzungszone mit Ihnen besprechen können.

Da Anfang Januar Herr Professor H e n s e l m a n n - Direktor der Staatlichen Hochschule für Baukunst und bildende Künste - Weimar in Berlin sein wird, haben wir diesen von Ihrem Hiersein verständigt, und wir hoffen,dass eine Zusammenkunft sich in den ersten Januartagen ermöglichen lässt.

Da der Unterzeichnete gleichzeitig Leiter der Fachgruppe "Bauwesen" in der "Kammer der Technik" ist, und wir glauben, dass ein Vortrag von Ihnen über "Das Bauen in der Sowjet-Union" bei der Berliner Architektenschaft grossen Anklang finden würde, bitten wir um möglichst umgehende Nachricht, (evtl. telefonisch, Hausapparat 2002) ob Sie einen solchen Vortrag Ende Januar 1947 vor den Berliner Architekten und Bauingenieuren halten würden.

Im Auftrage:
Stoph
(Stoph)

Einladung Willi Stophs zu einem Gespräch Ende 1946

dere von Wohnungen, organisieren und durchführen könne. Die Zerstörungen in Stadt und Land stellten alle vor fast unlösbare Aufgaben, zumal die Bau- und Baustoffproduktion auch erst wieder in Gang gebracht werden mußte.
Die Erfahrungen des Wiederaufbaus in der Sowjetunion, die ja bekanntlich von allen Ländern im zweiten Weltkrieg die größten Opfer tragen mußte, waren nicht nur von großer Bedeutung, sondern bestärkten uns auch in der Hoffnung, mit diesen Problemen fertig zu werden. Auf die Unterstützung der sowjetischen Genossen und Fachleute konnten wir dabei immer rechnen.
Ich denke an eine Zusammenkunft in meinem Elternhaus zurück, bei der erneut die Fragen der Bauakademie erörtert wurden und an der Willi Stoph, Hermann Henselmann, Hans Scharoun und Herbert Weinberger teilnahmen. Hermann Henselmann hatte sogar für die Fahrt von Weimar nach Babelsberg vom damaligen Innenminister Thüringens, Werner Eggerath, einen speziellen Wagen mit Polizeischutz zur Verfügung gestellt bekommen, was für seine Sicherheit möglicherweise notwendig war, was aber in Babelsberg einiges Aufsehen hervorrief.
Wir unterhielten uns über die geplante Bauakademie, dabei dachten wir natürlich unter den damaligen Bedingungen an die Schaffung einer gesamtdeutschen Einrichtung. Hermann Henselmann besitzt noch ein Dokument, das damals in meinem Elternhaus vorbereitet wurde und vorerst die Bildung eines Instituts für Baukunst und Bauwissenschaft im Rahmen der Deutschen Akademie der Wissenschaften vorsah.
Der Wortlaut des Dokuments:
„Der Krieg hat auf allen Gebieten der Wirtschaft und vor allem auf den Gebieten des Bauwesens zu einem in der deutschen Geschichte noch nie dagewesenen Zusammenbruch geführt. Hunderte von Städten, Tausende von Dörfern und unzählige Fabriken wurden zerstört und große Kulturwerte vernichtet. Es besteht jetzt die Möglichkeit, die riesigen Fehler, die eine frühere spontane und unorganisierte Bauepoche angerichtet hat, wiedergutzumachen und Generalbebauungspläne für Stadt und Land aufzustellen, die, von den Forderungen der heutigen Zeit und den heutigen Menschen ausgehend, zu einem Ausdruck der demokratischen Erneuerung werden müssen. Gilt es doch, der Wohnungsnot, vor allem derjenigen der Umsiedler, Herr zu werden und die neuen Reformen, Boden- und Schulreform, im Bauen zu realisieren, um dadurch praktisch an ihrer Durchführung mitzuhelfen und diese zu gewährleisten. Für den Aufbau bedarf es einer starken Bauwirtschaft, die planmäßig neu geschaffen werden muß. Dabei wird es drei Entwicklungsstufen geben:
die erste Stufe, bei der handwerkliche und primitive Baumethoden mit Hilfe örtlicher Baustoffe angewendet werden; die zweite Stufe, bei der die Baustoffe einer wiederhergestellten Bauindustrie ausgenutzt werden können, und die dritte Stufe, die einen Übergang zu einer auf den neuesten Forschungsergebnissen fußenden Baustoff- und Bauindustrie bedeutet.

Typisierung, Standardisierung und Normung, als Voraussetzung für die Industrialisierung, müssen in weitestem Maße im Bauwesen zur Anwendung gebracht werden.
Denkmalschutz und Denkmalpflege werden zu einem wichtigen Faktor, da viele der besten, durch den Krieg stark in Mitleidenschaft gezogenen Architekturwerte vor weiterem Verfall geschützt oder restauriert werden müssen.
Für die Gestaltung neuer Städte und Dörfer und deren Gebäude müssen neue Ausdrucksformen und Wege gefunden werden, die eine hochwertige Architektur für die Zukunft gewährleisten.
Wir stehen jetzt am Anfang eines Aufbaues, der größtes Wissen und Können um alle Probleme des gesamten Bauwesens erfordert. Die neue Bauepoche mit allen vorstehend angeführten Aufgaben verlangt die Zusammenfassung aller schöpferischen Kräfte und muß sich auf eine zentrale und in ihrem Aufbau vollkommen neuartige Institution stützen können, die vom baukünstlerischen wie auch vom bauwissenschaftlichen Standpunkt aus zu allen Fragen Stellung nimmt und sowohl theoretisch als auch praktisch für alle Gebiete des Bauwesens (Städtebau, Wohnungsbau, Baustoffe und andere) richtunggebend wird.
Die bei dem Zusammenbruch bestandenen Institutionen der Bauwirtschaft sind größtenteils nicht mehr vorhanden und wären infolge ihrer Zersplitterung und ihrer Aufgabenstellung, die einer überwundenen Zeitepoche angehören, nicht mehr in der Lage, die neuen Probleme der Bauwirtschaft zu lösen.
Um einer solchen Institution allgemeine Anerkennung zu verschaffen, müssen die besten Baukünstler in ganz Deutschland gewonnen und zur aktiven Mitarbeit herangezogen werden.
Eine Institution für Baukunst und Bauwissenschaft wird auch auf die Lehrpläne der Bauhoch- und -fachschulen einen Einfluß haben müssen, um diese zu koordinieren und um einen Nachwuchs heranzubilden, der dem Aufbau gerecht wird.
Durch ihren Arbeitsbereich wird die Institution für Baukunst und Bauwissenschaft unmittelbar mit den zentralen Verwaltungen der Wirtschaft, des Bauwesens, der Umsiedlung und der Volksbildung in Verbindung treten müssen, die zusammen mit den Länder-Regierungen ihre Auftraggeber darstellen.
Zunächst wird die Institution aus organisatorischen Gründen der Akademie der Wissenschaften angegliedert, um dann später bei einer weiteren Entwicklung und einem weiteren Ausbau vollkommen selbständig zu werden.
Berlin, im Januar 1947"
Der Vorschlag soll bestätigt worden sein, nachdem ich wieder abgereist war. Zum Leiter der Institution bestellte das Präsidium der Akademie der Wissenschaften zu Berlin Professor Hans Scharoun. Ich wurde später Wissenschaftlicher Sekretär, was dem Range eines Stellvertreters entsprach.
Dann erhielt ich den Auftrag, ein entsprechendes Gebäude außerhalb des schon zu stark belasteten Berlins zu suchen. Ich fuhr nach Potsdam, wo

uns der damalige Ministerpräsident Brandenburgs, Steinhoff, sowohl das teilzerstörte Reichsarchiv als auch das riesige Dachgeschoß des Neuen Palais anbot. Bei letzterem Objekt kam mir natürlich die Meisterwerkstatt meines Lehrers Hans Poelzig in den Sinn, die er gegenüber in einem Gebäude der Communs eingerichtet hatte und wo er mich in den zwanziger Jahren zu meinem Antrittsbesuch empfangen hatte.
Während meines Deutschlandaufenthaltes schrieb ich einige Artikel für die „Tägliche Rundschau". Diese Arbeit ergab sich durch meine Verbindungen zu Professor Kirsanow und zu Alexei Wohlgemuth, die als Chefredakteur bzw. als Redakteur und Parteisekretär im gleichnamigen Verlag tätig waren. Beide hatten hohe militärische Ränge der Sowjetarmee.
Im Februar 1947 kehrte ich in die Sowjetunion zurück und berichtete Karo Alabjan über meine Reise sowie die Gespräche, insbesondere mit der Parteiführung. Dann widmete ich mich wieder meiner Tätigkeit an der Akademie, vor allem dem Entwurf für den Klinikbau in Stalingrad, und verfaßte noch ein Manuskript „Die Bettenstation, das wichtigste Element im Krankenhausbau".

Meine endgültige Übersiedlung nach Berlin sollte aber erst 1948 erfolgen, was mir nun doch recht spät erschien. Ich hatte mein Geburtsland wiedergesehen und Kenntnis von den vielen Dingen erhalten, die es da zu tun gab. So war meine Ungeduld verständlich, obwohl ich nach wie vor genug Arbeit hatte. Unter anderem war ich auch tätig für Radio Moskau und für das Sowinformbüro, das Sowjetische Informationsbüro, wo ich in deutscher Sprache viele Aufsätze über Eindrücke in der UdSSR verfaßte.
Diese ganzen bewegten Jahre und auch die Trennung während der Evakuierung hatten dazu geführt, daß meine zweite Ehe mit Maria, der Mutter meines Sohnes, ebenfalls auseinandergegangen war. Otto, inzwischen 14jährig, blieb bei seiner Mutter, in dem Land, in dem er aufgewachsen war, dessen Sprache er verstand und dessen Schulen er besuchte. Es gab nach dem Krieg viele Emigranten, die ohne ihre Kinder nach Deutschland zurückkehrten, weil sich die Kinder inzwischen in der Fremde heimisch fühlten, selbst wenn sie noch in Deutschland geboren waren. Otto aber war als Russe geboren, auch wenn er den deutschen Namen Liebknecht trägt. Er arbeitet heute in Moskau als stellvertretender Programmdirektor des Sowjetischen Fernsehens. Meine Verbindung zu ihm ist sehr herzlich. Wir besuchen einander häufig, und ich bin glücklich, daß sich das gute Einvernehmen auch auf meine liebe Schwiegertochter Eugenie übertragen hat.

Auch die enge Freundschaft mit meiner Schwägerin, der Volksschauspielerin Klawdia Polowikowa, und mit deren Tochter, der ebenfalls populären Schauspielerin Valentina Serowa, blieb nach der Trennung von meiner Frau erhalten. Der erste Mann von Valentina, der legendäre Fliegerheld im spanischen Bürgerkrieg Anatoli Serow, war noch vor dem zweiten Weltkrieg tödlich abgestürzt. Danach hatte die Witwe den Schriftsteller Konstantin Simonow geheiratet. Beide führten ein immer gastfreundliches Haus, ob in ihrer Wohnung an der Leningrader Chaussee oder im Wochenendhaus in Peredelkino, westlich von Moskau. Ich habe ihnen für manches zu danken, vor allem für die Unterstützung während der Kriegszeit. Leider lebt von dieser ganzen Familie niemand mehr.

Nach der Trennung von Maria hatte ich schon bald eine junge Witwe kennengelernt, deren Mann im letzten Kriegsjahr zusammen mit dem sowjetischen Botschafter in Mexiko, Konstantin Umanski, bei einem Flugzeugunglück umgekommen war. Wir heirateten noch in der Sowjetunion, und Lydia folgte mir mit ihren beiden Kindern Micha und Natascha nach Deutschland.

Vor meiner Abreise wurde ich mit der Medaille für aufopferungsvolle Arbeit während des Großen Vaterländischen Krieges und mit der Medaille für verdiente Bürger Moskaus anläßlich dessen 800-Jahr-Feier ausgezeichnet. Diese vom Präsidenten der Akademie verliehenen Medaillen waren eine Anerkennung meiner Arbeit in meiner zweiten Heimat und gaben mir großen Auftrieb für meine künftige Tätigkeit.

Die Rückkehr nach Deutschland

In Berlin kam ich mit meiner Familie auf dem Schlesischen Bahnhof an, dem heutigen Ostbahnhof. Es war Ende des Jahres 1948. Ein Vertreter der SED empfing uns, um uns in unser Quartier zu bringen. Wir bekamen zwei Zimmer im heutigen Gebäude des Dietz Verlages in der Wallstraße.
Ich betrat Deutschland als sowjetischer Staatsbürger, nicht jedoch „in der Uniform eines Sowjetoffiziers" und auch nicht als Mitglied der KPdSU, wie „DER SPIEGEL" vom 22. August 1951 zu vermelden wußte. Laut „SPIEGEL" kam ich übrigens schon 1945 nach Berlin zurück, was nun völliger Unsinn ist; aber es herrschte damals die Phase des kalten Krieges, und solche auf eine Person bezogenen Unwahrheiten waren noch die geringsten Anfeindungen, die man in westlichen Blättern über die sowjetische Besatzungszone und spätere DDR lesen konnte.
Eine Veränderung hatte sich jedoch während meines Exils an mir tatsächlich vollzogen: Aus dem Curt war durch die Übertragung in die russische Sprache, die kein „C" kennt, ein Kurt geworden. So habe ich es dann auch belassen.
Nun also Berlin. Es war vielleicht ganz gut, daß ich die Stadt während meines kurzen Aufenthaltes 1946/47 schon einmal nach Kriegsende gesehen hatte, so wußte ich einiges über ihren Zustand und erschrak nicht mehr ganz so sehr. Trotzdem machte das zertrümmerte Zentrum auch ein Jahr später immer noch einen deprimierenden Eindruck auf mich. Schon auf dem Bahnhofsvorplatz sah ich mich einem kaum zu schildernden Chaos gegenüber, das mich an Stalingrad erinnerte. Überall Ruinen, hier und da ein paar dürftig geflickte Häuser. Die Schuttmenge in Berlin betrug 70 Millionen Kubikmeter. Die Straßen glichen Schluchten, und die Berge rechts und links bestanden aus Milliarden von Ziegeln, aus denen Holzbalken und Eisenträger ragten. Immerhin fuhren inzwischen wieder Straßen-, Untergrund- und Stadtbahnlinien. Daß die Straßen überhaupt passierbar waren, hatte schon Mühe genug gekostet.
Quer über Plätze und Schuttberge verliefen die Gleise der Trümmerbahnen. Die kleinen Loren ratterten und machten einen schrecklichen Lärm. Einige Geschäfte in den Erdgeschoßzonen waren geöffnet, aber das Haus darüber stand oft nur noch als Ruine. Vor die Fenster hatten die Leute – so wie die Vorgänger in unserer Wohnung – Igelit oder auch bloß Pappe genagelt, denn selbst das Glas vieler unzerstörter Häuser hatte den Detonationen nicht standgehalten.

Elektrisches Licht gab es nur sehr wenig, denn die Stromleitungen waren ja auch alle zerstört.
Aber die Räumarbeiten gingen sichtbar voran. Eine Ecke nach der anderen wurde sauber, mit großen Stapeln aufgeschichteter Ziegel darauf. Meistens verrichteten Frauen diese schwere Arbeit, und viele hatten die von Fotos oder Dokumentarfilmen her bekannt gebliebenen, typisch geknoteten Kopftücher über die Haare gebunden, die alle Gesichter einander ähnlich aussehen ließen. Die Trümmerfrau der Nachkriegszeit, wie sie auch als Denkmal von Fritz Cremer vor dem Berliner Roten Rathaus steht, ist in die Geschichte eingegangen. Zu jener Zeit fing man übrigens an, Frauen für den Maurerberuf zu werben. Das war in der Sowjetunion schon seit den dreißiger Jahren üblich.
Meine Eltern wohnten nach einigen Umzügen immer noch in Potsdam-Babelsberg. Ich wußte schon, daß sie nach Kriegsende ihr großes Haus hatten verlassen müssen, weil die Wohnungsnot zum Zusammenrücken zwang. Sie hatten eine kleine Wohnung zugewiesen bekommen. Erst nachdem die Sowjetische Militäradministration in Deutschland (SMAD) festgestellt hatte, daß mein Vater der Bruder Karl Liebknechts war, überließ man ihnen das Haus, das ich von 1946 als ihren Wohnsitz kannte. Aus ihren Erzählungen wußte ich auch, daß bald nach dem Umzug ein sowjetischer LKW vor der Tür gehalten und ihnen Teppiche sowie verschiedene Einrichtungsgegenstände gebracht hatte. Sogar ein Auto sowie Pajoks – das waren zusätzliche Lebensmittelrationen, wie ich sie schon aus der UdSSR kannte – wurden ihnen zur Verfügung gestellt.

Als einzigen Nachteil hatte ich damals empfunden, daß sich das Haus meiner Eltern in dem Territorium befand, in dem auch die SMAD ihren Sitz hatte. Jeder Besucher mußte eine Sperre passieren. Es war also nicht ganz einfach gewesen, zu ihnen vorzudringen, doch meine sowjetischen Papiere und meine guten Sprachkenntnisse hatten mir 1946 geholfen.

1948 lebten sie nicht weit von dieser Wohnung entfernt, aber nun außerhalb des Sperrgebietes, und sie führten ein so gastfreundliches Haus, wie ich es bei ihnen zeit ihres Lebens gekannt habe.
Meine Onkel hatten den Krieg überlebt. Theodor, der nach der Ermordung von Karl Liebknecht noch eine Weile die Berliner Rechtsanwaltspraxis geführt hatte, war als einziger der Brüder in die Schweiz emigriert. Er verstarb 1947 in Hannover. Seinen Bruder, den Rechtsanwalt Wilhelm, traf ich im Hause meiner Eltern wieder, ebenso Curt, den einstigen „roten Arzt vom Wedding".
Wir freuten uns sehr, einander wiederzusehen und Krieg und Faschismus überstanden zu haben. Mein Vater hatte sich zwar meinetwegen vor der Gestapo verantworten müssen, war aber, wie er sagte, im großen und ganzen in Ruhe gelassen worden.

35 Jahre später erst fand ich Gelegenheit, das Tagebuch zu lesen, das meine Mutter als alte Frau niedergeschrieben hatte. Dort erfuhr ich auch Einzelheiten aus der Zeit der Naziherrschaft, die mich sehr erschütterten. So stand dort unter anderem:

„Inzwischen in Deutschland die Kristallnacht. Verfolgungen der Juden. In Deutschland war es furchtbar. Man wußte am Morgen nicht, was am Abend passieren könnte ... Da man Liebknechts für Juden hielt, spielte ich kaum eine Rolle, wenn die Gestapo plötzlich hereinkam und mich fragte: Ihr Mann ist Jude, wo ist er? ... So sollte auch unser Radio abgeholt werden, weil wir Juden seien. Otto, der nie feige war, schlug so auf den Tisch, daß die (die Gestapoleute – d. Verf.) förmlich zusammenzuckten. Ich fürchtete, es würde etwas passieren ... Man machte uns zum Vorwurf, warum Curt in Rußland sei! Otto antwortete: Haben Sie immer getan, was Ihre Eltern von Ihnen wollten? Diese Antwort gab er bei der Gestapo in der Albrechtstraße[82]. Da ich mitgegangen war, wartete ich etwa zwei Stunden auf Otto. Ich wäre vor Angst, er sei in einem dieser grauen Wagen, die immer vorbeikamen, entführt worden, bald zusammengebrochen. Aber endlich dann kam er heraus. Er hatte sich wohl durchgesetzt ... Natürlich kamen immer neue Anfragen und Verdächtigungen, die sehr aufregend waren. Frühere Bekannte grüßten uns nicht mehr. Es war erbärmlich, diese Menschen zu beobachten, die aber nach 1945 unseren Schutz in Anspruch nahmen ...“

Unglücklicherweise war mein Vater bei meiner Rückkehr schon unheilbar krank. Ich erinnere mich, daß der recht große Mann weniger als 70 Kilogramm wog. 1949 starb er an Krebs und wurde im Juni auf dem Waldfriedhof in Potsdam beigesetzt. Wilhelm Pieck nahm an seiner Beerdigung teil.

Ich erfuhr später, daß Wilhelm Pieck von der Krankheit meines Vaters gewußt und sich deshalb sehr für meine beschleunigte Abreise aus der UdSSR eingesetzt hatte.

Die Tage bei meinen Eltern schienen mir immer als etwas Unwirkliches, denn Babelsberg war weitgehend unzerstört. Diese friedliche Welt berührte mich besonders stark, wenn ich aus dem zerbombten Berlin nach langer Fahrerei dort eintraf.

Kurz vor seinem Tode wurde mein Vater noch zum Professor ernannt. Paul Wandel, damals Präsident der Zentralverwaltung Volksbildung, verlieh ihm diesen Titel für seine Leistungen als Chemiker und seine langjährige Tätigkeit als Dozent.

In Babelsberg kam ich oft mit sowjetischen Offizieren zusammen. Das freute mich natürlich, denn nach wie vor stand mir das Leben in der UdSSR sehr nahe. Ich schrieb häufig Beiträge für deutsche oder deutschsprachige Presseorgane, so für die Halbmonatsschrift „Neue Welt“ aus dem Verlag Tägliche Rundschau, für die „Illustrierte Rundschau“, für „Die neue Gesellschaft“, die Zeitschrift der Gesellschaft für Deutsch-Sowjetische Freund-

schaft, natürlich für die „Tägliche Rundschau" selbst sowie für das SED-Zentralorgan „Neues Deutschland". Auch in sowjetischen Zeitungen erschienen meine Beiträge. Ich äußerte mich zu Fragen der sowjetischen Architektur, schrieb zum Tode des Architekten Alexej Stschussew, des Erbauers des Lenin-Mausoleums, oder berichtete in recht populär gehaltenen Reisebeschreibungen aus Gegenden der UdSSR, die ich kannte, wobei natürlich immer das Bauen in den besuchten Orten eine gebührende Rolle spielte.

Es war ganz selbstverständlich, daß ich sofort nach meiner Heimkehr der schon 1947 gegründeten Gesellschaft zum Studium der Kultur der Sowjetunion beitrat, die 1949 unsere Gesellschaft für Deutsch-Sowjetische Freundschaft wurde. Einer meiner ersten Besuche in der sowjetischen Besatzungszone hatte deshalb dem Präsidenten der Gesellschaft, Professor Jürgen Kuczynski, und ihrem Generalsekretär, Hans Mark, gegolten. Ich war der Meinung, daß ich dieser Gesellschaft durch meine Kenntnis der Sowjetunion und der russischen Sprache würde helfen können. Das hat sich auch bewährt, ich habe viele Vorträge gehalten und bin auch als Übersetzer tätig gewesen.

In meinen Erinnerungen an die ersten Wochen in Deutschland darf der Club der Kulturschaffenden in der Berliner Jägerstraße, der heutigen Otto-Nuschke-Straße, nicht fehlen. Der Club war inmitten der Trümmer eine regelrechte Oase. Man gab sich in der damaligen Zeit viel Mühe, die aus dem Exil heimkehrenden Kultur- und Geistesschaffenden für den Neuaufbau zu gewinnen. Wenn man miteinander reden und auch einmal vernünftig essen wollte, so traf man sich im Club. Otto Nagel und Bernhard Kellermann, die Kulturbundfreunde meines Vaters, traf ich dort, auch Wilhelm Pieck und Otto Grotewohl waren wiederholt zu Gast.

Da ich als einer der ersten Architekten nach Deutschland zurückgekehrt war, beauftragte man mich bald mit verantwortlichen Aufgaben des Bauwesens. Ich wurde, wie schon bei meinem ersten Aufenthalt vor einem Jahr beschlossen, zum Wissenschaftlichen Sekretär des neugegründeten Instituts für Bauwesen der Deutschen Akademie der Wissenschaften berufen. Leiter unseres Instituts war, ebenfalls wie festgelegt, der bekannte Architekt Professor Hans Scharoun, der damalige erste Stadtbaurat von Berlin.

Das Institut für Bauwesen war in einer ausbaufähigen früheren Kaserne in der Hannoverschen Straße untergebracht. Als ich zum Wissenschaftlichen Sekretär berufen wurde, waren die Wiederherstellung und der Ausbau des Gebäudes nach den Vorstellungen von Hans Scharoun noch in vollem Gange. So wurde unter anderem eine obere Etage aufgesetzt. Heute befindet sich dort die Ständige Vertretung der BRD in der DDR.

Als eigenes Arbeitsgebiet wählte ich das Thema Gesundheitseinrichtungen, um meine Erkenntnisse und Erfahrungen aus der Sowjetunion anwenden zu können.

In Deutschland waren nicht nur 3,6 Millionen Wohnhäuser zerstört, sondern auch viele gesellschaftliche Einrichtungen, darunter die Krankenhäuser. Allein in Berlin existierten von einst 32000 Krankenhausbetten nur noch 9000. Von den Gebäuden der Berliner Charité waren 19 Prozent vernichtet, 42 Prozent schwer und 30 Prozent leicht beschädigt. Nur 9 Prozent blieben unversehrt. Im Krankenhaus Friedrichshain, das vor dem Krieg 1000 Betten besaß, konnte man nur noch ein Viertel aller Einrichtungen nutzen. Ähnlich sah es in vielen anderen Großstädten aus.

Ich traf in Berlin meinen alten Bekannten Erwin Marcusson wieder, der sich, wie ich, viele Jahre in der Sowjetunion aufgehalten hatte. Er machte mich noch 1948 mit Professor Linser, dem Präsidenten, und mit Dr. Kurt Winter, dem Vizepräsidenten der Hauptverwaltung Gesundheitswesen bei der Deutschen Wirtschaftskommission für die sowjetische Besatzungszone, bekannt. Unsere Aussprachen betrafen nicht nur die Lage in Berlin, sondern im ganzen Gebiet der sowjetischen Besatzungszone. Ich erfuhr, daß die Gesundheitsversorgung besonders in den ländlichen Gebieten völlig ungenügend war. Wir versuchten Aufgaben festzulegen, die nicht nur den Wiederaufbau von Krankenhäusern betrafen, sondern in erster Linie die ambulante Betreuung der Bevölkerung verbessern sollten. Hierbei halfen mir meine sowjetischen Erfahrungen sehr, ebenso entsprechende Veröffentlichungen, Zeitschriften und Grundrißnormative, die ich aus dem Exil mitgebracht hatte. In Deutschland waren nach dem Krieg außer der Schrift „Das Gesundheitswesen in der Bauplanung Berlins", einer sehr sachkundigen und gründlichen Arbeit des Architekten G. Hassenpflug und des Arztes Professor P. Vogler, noch keine Publikationen zu diesem Thema erschienen. In der genannten Arbeit ging es vor allem um die Bestimmung des Bettenbestandes, und seine Verfügbarkeit für Seuchenerkrankungen stand dabei notgedrungen im Vordergrund.

Auf der Grundlage meiner sowjetischen Vorkenntnisse sowie der mitgebrachten Bücher über Normative des Bauwerks erarbeitete ich zusammen mit Diplomingenieur Herbert Weinberger und Dr. Kurt Winter die Broschüre „Bau von Ambulatorien und Polikliniken", die 1949 als Mitteilung unseres Instituts und der Hauptverwaltung Gesundheitswesen erschien. Wir entsprachen mit dieser Schrift dem Wunsch, Unterlagen für die Einrichtung von Polikliniken auszuarbeiten, die bei notwendigen Um- und Neubauten als Richtlinien dienen könnten. Diese Richtlinien berücksichtigten Lage und Größe des Grundstücks sowie die Geschoßzahlen und enthielten detaillierte Angaben für die Raummaße und sogar Vorschläge für die Zusammensetzung der Mitarbeiter. Wir gaben uns also alle Mühe, erste Voraussetzungen für die Anwendung von Typenprojekten zu schaffen.

Im Vorwort der kleinen Schrift heißt es: „Polikliniken haben die Aufgabe, eine gute ärztliche Versorgung sicherzustellen und die vorbeugende Medizin zum Schutze der Gesundheit unserer werktätigen Bevölkerung in der SBZ zu

entwickeln. Sie sind demnach für die Demokratisierung des Gesundheitswesens von besonderer Bedeutung. Ihre Bearbeitung wurde daher zuerst in Angriff genommen."
Die Sowjetische Militäradministration hatte durch ihre Befehle Nr. 234[83] und 272[84] die gesetzliche Grundlage für eine planmäßige und organisatorische Entwicklung auf diesem Gebiet geschaffen. Die beiden Befehle regelten insbesondere die ambulante Versorgung in den Städten, in Betrieben und auf dem Lande und legten Kennzahlen sowie materielle und finanzielle Mittel für das Gesundheitswesen fest.
Unsere Broschüre war eine gute Grundlage für die weitere Entwicklung der ambulanten Gesundheitseinrichtungen im Rahmen des Zweijahrplans 1949/50 und darüber hinaus. Doch der weitere Ausbau des Netzes der ambulanten Einrichtungen erforderte zusätzliche Unterlagen, da die bisher vorliegenden das Raumprogramm ungenügend festlegten und außerdem eine Analyse der zu dieser Zeit bestehenden Anlagen zweckmäßig war. Zudem wollten wir Beispiele für die einzelnen Raumgruppen und Funktionseinheiten schaffen sowie deren Einrichtung und Flächenmaße darstellen.

1950 dann erhielt das Institut für Bauwesen einen Forschungsauftrag, den das damals bestehende Zentralamt für Forschung und Technik der Staatlichen Plankommission vergab. Ich konnte für diese Arbeit Architekten und Fachleute gewinnen, die schon bei der oben genannten Schrift mitgewirkt hatten, so den späteren Rektor der Akademie für Ärztliche Fortbildung, Dr. Kurt Winter, Diplomingenieur Herbert Weinberger, außerdem Edmund Collein, den späteren Vizepräsidenten der Bauakademie, sowie den Architekten Hans Mucke. Alle hatten sich früher bereits mit dem Krankenhausbau beschäftigt. Wir führten eine Analyse poliklinischer Einrichtungen im Lande Brandenburg durch und schlossen diese Arbeit mit Erfolg ab.

Die Analyse bewies beispielsweise, was wir schon vermutet hatten: die völlig ungenügende Anzahl von Gesundheitseinrichtungen auf dem Lande. Da uns an einem Ausbau von Privatpraxen nicht gelegen war, orientierten wir auf Ambulatorien und Polikliniken als mit einem künftigen sozialistischen Gesundheitswesen eng zusammenhängende Typen. Sie boten unter anderem den Vorteil, sich unmittelbar in der Nähe des Bürgers – also im Betrieb oder im Wohnort – zu befinden, nicht erst in der nächstgelegenen Stadt. Zugleich lieferte uns die Analyse die wichtigsten Angaben für die beginnenden Rekonstruktionen von Gesundheitseinrichtungen. Die erste neugestaltete Poliklinik war die in Golßen, nördlich Luckau, heute im Bezirk Frankfurt (Oder), damals im Land Brandenburg gelegen.
Eine Kommission aus Vertretern des Gesundheitswesens, der wie ich mich erinnere, auch Erwin Marcusson und Maxim Zetkin[85] angehörten, behandelte unsere Ergebnisse und schätzte sie als wesentlich für die weitere Entwicklung ein. Leider ist die Arbeit nur als Manuskript erhalten geblieben. Sie

fand jedoch damals großes Interesse, und man kann sie als Vorläufer späterer Arbeitsunterlagen auf diesem Gebiet bezeichnen.
Unser Forschungsauftrag schloß auch Entwürfe für medizinische Einrichtungen ein. Die Entwürfe stammten von Collein (Betriebspoliklinik mit zehn Sprechzimmern), Mucke (Betriebspoliklinik und mittlere Kreispoliklinik mit zwölf Sprechzimmern), Weinberger (Raumelemente) und Liebknecht (Landambulatorium mit vier Sprechzimmern). Das Landambulatorium wurde gebilligt und auch gebaut. Der einfache, eingeschossige Bau steht in Müncheberg, Heckelberg und Geringswalde und – soviel ich weiß – auch in anderen Orten. Er ordnet sich in das Dorfbild ein und soll sich mit seiner zweckmäßigen Gestaltung durchaus noch heute bewähren.
Ende 1948 gab es in der sowjetischen Besatzungszone schon 162 000 Krankenhausbetten gegenüber 60 000 Betten Ende 1945. Entsprechend der im schon erwähnten Befehl 234 geforderten Einrichtung von Betriebspolikliniken hatten wir Ende 1948 mit großer Anstrengung 27 solcher medizinischen Einrichtungen sowie fast 500 von Ärzten betreute und nahezu 1 000 einfache Sanitätsstellen eröffnet. In jenem Jahr 1948 wurden in der sowjetischen Besatzungszone 336 Millionen Reichsmark für das Gesundheitswesen ausgegeben – gegenüber 117 Millionen im Jahre 1939 auf dem gleichen Territorium. Auch im nun folgenden Zweijahrplan waren für Kultur- und Sozialbauten umfangreiche Mittel bereitgestellt. Sie beliefen sich auf 370 Millionen (1949) bzw. 409 Millionen Mark (1950).

Landambulatorium Müncheberg

Einen großen Teil der damals eröffneten ambulanten Einrichtungen brachten wir in Altbauten, z. B. in Villen, unter. Die neuen Gebäude entstanden natürlich in traditioneller Bauweise. Bei allem, was wir errichteten, galt die Devise der strengsten Sparsamkeit, denn selbst die herkömmlichen Baumaterialien – Ziegel und Kalk – waren verständlicherweise knapp.

Vor dem Hintergrund solcher Sparsamkeit, sogar bei lebensnotwendigen Bauten, werden heute manche Entscheidungen verständlich, denen wir damals nur schweren Herzens zustimmten. Uns war, es muß im Frühjahr 1949 gewesen sein, zu Ohren gekommen, daß das zerstörte Stadtschloß in Potsdam gesprengt werden sollte. Das Schloß war besonders wegen seiner von Knobelsdorff stammenden Innenarchitektur ein Kleinod der Baukunst. Professor Scharoun bat mich, ihm zu helfen und die Sprengung zu verhindern. Gemeinsam fuhren wir zum damaligen Polizeipräsidenten von Potsdam, dem mir seit langem bekannten Richard Staimer.

Ich erinnerte mich der sowjetischen Praxis, möglichst vieles, was historisch und architektonisch wertvoll war, zu erhalten. Dazu gehörte die während der dreißiger Jahre in der Moskauer Gorkistraße mehrmals mit großem Kostenaufwand praktizierte Methode der Häuserverschiebung, über die nach dem Kriege auch in Deutschland viel berichtet wurde. Mit manchem bei der Rekonstruktion der Stadt doch erfolgten Abriß, z. B. des Sucharewturms, hatte man sich später recht kritisch auseinandergesetzt. Solche Fehler wollten wir vermeiden. Ich fuhr mit der festen Absicht nach Potsdam, unser Anliegen sehr nachdrücklich vorzutragen.
Richard Staimer willigte unter Berücksichtigung unserer Argumente ein, das Stadtschloß zunächst stehenzulassen. Uns leuchtete ein, daß im Moment die Mittel für einen Wiederaufbau fehlten. Wir glaubten aber fest an eine spätere Rekonstruktion. Diese Meinung übernahm auch die Bevölkerung. Viele Einwohner Potsdams, die sich energisch gegen einen Abbruch gewandt hatten, beruhigten sich wieder.
Es kam dann doch anders, als wir erhofften. Da das Schloß zwar stehenblieb, aber in keiner Form gesichert wurde, verfiel das wertvolle Innere mit dem schönen Treppenhaus völlig. Ende der fünfziger Jahre besichtigten wir zusammen mit Alexander Abusch, damals Minister für Kultur, und Kurt Seibt, 1. Sekretär der SED-Bezirksleitung Potsdam, erneut das Gebäude. Da war die Ruine schon in einem solchen Zustand, daß eine Rekonstruktion kaum mehr möglich war. Die Bausubstanz war so zerfallen, daß selbst die noch stehenden Mauern hätten abgetragen werden müssen, um danach das ganze Schloß praktisch neu aufzubauen. Die notwendigen Mittel für ein solches Riesenvorhaben konnten nicht bereitgestellt werden, und so stimmten wir notgedrungen dem Plan für das neue Zentrum Potsdams zu, der den Abriß des Stadtschlosses voraussetzte. Heute ist an der Stelle des einstigen Schlosses der Karl-Liebknecht-Platz entstanden.

Anders verhielt es sich beim ebenfalls zerstörten Berliner Schloß. Der Beschluß über den Abriß der Ruine gehörte zu den ersten Festlegungen, die die neue Regierung der DDR im Zusammenhang mit dem Aufbau des Zentrums verfügte. In der Mitte der neuen Stadt sollte ein Schloß keine Rolle mehr spielen, zumal dieses Schloß als Symbol reaktionären Preußentums galt. Neben diesem ausschlaggebenden politischen Grund wurde damals auch immer wieder aus architektonischer Sicht ein Einwand gegen das Schloß laut, nämlich der, daß das gewaltige Gebäude den Osten vom Westen der Stadt blockierte. So wird verständlich, warum von den geborgenen Schloßteilen nur das Portal IV vom Lustgartenflügel, das sogenannte Eosanderportal, später im neu geschaffenen Staatsratsgebäude eingebaut wurde. Von diesem Portal aus hatte 1918 mein Onkel Karl die „freie sozialistische Republik" proklamiert.

Da ich es aus der Sowjetunion gewohnt war, Disziplin zu üben, entsprechend den momentanen Notwendigkeiten und Möglichkeiten zu bauen und dabei meine persönlichen Empfindungen weitgehend zurückzustellen, habe ich die notwendige Einsicht bei solchen Entscheidungen letztlich doch immer gefunden. Ich hatte in den 17 Jahren ja vor allem gelernt, daß jedes Projekt sowohl eine ökonomische als auch eine ideologische Grundlage haben muß.

An unserem Institut gab es manche Auseinandersetzung zu diesem Thema. Die Auffassung einiger meiner Mitarbeiter und Kollegen von den aktuellen Aufgaben war teilweise recht verwirrt, und es trat häufig ein Individualismus zutage, der mit einer Planung der wissenschaftlichen Arbeit, wie ich sie aus der Sowjetunion kannte, nichts zu tun hatte. Genossen, die mich unterstützen konnten, gab es in dieser Zeit nicht viele.

Es war ja bisher auch kaum einer der emigrierten Architekten aus der Sowjetunion zurückgekehrt, die meine Erfahrungen hätten teilen können. Gerhard Kosel, Benny Heumann, Werner Schneidratus kamen erst später nach Berlin. Einige, die in Deutschland ihr internationales Ansehen begründet hatten, wirkten nur noch durch wenige Projekte und Bauten in ihrer einstigen Heimat, so Gropius, May, Mies van der Rohe.

Mag es eine durch bittere Erlebnisse beeinflußte Ablehnung dieses Landes gewesen sein oder auch fehlender Mut, noch einmal von vorn anzufangen – die menschliche Tragik eines Exils zeigte sich vor allem bei den älteren Architekten, ebenso wie bei manchen Schriftstellern, Schauspielern und anderen Künstlern, die in ihren besten Jahren aus einem Schaffen gerissen wurden, an das sie nicht einfach 15 oder auch 20 Jahre später wieder anknüpfen konnten.

Dem Institut für Bauwesen gehörten im ersten Jahr neben Hans Scharoun die Architekten Max Taut und Effenberger, der Grünplaner und Gartengestalter Reinhold Lingner, der Verkehrsplaner Peter Friedrich, der Formgestalter Wagenfeld sowie der Architekt Hans Duntz an. Alle waren befähigte,

zum Teil international anerkannte Fachleute, aber durchaus auch eigenwillig und nicht immer mit dem Blick für unsere damals so schwierige Lage, deren Bewältigung nicht zuletzt Disziplin erforderte.
Scharoun leitete das Institut mit fachlichem Können und viel gutem Willen, konnte sich aber später mit manchen politischen und ökonomischen Konsequenzen in der DDR nicht abfinden, ging deshalb in die BRD und erregte dort sowie in Westberlin mit einigen Bauten Aufsehen. Während der Nazizeit hatte er Deutschland nicht verlassen, denn es war ihm gelungen, durch unverbindliches Bauen einem Konflikt mit den Faschisten aus dem Wege zu gehen.
Auch Max Taut war, anders als sein Bruder Bruno, während des Faschismus in Deutschland geblieben. Die Nazis hatten ihn und sein Können diffamiert und ihn so zur Untätigkeit, zur in jenen Jahen viel geübten inneren Emigration gezwungen. Max Taut wurde nach dem Krieg geehrt, unter anderem übertrug man ihm schon 1945 eine Professur an der Hochschule für Bildende Künste im heutigen Westberlin. Trotzdem arbeitete er an unserem Institut mit, zog aber nach 1951 das endgültige Wirken im Westen der Stadt vor.
Es waren also durchaus keine Kommunisten, mit denen wir es 1948/49 am Institut für Bauwesen zu tun hatten. Es waren bestenfalls Nazigegner, aufgeschlossen gegenüber dem technischen und dem gesellschaftlichen Fortschritt, aber zum großen Teil noch auf der Suche nach ihrem Platz in dem sich teilenden Land. Allerdings glaubte jeder von uns, ob er im Osten oder im Westen tätig war, damals noch an ein künftiges einheitliches Deutschland, so wie es im Potsdamer Abkommen festgelegt war.
Wir bearbeiteten Themen zum Städtebau und zum Wohnungsbau, zur Verkehrs- und Grünplanung, zum Gesellschaftsbau und zum ländlichen Bauen. Die Auswahl geschah, soweit das zu übersehen war, in enger Verbindung mit anstehenden praktischen Fragen, besonders mit dem geplanten Wiederaufbau Berlins. Einmal in jeder Woche rief uns Scharoun zu Beratungen über die laufende Arbeit zusammen. In meiner Funktion war ich – neben dem Gesundheitsbau – für die Planung und Koordinierung der Vorhaben verantwortlich.
Entsprechend unserem unterschiedlichem Werdegang prallten die Meinungen über ideologische Fragen aufeinander. Es ging natürlich um die Art des Bauens und damit auch um die Verantwortung des Architekten in seiner Zeit. Daß wir etwas Neues errichten mußten, war klar – vieles Alte war ja zerstört –, aber daß dieses Neue vor allem im historischen, gesellschaftlichen Sinne und nicht nur in Form eines noch nie dagewesenen Stils neu sein sollte, darüber gingen die Ansichten eben auseinander.
Ich gebe zu, daß ich mich in solchen Diskussionen manchmal wieder als Sowjetbürger und im Denken fast ein wenig überlegen fühlte. Wie viele Dinge waren in Deutschland noch unklar, über die man sich in der UdSSR längst

geeinigt hatte. Einmal, es war während einer Konferenz der Kammer der Technik, an der auch Walter Ulbricht teilnahm, sprach ich in der Diskussion zur Planung der wissenschaftlichen Arbeit. Ich sagte, nicht jeder könne an Themen arbeiten, die ihm wünschenswert erschienen, da die übergeordneten Gesichtspunkte der gesellschaftlichen Entwicklung Vorrang hätten. Obwohl mir niemand widersprach, merkte ich bald, daß mir keineswegs alle Zuhörer zustimmten. Manche meiner Kollegen und Partner hielten mich damals für einen engstirnigen und rechthaberischen Menschen.

Ich lebte zu dieser Zeit immer noch mit meinem sowjetischen Paß, das mag zu meinem kämpferischen Auftreten beigetragen haben. Als ich ihn Ende 1950 abgeben und endgültig gegen ein deutsches Dokument tauschen sollte, tat ich das sehr ungern, denn mich verbanden viele Erinnerungen mit diesem Schriftstück, daß ich 1937 nach großen Mühen erhalten hatte. Ich gab den Paß also nicht heraus, ohne mir dafür eine Quittung aushändigen zu lassen, die ich heute noch besitze.

Manche der schon angedeuteten Streitigkeiten in der Akademie hatten Konsequenzen, die wir nicht beabsichtigten, die aber in einer Zeit offener Grenzen fast unvermeidlich waren. Ich erinnere mich an eine der Beratungen, während der Professor Martin Mächler meinte, daß doch der Städtebauer aufgrund seiner umfassenden Einsichten berufen sei, eine eigenständige fortschrittliche Politik zu machen. Kunst, unabhängig von der Gesellschaft, Kunst um der Kunst willen, das war nun wirklich nicht neu. Deshalb wandte ich ein, daß zur Ausübung einer fortschrittlichen Politik in der sowjetischen Besatzungszone nur die Arbeiterklasse unter Führung ihrer Partei und mit Unterstützung ihrer Verbündeten befähigt sei und daß man nur von dieser Überzeugung ausgehend einen neuen Inhalt der Baukunst suchen und formulieren könne. Es kam zu einem heftigen Streit, der zur Folge hatte, daß unser temperamentvoller Kollege Mächler aufstand und verschwand. Hans Scharoun bemerkte trocken: „Bitte schreiben Sie ins Protokoll, daß Martin Mächler um 16 Uhr unsere Sitzung verließ."

Leider mußten wir in der weiteren Arbeit auf Professor Mächler verzichten, der zweifellos Verdienste um die Planung Berlins in den zwanziger Jahren hatte.

Solche Auseinandersetzungen sollten nach Gründung der Bauakademie und nach Rückkehr der aus verschiedenen Ländern kommenden Emigranten noch zunehmen. Die offenen Grenzen zwischen den sich bis dahin gebildeten beiden deutschen Staaten boten manchem, der sich in der DDR nicht zurechtfand, eine allzu schnelle Alternative.

Es wurde immer offensichtlicher, daß wir uns politisch bekennen mußten, denn wie sich täglich zeigte, wurden selbst Fachfragen zu Haltungsfragen. 1949 wurde ich Mitglied der SED. Meine Bürgschaft übernahmen Hans Duntz und Erwin Marcusson.

1950 wurde ich nach einer Prüfung in den ersten Fernunterricht der Partei-

hochschule „Karl Marx" aufgenommen, den ich 1954 erfolgreich beendete. Die erste Leiterin dieser höchsten Lehrstätte der SED war Frieda Rubiner, die ich noch in Moskau kennengelernt hatte, weil sie auch als Propagandistin an den Institutionen, in denen Deutsche arbeiteten, tätig war.
Mitte 1949 verließ ich das Institut für Bauwesen. Man hatte die Tätigkeit dieser Einrichtung als nicht immer befriedigend eingeschätzt, da in ihrem Forschungsplan die aktuellen Probleme des Bauwesens zuwenig berücksichtigt worden waren. Diesen Vorwurf bezog ich auch auf mich, denn ich kannte ja die Zustände auf den Baustellen der sowjetischen Besatzungszone tatsächlich nur oberflächlich.
Ich trat also als Hauptabteilungsleiter für Entwurf in die neugebildete Hauptverwaltung für Bauwesen bei der Deutschen Wirtschaftskommission unter Leitung von Ernst Scholz ein. Mich reizte besonders die dort in Aussicht gestellte enge Verbindung zur Praxis. Mein bisheriger Mitarbeiter Hans Duntz setzte meine Tätigkeit am Institut fort.
In meiner neuen Funktion war ich für die gesamte Planung des Bauens, ob in der Industrie, in der Stadt oder auf dem Lande, verantwortlich und unternahm deshalb häufig Fahrten auch außerhalb Berlins.
Einige Beispiele möchte ich nennen, um die Vielfalt der Aufgaben zu zeigen, die im Bauwesen auf uns zukamen und vor denen wir ohne die Begeisterung der frühen Jahre eigentlich hätten resignieren müssen. Eine Fahrt führte mich mit Ernst Scholz nach Wismar, wo es, wie dann auch in Stralsund und Rostock, um den Ausbau und die Erweiterung des Hafens ging. Der Wismarer Hafen hatte im Krieg schwer gelitten, und es war immer noch nötig, ihn von Trümmern zu räumen. An den Gesprächen nahmen neben dem Werftdirektor und Vertretern örtlicher Organe der Stadt und des Landes Mecklenburg auch Arbeiter teil – ein typisches Merkmal der neuen Zeit. Einige ihrer sehr praktischen Vorschläge setzten uns in Erstaunen. Bei alldem ging es nur um den Hafen, noch gar nicht um das im Vergleich zu Rostock wenig zerstörte Wismar. Wir mußten uns ständig auf das Wesentliche, das ganze Dringliche beschränken.
Eine andere Fahrt führte mich zusammen mit Hans Scharoun nach Rothensee bei Magdeburg, wo sich ein schon von den Faschisten genutztes Industriegelände befand, das nun erweitert werden sollte. Man plante dort den Neubau verschiedener Werke, wie sie später auch entstanden.
Es mutet aus heutiger Sicht merkwürdig an, wie oft wir inmitten von Trümmern oder auf freiem Feld standen und uns gegenseitig unsere Vorstellungen erläuterten. Manchmal trafen wir die endgültigen Festlegungen erst, nachdem der Bau schon begonnen worden war. Diese Zeit des Wiederaufbaus war durch ein außerordentliches Maß an operativen Entscheidungen geprägt.
Große Aufmerksamkeit schenkte die Hauptverwaltung der Frage der neugebildeten volkseigenen Betriebe. Um die vielen geplanten Investitionen sichern zu können, wurden zonale staatliche Baubetriebe geschaffen, die in

Verbindung mit den noch zahlreichen privaten Unternehmen das Bauen im Territorium garantieren sollten. Wir widmeten uns der baustofferzeugenden Industrie und setzten erstmalig Abfallstoffe der Kohle- und metallurgischen Industrie als Bindemittel ein. Außerdem unterstützten wir sehr die Einführung neuer Arbeitsformen für Architekten in Form von volkseigenen Entwurfsbüros, wie sie in den Jahren 1949/50 entstanden. Einige wuchsen in kurzer Zeit auf bis zu 600 Mitarbeiter an.

Kurz, ich bekam Einblick in die vielen Mühen des Baualltags – vom Mangel an fast allen Baustoffen bis hin zu ungenügend ausgebildeten Kräften. Es spricht für unseren großen Elan und den Glauben an die neue Zeit, daß wir trotzdem in voller Überzeugung große Worte fanden. In einem Beitrag für die „Tägliche Rundschau" vom 3. Dezember 1949 schrieb ich: „Wir haben ganz neue Bauten zu erstellen, die unserer gesellschaftlichen Struktur entsprechen. Wir müssen einwandfreie Wohnungen für die werktätige Bevölkerung bauen, für Arbeiter und Bauern. Wir müssen entsprechend unserer Reform neue Schulen entwickeln, wir müssen MAS-Stationen, Kulturhäuser, Ambulatorien und Polikliniken errichten. Die Industriebauten sollen mit allen Kultur- und Sozialeinrichtungen versehen sein, und die Gestaltung der Werkhallen und der Fabrikgelände soll vom Menschen, nicht allein von der Maschine ausgehen. Im Städtebau müssen neue Wege gegangen werden. Es bedarf noch einer großen Arbeit, damit unsere Städtebauer und mit ihnen die Räte der Städte verstehen, daß unsere Voraussetzungen heute andere als früher sind, daß nämlich an das Wohl der gesamten Bevölkerung gedacht werden muß."

Es waren damals viele Reformen im Gespräch, die auch allenthalben nötig waren, um die politischen Absichten des neuen Staates, der DDR, verwirklichen zu können. Ein dringendes Erfordernis war die Ausarbeitung einer unseren gesellschaftlichen Verhältnissen entsprechenden Bauordnung und Baugesetzgebung, wie sie dann 1950 in Form des „Aufbaugesetzes" verabschiedet wurde. Weiterhin mußten neue Grund-und-Boden-Gesetze angenommen werden, die es dem Architekten erlaubten, Städte und Ortschaften entsprechend dem Gemeinwohl der Bevölkerung und weitgehend unabhängig von privatem Besitz an Grund und Boden zu planen. Auch diese Fragen regelte das „Aufbaugesetz".

Eine weitere Forderung waren verbindliche Richtlinien für den Städte-, Industrie- und Wohnungsbau, für Kultur- und Sozialbauten. Nicht zuletzt setzten wir uns für eine grundlegende Reform des Lehrplans und des Lehrkörpers an den beiden vorhandenen Ausbildungsstätten für Architekten in Weimar und Dresden sowie für eine neue, nach modernsten Erkenntnissen ausgestattete Hochschulfakultät für unseren dringend benötigten Nachwuchs ein.

Ich habe diese Aufgaben absichtlich genannt, obwohl sie nur indirekt mit dem praktischen Schaffen eines Architekten zu tun haben. Sie verdeutlichen aber, daß eines eben nicht mehr möglich war: ein Entwerfen von Gebäuden oder

Stadtteilen wie eh und je. Wir mußten, wenn wir bestehen wollten, Mitgestalter am Aufbau werden und zugleich bewußte Miterbauer einer neuen Gesellschaft.

Die Gründung der DDR erlebte ich als Augenzeuge fast aller damit im Zusammenhang stehenden Veranstaltungen mit, denn ich war damals schon engstens mit der Parteiführung verbunden. Ich verfolgte auch den historischen Fackelzug am 11. Oktober, bei dem die Jugend ihr Bekenntnis zu dem neuen Staat ablegte. Als ganz persönliches Gefühl jener Tage ist mir die Freude darüber in Erinnerung, daß der von mir hochverehrte Wilhelm Pieck unser erster Präsident wurde.

Nach der Gründung der DDR wurde im Zusammenhang mit der Bildung der damals noch provisorischen Regierung als eines von 14 Fachministerien das Ministerium für Aufbau unter Dr. Lothar Bolz ins Leben gerufen. Ich wurde zum Direktor des Instituts für Städtebau und Hochbau ernannt, das diesem Ministerium zugeordnet war. Zu meinen engsten Mitarbeitern gehörten Otto Englberger, Hanns Hopp, Kurt Junghanns und Heinz Präßler, der einige Jahre, auch noch in der Bauakademie, mein persönlicher Referent war.

Die Hauptverwaltung für Bauwesen bei der Deutschen Wirtschaftskommission wurde, ebenso wie die Wirtschaftskommission, nach Bildung der Regierung aufgelöst.

In einer Umfrage der „Nationalzeitung" von 31. Dezember 1949 erklärte der Minister für Aufbau, Dr. Bolz, die Aufgaben unseres neuen Instituts wie folgt:

„Die Aufgaben dieses Instituts, das außer der selbstverständlich notwendigen Verwaltungsabteilung die weiteren fünf Abteilungen Städtebau und Siedlungswesen, Hochbau, Bautechnik, Ausschreibung und Kalkulation, Kontrolle und Abrechnung umfaßt, sind von ganz außerordentlicher Bedeutung. Es wird Richtlinien für den Städtebau festlegen und dabei den Wiederaufbau unserer zerstörten Städte nicht nur zu einer Aufgabe modernster Technik, sondern vor allem zu einer städtebaulichen Verwirklichung der gesellschaftlichen, wirtschaftlichen und kulturellen Grundzüge echter Demokratie machen.

Aus dem gleichen Geiste wird das Institut Typen für den Wohnungsneubau, für soziale, kulturelle Bauten, ebenso wie für landwirtschaftliche Bauten erarbeiten, die nicht nur nüchtern mit den vorhandenen Mitteln rechnen, sondern auch die Bedürfnisse einer neuen Zeit berücksichtigen und die wirtschaftliche Aufwärtsentwicklung unserer Deutschen Demokratischen Republik in den nächsten Jahren voraussehen müssen. Das Institut wird ferner Vorentwürfe und Entwürfe für die von den anderen Ministerien benötigten und für sie eingeplanten Bauvorhaben schaffen. Dabei werden die Regierungsbauten selbst eine bedeutende Rolle spielen."

Das Institut für Bauwesen bei der Deutschen Akademie der Wissenschaften blieb unter der Leitung von Hans Scharoun weiterbestehen, arbeitete eng

mit uns zusammen und diente vor allem der Forschung, während wir doch recht praxisnah arbeiten mußten.
Im Mittelpunkt der Planung stand vorerst Berlin. 40 Prozent der Wohnungen dieser Stadt waren zerstört. „An ihre Stelle werden modernste Neubauten treten, die dem Berlin der Zukunft ein Gepräge geben werden, das den Lebensnotwendigkeiten der werktätigen Bevölkerung angepaßt sein wird.“[86] So schrieben damals hoffnungsvoll die Zeitungen.
Mit der Vorplanung für einen planmäßigen Wiederaufbau Berlins verbanden sich die Namen der Architekten, Städteplaner und Ingenieure Collein, Friedrich, Lingner, Weinberger und Herzenstein, ebenso Scharoun, der schon 1945 den ersten Nachkriegsgeneralplan für die zerstörte Stadt erarbeitet hatte, und Ebert, der kurze Zeit Baudirektor in Potsdam gewesen war. Die Pläne des Jahres 1949 sahen ein System von Hauptverkehrsstraßen vor, das den Durchgangsverkehr von Ost nach West und von Süd nach Nord gewährleisten und der Flächenstruktur der Stadt entsprechen sollte. Ein Netz von kleineren Straßenzügen und ausschließlichen Fußgängerwegen sollte für die Aufschließung der Stadt- und Wohnviertel sorgen. Die Arbeitsstätten plante man in drei Bändern zusammengefaßt: das eine im Südosten der Stadt, das zweite vom Schlesischen Bahnhof, dem heutigen Ostbahnhof, über Mitte nach Charlottenburg und Wilmersdorf hin, das dritte schließlich von Spandau nach Hennigsdorf. Parallel dazu sollten Wohnviertel entstehen, von den Arbeitsstätten durch Grünstreifen getrennt.
Die künftigen Wohngebiete sollten im Durchschnitt nur 300 Menschen pro Hektar beherbergen (im Vergleich zu den 1200 Menschen in den Vorkriegsarbeitervierteln des Nordens und Ostens). In den Wohngebieten waren Zellen zu je 5000 Einwohnern vorgesehen. Jede Zelle sollte eine Schule, Klubraum mit Bibliothek, Kino, Kindergärten, Kinderkrippen, Läden für den täglichen Bedarf sowie einen Sportplatz erhalten.
Es finden sich also schon 1949 theoretische Ansätze für Wohngebiete, wie sie später auch in großem Maßstab entstanden: mit Versorgungs-, Bildungs- und Sozialeinrichtungen, mit Spielplätzen sowie mit ruhigen, großen Innenhöfen.
Der Beginn des Aufbaus sollte in der Frankfurter Allee und in der Straße Unter den Linden erfolgen. Die „Linden“ sollten das große Kulturzentrum der Stadt bleiben und deshalb unter Berücksichtigung der historischen Gegebenheiten rekonstruiert werden. Man legte dabei Wert darauf, daß alle Baudenkmäler nach Möglichkeit erhalten und aufgebaut und das „Lindenstatut“[87] eingehalten werden sollte.
Diesem schon im September 1949 veröffentlichten „Generalaufbauplan für Deutschlands Hauptstadt“ schlossen sich nach der Gründung der DDR mehrere detaillierte Pläne an. Ich erhielt am 26. November die Aufgabe, vor den Mitgliedern des Ministerrats unter Vorsitz von Otto Grotewohl den ersten Aufbauplan des Berliner Zentrums zu erläutern. Es ging um das Gebiet vom

Brandenburger Tor über die Straße Unter den Linden und den Lustgarten bis zum Alexanderplatz einschließlich der angrenzenden Frankfurter Allee. Ich sagte damals, daß es sich bei den vorgeschlagenen Maßnahmen um eine Rohplanung handle. Vieles sei noch nicht ausgereift. Der Neuaufbau einer so zerstörten Stadt wie Berlin sei nicht in fünf und auch nicht in zehn Jahren zu bewältigen, der Grundstock für eine geschlossene Planung mit ihren Festpunkten aber gelegt. Wir gingen also auch nach der Gründung der beiden deutschen Staaten bei allen in die Zukunkft reichenden Vorstellungen von einem einheitlichen Berlin als Hauptstadt Deutschlands aus.
Während dieser Beratung stand ich vor dem bisher höchsten Gremium meines Lebens. Ich mußte mich an einen Tisch anlehnen, um meine Erregung zu verbergen. Doch meine Ausführungen wurden mit Wohlwollen aufgenommen und nach einer gründlichen Diskussion als Grundlage für die weitere Arbeit beschlossen.
Vieles, was wir damals besprachen, gehört heute zum Bild Berlins: die wieder in alter Schönheit entstandene Straße Unter den Linden mit Zeughaus, Neuer Wache, Hedwigskathedrale, Universität, ehemaligem Prinzen- und Prinzessinnenpalais. Die Sowjetische Botschaft Unter den Linden wurde fertiggestellt, das Brandenburger Tor, das Rote Rathaus und der Marstall wiederaufgebaut. Andere Vorhaben blieben Plan, wie der Neubau einer Oper in der Breiten Straße. Statt dessen beschloß man wenig später, die zerstörte Staatsoper Unter den Linden wieder im Stile Knobelsdorffs zu errichten. Sofort nach Abschluß der III. Weltfestspiele der Jugend und Studenten in Berlin sollte mit den Aufräumungsarbeiten begonnen werden. Auf den Bau dieses Hauses werde ich noch zu sprechen kommen.
Dennoch war nicht zu übersehen, daß es uns an Erfahrung fehlte, um den Wiederaufbau einer ganzen Stadt einschließlich ihrer zentralen Straßen und Plätze nicht nur zweckmäßig, sondern auch im sozialistischen Sinne zu planen. Man beschloß, eine Studienreise in die Sowjetunion zu organisieren, die unsere Kenntnisse erweitern sollte.
Vom 12. April bis zum 27. Mai 1950 reiste ich mit einer Delegation von Baufachleuten unter Leitung unseres Ministers Dr. Lothar Bolz in die UdSSR. Wir waren nur zu sechst. Zu uns gehörten aus dem Ministerium für Aufbau Walter Pisternik, Leiter der Hauptabteilung Allgemeines Bauwesen, Städtebau und Hochbau sowie Waldemar Alder, Technischer Leiter der Hauptabteilung Bauindustrie, außerdem Edmund Collein, Referent beim Hauptamt für Hochbau des Magistrats von Groß-Berlin, und Kurt Leucht, Leiter des Stadtplanungsamtes beim Rat der Stadt Dresden.
Wir waren die erste Fachdelegation der DDR, die zu Studienzwecken in die Sowjetunion reiste. Verständlicherweise ging es ums Bauen, also um ein Gebiet, auf dem das Gastgeberland so viele bittere eigene Erfahrungen gemacht hatte. Und schon wieder stand über der Reise mahnend der Gedanke des Friedens. Man darf bei Berichten aus dieser Zeit nicht vergessen, daß

die Aufrufe zur Ächtung der Atombombe aus gutem Grund zugenommen hatten. Im Juni 1950 unterzeichnete ich zusammen mit anderen deutschen Wissenschaftlern ein solches Dokument. „Aufbauen kann man nur im Frieden" – diesen Satz hat Minister Bolz während der sechswöchigen Reise mehrmals ausgesprochen.
Wir fuhren mit dem Zug und besuchten die Städte Moskau, Leningrad, Kiew und Stalingrad. Es ging sowohl um Fragen des architektonischen Schaffens als auch um die Organisation des Bauwesens und die Anwendung neuer Baustoffe und Baumethoden. Das erste und wichtigste Ziel aber war das Studium der Theorie und Praxis des Städtebaus in der Sowjetunion.
In Moskau waren die ersten Hochhäuser im Bau, für mich ein völlig neuer Anblick. Sie standen am Großen Gartenring und am Ufer der Moskwa, bildeten praktisch einen Kranz um den immer noch geplanten Sowjetpalast. Die neue Variante stellte zwar gegenüber der aus der Vorkriegszeit eine weitaus bescheidenere Lösung dar, wurde aber später auch verworfen. Die Architekten der acht Hochhäuser waren mit dem Stalinpreis ausgezeichnet worden.
Charakteristisch war der stufenartige Aufbau dieser Häuser, die gleichsam aus der Mitte der sie umgebenden Stadtviertel emporwuchsen. Man erläuterte uns, daß sich der pyramidale Aufbau für die Statik des Stahlskeletts als ideal herausgestellt habe, da der Druck von oben nach unten gleichmäßig verteilt würde. Außerdem stünde die Form der Häuser im Einklang mit der Konstruktion, was auch der engen und kameradschaftlichen Zusammenarbeit der Architekten mit den Ingenieuren entspräche. Mit solcher Vorkenntnis bestiegen wir das Stahlskelett des heutigen Außenministeriums der UdSSR am Smolensker Platz und schauten aus einer Höhe von 60 bis 70 Metern durch das Gewirr der Stahlkonstruktion nach unten.
Weiterhin erklärten uns die Moskauer Architekten ihr Bestreben, durch Anwendung von Skulpturen, Reliefs und Wandbildern eine Synthese von Baukunst und bildender Kunst zu finden. Ihre Gesamtaussage war etwa so, daß sie mit vielen architektonischen Details der neuen sowjetischen Großbauten nicht einverstanden seien,daß sie aber wüßten, auf dem richtigen Weg zu sein.
Zu den Hochhäusern sollte auch die damals noch entstehende gewaltige Universität auf den Leninbergen gehören, geplant als Komplex mit einem 26geschossigen Mittelteil und jeweils 20geschossigen Seitenflügeln.
Immer wieder hörten wir, daß es geradezu Unsinn wäre, alles das, was wir in der Sowjetunion gesehen und gehört hätten, mechanisch auf unsere Verhältnisse übertragen zu wollen. Wir hätten beim Wiederaufbau unserer zerstörten Städte eine große und ernsthafte Arbeit zu leisten, die wir aber nur dann realisieren könnten, wenn wir den Glauben an den Inhalt, an die künstlerische Idee unserer eigenen progressiven Bautraditionen und deren Bauwerke wiederfänden. Wir müßten viel diskutieren, mit wirklich kritischen und

sachlichen Stellungnahmen unsere Kollegen zum Nachdenken veranlassen. In Leningrad wurden wir vor allem mit den schönen klassizistischen Anlagen und Bauwerken von Sacharow, Kasakow, Rossi sowie denen des Barockbaumeisters Rastrelli bekannt gemacht. In Kiew sahen wir den Kretschatik – die berühmte Straße – zum Teil schon wieder aufgebaut, zum Teil noch im Bau.
In der Heldenstadt Stalingrad, die durch ihre vielen, sich längs der Wolga anschmiegenden, durch Schluchten und Täler voneinander getrennten Stadtteile ein Band von 40 Kilometer Länge bildet, waren die furchtbaren Zerstörungen noch gut sichtbar. In allen Städten machte man uns auf neue Bauweisen, wie Block- oder Plattenbauweise, aufmerksam. Damit hatte sich vieles durchzusetzen begonnen, was ich während meines Exils noch in seinen zaghaften Anfängen, z. B. in der Moskauer Gorkistraße, erlebt hatte. Das sowjetische Bauwesen, so viel wurde uns klar, hatte einen Stand erreicht, von dem wir hinsichtlich der Industrialisierung lernen konnten.
Die Erkenntnisse, die unsere Delegation im Laufe der Besichtigungen und während der zahlreichen gründlichen Aussprachen im Ministerium für Städtebau der UdSSR sowie in der Akademie der Architektur gewann, faßten wir schriftlich zusammen. Sie bildeten die Grundlage für die wichtigsten Ergebnisse der Reise, die „Grundsätze des Städtebaues", die die Regierung der DDR am 27. Juli 1950 verabschiedete, sowie das „Aufbaugesetz" vom 6. September 1950, in dem auch die Bildung einer Bauakademie beschlossen wurde.
Der Stellvertreter des Ministerpräsidenten und Minister für Aufbau, Dr. Lothar Bolz, erläuterte die 16 „Grundsätze" als Bemühung, „die von deutschen Städtebauern aus den Erfahrungen des sowjetischen Städtebaus gewonnenen Erkenntnisse auf unsere deutschen Verhältnisse anzuwenden".[88] Als Kernsatz empfanden wir damals den heute immer noch aktuellen Grundsatz: „Das Ziel des Städtebaues ist die harmonische Befriedigung des menschlichen Anspruches auf Arbeit, Wohnung, Kultur und Erholung."[89] Diesen hohen Anspruch, dem die kapitalistische Gesellschaftsordnung nicht genügen konnte, wollten wir erfüllen, indem wir die Verfassung der DDR zur Grundlage des Städtebaus erklärten und „damit noch in einem anderen Sinne den Städtebauer zum Staatsmann mach(t)en".[90] Der Städtebauer sollte eine Harmonie zwischen Wissenschaft, Technik und Kunst finden, sollte weder ein reiner Wissenschaftler noch ein reiner Techniker, noch ein reiner Künstler sein und damit den Städtebau wieder aus einer Angelegenheit der Statik und der Technik zu einem Werk wahrer Kunst machen. „Der Städtebau soll wieder eine Kunst werden und der Städtebauer ein Künstler."[91]
So ehrlich wir damals an den Wiederaufbau unseres Landes herangingen, so umstritten blieben die Ergebnisse der beginnenden Entwicklung einer neuen Baukunst. Manchmal war zu hören, daß wir mit den dekorativen Formen, dem sogenannten „Zuckerbäckerstil", unausgereifte architektonische

Konzeptionen vertuschen wollten. Ich möchte diesem Argument heute noch entgegenhalten, daß wir trotz allem einen qualitativ neuen Charakter im Städtebau hervorbrachten, der sich auch darin äußerte, daß Hunderttausende ihn freiwillig unterstützten und die so entstehenden Häuser, Straßen und Plätze mit Freude und Stolz aufnahmen. Daß wir große, einheitlich geplante städtische Ensembles nach einem komplexen Aufbauplan realisierten, war ein zu dieser Zeit tatsächlich revolutionierendes Element im Städtebau.
Das „Gesetz über den Aufbau der Städte in der Deutschen Demokratischen Republik und der Hauptstadt Deutschlands, Berlin", kurz „Aufbaugesetz", genannt, stellt gleich am Anfang fest: „Durch die großen Anstrengungen und Leistungen des gesamten werktätigen Volkes, insbesondere der Aktivisten, der Techniker und Ingenieure, sind in der Deutschen Demokratischen Republik mit der vorfristigen Erfüllung des Zweijahrplanes die schlimmsten Kriegsfolgen aus eigener Kraft überwunden worden, während der Westen Deutschlands unter der Herrschaft der anglo-amerikanischen Imperialisten stark verschuldete."[92] Weiter heißt es: „Die Durchführung der Pläne für den Aufbau und die Neugestaltung unserer Städte kann nicht auf der Grundlage der überholten und rückständigen Prinzipien des Städtebaues erfolgen ... So werden künftig die Planung und der Aufbau unserer Städte nach den Grundsätzen des Städtebaues erfolgen, die von der Provisorischen Regierung der Deutschen Demokratischen Republik am 27. Juli 1950 beschlossen wurden."[93]

Im Paragraph 12 stand schließlich zu lesen: „Zur Entwicklung des Städtebaues und der Architektur werden das Institut für Städtebau und Hochbau beim Ministerium für Aufbau und das Institut für Bauwesen bei der Deutschen Akademie der Wissenschaften zur ‚Deutschen Bauakademie' zusammengefaßt. Die Deutsche Bauakademie wird dem Minister für Aufbau unterstellt."[94]

Ich muß vorwegnehmen, daß die Bauakademie offiziell am 25. Januar 1951 zu arbeiten begann. Am 3. März wurde ich auf Vorschlag des Ministerrats zum Präsidenten der Deutschen Bauakademie ernannt. Während eines feierlichen Aktes am 2. April im Schloß Niederschönhausen überreichte mir Wilhelm Pieck dann die Ernennungsurkunde. Edmund Collein wurde Vizepräsident.
Während aller nun folgenden Aktivitäten traten die ordentlichen Mitglieder, die Institutsdirektoren, die Leiter der Meisterwerkstätten und natürlich auch der Präsident der Deutschen Bauakademie bereits in ihren Funktionen auf.
Die Deutsche Bauakademie sammelte ihre ersten Erfahrungen. Ich möchte aber auf diese Einrichtung erst später gründlicher eingehen, da ihre feierliche Eröffnung erst am 8. Dezember 1951 erfolgte. Zwischen dem „Aufbaugesetz" und der eigentlichen Eröffnung der Akademie lag also noch ein Zeitraum von einem reichlichen, recht ereignisreichen Jahr.
Vorerst beschäftigte uns Bauschaffende und die große bauinteressierte Öffentlichkeit zunehmend die Frage, wie denn nun unsere Städte und Woh-

nungen aussehen sollten, da die „überholten und rückständigen Prinzipien" des bisherigen Städtebaus nicht mehr galten. Dazu ist ein öffentlicher Briefwechsel zwischen dem Schriftsteller Ludwig Renn und mir im „Neuen Deutschland" interessant, der im Februar 1951 begann und einen Monat später fortgesetzt wurde.
Das Zentralorgan der SED hatte zu einer Diskussion über den Weg, der zu einer „neuen großen nationalen Baukunst" führen sollte, aufgerufen und mich um eine Stellungnahme und damit um den Diskussionsbeginn gebeten. In dem Beitrag wurde ich schon als Präsident der Deutschen Bauakademie vorgestellt, obwohl meine Ernennung, wie ich bereits schrieb, erst im März erfolgte.
Mein Beitrag war etwa eine ganze Zeitungsseite lang und erschien unter der Überschrift „Im Kampf um eine neue deutsche Architektur".[95] Ich habe mich darin zu der aus dem Volke gewachsenen nationalen Kultur und Kunst, eben zu den mir aus der Sowjetunion bekannten nationalen Traditionen, bekannt und als letzte Architekturepoche in Deutschland, „deren Bauwerke eine starke künstlerische Idee trugen und die zur gleichen Zeit ihren Zweck erfüllten," den Klassizismus genannt.
Renn, der in Architekturfragen sehr informiert war und – was ich nicht wußte – eine kunsthistorische Vorbildung besaß, gab mir hinsichtlich der Wichtigkeit der nationalen Traditionen recht, lehnte aber den Klassizismus als nationales Erbe Deutschlands ab.[96] Er stimmte meiner hohen Wertschätzung der Sowjetarchitektur im Prinzip zu, setzte sich aber zugleich sehr für bessere Informationen über die Geschichte des sowjetischen Bauwesens sowie über die Diskussionen der sowjetischen Architekten untereinander ein. Auseinander gingen unsere Meinungen hinsichtlich der Bewertung des Bauhauses. Ich hatte dessen Reinigungsfunktion gegen die „leeren und nichtssagenden Attrappen schlechten Geschmacks", wie sie das kapitalistische Bauen ab Mitte des 19. Jahrhunderts hervorgebracht hatte, anerkannt, aber eingeschränkt, daß die „neue Sachlichkeit" ebensowenig wie vorausgegangene Bauepochen etwas mit wirklicher Kunst zu tun hätte. „Diese Architektur war in den meisten Fällen ein schönes technisches Produkt, nichts anderes, als ein modernes Automobil oder Flugzeug." Renn hingegen sah in der Zeit des Bauhauses die einzige Periode, in der „Deutschland einen eigenen Stil schuf".
Das „Neue Deutschland" antwortete mit einer redaktionellen Stellungnahme des Literaturwissenschaftlers Wilhelm Girnus, in der es vor allem um die Klärung solcher von uns beiden viel gebrauchten Begriffe wie Epigonentum, Formalismus und Realismus sowie Kosmopolitismus[97] ging. Soll man das nationale Kulturerbe nachahmen oder kritisch verarbeiten? Gab es Kosmopolitismus bereits zur Zeit der Antike? Formalismus „aus Prinzip"? Hinsichtlich unserer zu subjektiven Meinung gegenüber dem Bauhaus wurden wir beide kritisiert und erneut zu Stellungnahmen aufgefordert.

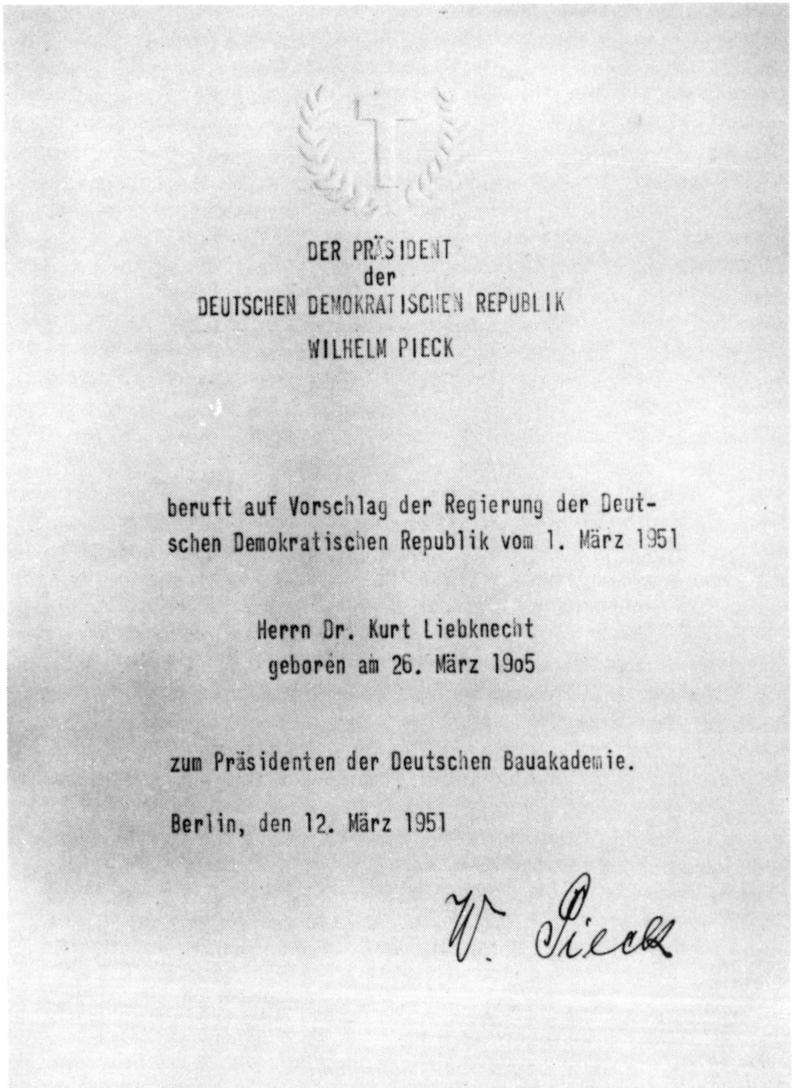

DER PRÄSIDENT
der
DEUTSCHEN DEMOKRATISCHEN REPUBLIK
WILHELM PIECK

beruft auf Vorschlag der Regierung der Deutschen Demokratischen Republik vom 1. März 1951

Herrn Dr. Kurt Liebknecht
geboren am 26. März 19o5

zum Präsidenten der Deutschen Bauakademie.

Berlin, den 12. März 1951

W. Pieck

a) Die Ernennungsurkunde

Die Auseinandersetzung wurde scharf, sehr direkt und mit vielen Frage- oder Ausrufezeichen geführt. Trotzdem fühlte sich niemand angegriffen. Wir waren der festen Überzeugung, daß es um die Sache ging, um die sich Streiten und Suchen lohnte. Wenn ich diese Zeitungsseiten heute durchlese, bedaure ich sehr, wieviel unsere Architektur an öffentlicher Diskussion und Auseinandersetzung eingebüßt hat. Zugleich merke ich aber auch, wie unzureichend unsere theoretischen Kenntnisse doch waren, wie oft die gute Absicht über wirkliches Wissen triumphierte.

Ich war der Meinung, und darin wurde ich auch von der Parteiführung unterstützt, daß das „moderne Bauen" nicht völlig dem Neuaufbau gerecht werden konnte, den die Flächenzerstörungen in solchen Städten wie Berlin, Dresden oder Rostock erforderten. Das Bauhaus, dessen unkonventionellen, kühnen Ideen ich als junger Mensch so angehangen hatte, mußte versagen, wenn es um den Bau ganzer Zentren, Ortsteile oder sogar Städte ging – diese Erfahrung war mir aus den ersten Jahren meines sowjetischen Exils

Berufung zum Präsidenten der Deutschen Bauakademie
b) Überreichung der Urkunde durch Präsident W. Pieck (v. l. n. r.: Dr. L. Bolz, K. Liebknecht, E. Collein, W. Pieck)

noch gut in Erinnerung. Dazu kam, daß wir mit einigem Befremden verfolgten, wie schöne deutsche Städte im westlichen Teil des Landes durch hemmungsloses „modernes Bauen" ihr Gesicht verloren. Das schlechte Beispiel des Marktplatzes in Stuttgart, wo man nach den Kriegszerstörungen die einst so charakteristischen Steildächer willkürlich gegen Loggien mit Flachdach austauschte sowie die Proportionen des alten Platzes durch zu große Baumassen sprengte, wurde auch bei unseren Architekten viel diskutiert.
Es schien mir wichtig, daß die Städte ihr über Jahrzehnte und Jahrhunderte geprägtes, oft unverwechselbares Antlitz behielten – und dafür eigneten sich weder das „moderne Bauen" noch ein Nachahmen der sogenannten Weltarchitektur, der architektonischen Spielart des damals viel zitierten und auch schon kritisierten Kosmopolitismus. Inzwischen stimmen dieser Meinung auch Baufachleute kapitalistischer Länder zu. Auch dort erkennt man jetzt die Wichtigkeit eines eigenen, nationalen Baustils an.
Ich vertrat damals – wie heute auch noch – die Ansicht, daß das vom Bauhaus vertretene „moderne Bauen" keine vom Volke getragene Architekturrichtung war, sondern daß sich seine Anhänger hauptsächlich in der Intelligenz fanden – bekanntlich ein Merkmal vieler moderner Ideen. In den fünfziger Jahren wurde es zu einer regelrechten Modeerscheinung, das Bauhaus nachzuahmen. Allerdings blieb die künstlerische und ästhetische Qualität der meisten in westlichen Ländern errichteten Gebäude weit hinter den Bauten der zwanziger Jahre zurück. Das künstlerische Niveau verflachte, das zeigen Beispiele, wie ich sie leider auch in meiner Heimatstadt Frankfurt (Main) zur Kenntnis nehmen mußte. Die Stadt war in ihren schönsten Teilen zerstört, von 180 000 Wohnungen waren 133 000 vernichtet oder beschädigt. Was nach dem Krieg unter dem Stichwort „Wiederaufbau" getan wurde, bedeutete für Frankfurt in Wirklichkeit eine weitere, nun friedliche Zerstörung. Auf den Hauptstraßen und den Plätzen des Zentrums entstand eine ganze Reihe formalistischer Kästen. Jeder dieser Kästen führt sozusagen ein Dasein für sich – ohne Rücksicht auf die Umgebung oder das Stadtbild.
Beim Wiederaufbau unserer Städte spielte schließlich und nicht zuletzt auch eine Rolle, daß wir uns auf unsere noch sehr geringen Mittel besinnen mußten. Wir konnten zur damaligen Zeit noch gar nicht anders bauen als nach der traditionellen Methode „Ein Stein – ein Kalk". Aber diese Technik hätte für kühne Entwürfe nie ausgereicht, auch das wußte ich aus der Sowjetunion. So mußten wir uns nicht nur ideologisch von der Architektur der zwanziger und dreißiger Jahre, sondern, materiell-technisch begründet, auch von allzu modernen Konstruktionen distanzieren.
Trotzdem fanden die Gedanken des Bauhauses bei vielen anerkannten Architekten selbst um 1950 herum noch Anklang, auch z. B. bei Henselmann, Paulick und Hopp. Daß sie und manch anderer auf der Plattform des „modernen Bauens" an Gropius, Mies van der Rohe und Le Corbusier, an die Vertreter des „Rings" und an die des „organischen Bauens" anknüpfen wollten,

erklärte sich teilweise sogar daraus, daß während des Faschismus alle diese Kunstrichtungen verboten, ihre Anhänger verjagt oder diffamiert waren. So verstand sicher mancher Architekt sein Bekenntnis zum Bauhaus auch als ein Stück Bewältigung der Vergangenheit.
Hermann Henselmann wurde 1949 von der Hochschule für Architektur in Weimar an das Institut für Bauwesen der Deutschen Akademie der Wissenschaften in Berlin berufen. Richard Paulick, 1949 aus dem Exil in Shanghai zurückgekehrt, wo er sehr erfolgreich tätig gewesen war, arbeitete bis zur Gründung der Bauakademie am gleichen Institut. Mit beiden hatte ich erst an der Bauakademie näher zu tun, obwohl ich Paulick vom Studium her kannte. Beide haben sich, wenn auch nach anfänglichen Bedenken, den nationalen Traditionen angeschlossen. Beispiele dafür sind ihre ersten Bauten in der DDR, die Deutsche Sporthalle (1951) von Paulick, die wir als Sieg über den Formalismus feierten, und das Hochhaus an der Weberwiese (1952), bei dessen Entwurf sich Henselmann an das im Krieg leider zerstörte Feilnerhaus, ein Wohnhaus von Schinkel, anlehnte.
Mit Hans Hopp hatte ich schon am Institut für Städtebau und Hochbau zusammengearbeitet. Er hatte fast die gesamte Kriegszeit an der Front verbracht und war 1946 zum Direktor der Hochschule für angewandte Kunst auf Burg Giebichenstein ernannt worden. Nach seinen Projekten entstand als wohl erstes Kulturhaus der DDR das für die Maxhütte Unterwellenborn, ein Bau, der stark an klassizistische Vorbilder erinnerte. In diesem Zusammenhang ist interessant, daß ein Kulturhausentwurf von Mart Stam, das für Böhlen, südlich von Leipzig, geplant war, wegen seiner nicht den Vorstellungen der damaligen Zeit entsprechenden Lösungen abgelehnt wurde.
Wenn ich jene Zeit aus heutiger Sicht beurteile, muß ich noch einmal sagen, daß unsere ungenügenden Erfahrungen im theoretischen Bereich zu manchen Mißverständnissen führten. Wie viele Auslegungen gab es allein zu dem Begriff Formalismus! Als Formalist bezeichnet zu werden war so ziemlich das Schlimmste, was einem als Architekt passieren konnte, und wir veröffentlichten deshalb viele Reden und Beiträge „Wider den Formalismus in der Baukunst". Da wir alle in jenen Jahren, da sich ein junger Staat erst behaupten mußte, auch nicht frei von dogmatischen Tendenzen waren, gab es bei allen auf das Bauen in der Zukunft gerichteten Ansichten nur ein Für oder ein Wider. Die Frage „Wer – wen?" war noch lange nicht entschieden. Das zeigten die vielen Sabotageakte in der Wirtschaft, und die sich daraus ergebende notwendige Wachsamkeit führte zu manchem übertriebenen Mißtrauen gegenüber jeder anderslautenden Ansicht.
Leider haben wir, die wir das Bauhaus ablehnten, dabei auch die vielen guten Seiten der von dieser Schule vertretenen Lehren zeitweilig übersehen. Ab Mitte der siebziger Jahre, das ist bekannt, wurde das Bauhaus auch in der DDR weitaus gerechter und toleranter beurteilt. Man würdigt z. B. dessen Bemühen um eine harmonische Gestaltung der gesamten baulichen Umwelt bis

hin zu Möbeln, Vasen, Lampen. Zumindest in dieser Hinsicht – aber auch das war uns vorübergehend im Eifer entgangen – ähnelte das Bauhaus den Bestrebungen von Karl Friedrich Schinkel, auf den wir uns nun zunehmend beriefen.
Wir begaben uns also auf die Suche nach den Traditionen unserer Städte und wurden in dieser Absicht von unseren sowjetischen Beratern unterstützt. In Berlin stießen wir auf den Klassizismus, der nach wie vor schöne, wenn auch oft zerstörte Bauten im Zentrum prägte. In Dresden waren es Barockarchitekten wie Pöppelmann und Bähr, die das unverwechselbare Zentrum geschaffen hatten. In Rostock zeigten sich die Backsteinbauten als charakteristisch. Unsere Bemühungen waren nicht eng aufzufassen. In das Bestreben, etwas von den Traditionen der alten Städte aufzufangen, bezogen wir auch Details wie Fenster und Türen mit ein. Ich erinnere mich an einen Beitrag, den ich für das „Neue Deutschland" unter der Überschrift „Hohes oder breites Fenster?" schrieb.[98] Darin wies ich nach, daß das Verhältnis der Raum- zur Fensterfläche beachtet werden müsse, wenn man eine optimale Belichtung des Zimmers anstrebt, und ein breites Fenster kam diesen Anforderungen nur bedingt nach. Außerdem forderte ich, „daß für die Fensterform nicht ausschließlich technische und materielle Gesichtspunkte, sondern auch künstlerische architektonische Gesichtspunkte maßgebend sein müssen". Auch aus diesem Grund würden aufwärtsstrebende Architekturformen wie eben ein hohes Fenster für die meisten unserer neuen Bauten charakteristisch sein.

Ergänzt war der Beitrag mit einem Foto, das ein hohes und – natürlich – klassizistisches Fenster aus der Oranienburger Straße in Berlin zeigte.

Bei den Bauten, die in den folgenden Jahren entstanden, sind gewisse historisierende Tendenzen nicht zu übersehen. Trotzdem bin ich aus heutiger Sicht froh, daß wir solche Ensembles besitzen wie die Karl-Marx-Allee (die einstige Stalinallee) in Berlin, den Altmarkt in Dresden oder die Lange Straße in Rostock. Außerdem haben sich die Gemüter über diese Bauten längst beruhigt. Inzwischen werden sie auch von den Touristen als städtebaulich geschlossene Lösungen anerkannt. Belebend wirkten sich von Anfang an die in den Untergeschossen der Wohngebäude eingeordneten Läden und gastronomischen Einrichtungen aus. Natürlich empfanden die Mieter die relativ großzügigen Wohnungen als besonders angenehm.
Erschwerend bei der Wiederbelebung des Klassizismus war für uns damals, daß der Faschismus diesen Stil – wenn auch sehr vergröbert – mißbraucht hatte, um damit seine abscheuliche und brutale Weltanschauung zum Ausdruck zu bringen. Die Naziarchitekten, an der Spitze der schon früher erwähnte Albert Speer, vereinfachten und schematisierten die klassizistischen Formen und Elemente, wobei die architektonischen Feinheiten und die schönen Ausdrucksformen verschwanden. So entstanden die oft roh und brutal aussehenden öffentlichen Gebäude des Faschismus, die mit ihrer an-

gestrebten Monumentalität sowie ihren klein wirkenden Fenstern mehr Schutz- und Trutzbauten glichen.

Dieser Mißbrauch erklärt weitere Vorbehalte, auf die ich bei Kollegen hinsichtlich meiner Wertschätzung des Klassizismus stieß. Ich war nicht immer in der Lage, mit meinen Argumenten zu überzeugen. Vor Meinungsstreit habe ich mich aber nie gedrückt, das zeigen auch die vielen Veröffentlichungen in Zeitungen, und ich setzte mich so energisch für die von mir als richtig erkannte Wiederbelebung unserer besten Vorbilder ein, daß mir bald der Spitzname „Kulinatra“ (Kurt Liebknechts nationale Traditionen) anhaftete. Darüber habe ich mich eigentlich nie geärgert, weil ich zu jener Zeit keine Alternative sah.

Wir konnten also mangels theoretischer Kenntnisse nicht alle Streitfragen so ausdiskutieren, daß wir eine überzeugende Synthese der Meinungen erreichten. Gebaut werden mußte aber.

Im „Aufbaugesetz“ waren die Städte genannt worden, deren Wiederentstehung als vorrangig galt. Es waren die Industriezentren Dresden, Leipzig, Magdeburg, Chemnitz (später Karl-Marx-Stadt), Dessau, Rostock, Wismar, Nordhausen und natürlich Berlin. Interessant ist es, daß schon 1950 der Aufbau Berlins als eine Aufgabe bezeichnet wurde, die die Anteilnahme der Bevölkerung ganz Deutschlands, insbesondere aller Bauschaffenden, erfordere. Unser heutiges „Berlin-Programm“ mit der „FDJ-Initiative Berlin“ läßt diese einstige Absicht zur Wirklichkeit werden, wie es damals kaum vorstellbar war.

1950 war bereits die Rede von Serienwohnungen, und ich setzte mich Anfang des Jahres in einem Beitrag im „Neuen Deutschland“[99] sehr dafür ein, deren Entwürfe besonders sorgfältig durchzuarbeiten, da ja jeder Fehler sich Dutzende von Male wiederholen würde und dadurch großer Schaden entstände. „Wir sind über die ersten Nachkriegsjahre hinaus, in denen man provisorisch Räume herstellte, ohne besondere Anforderungen zu stellen. Wir bauen jetzt für die nächsten Jahrzehnte eines schönen, hellen Lebens, und daraus erwächst unseren Baufachleuten eine hohe Verantwortung.“

Zu den ökonomischen Normativen des Wohnungsbaus gehörten höchstens 52 Quadratmeter Nutzfläche sowie Baukosten von maximal 10 000 Mark pro Wohnung. Da gab es nun Projekte, deren Räume hintereinander angeordnet waren, andere, bei denen der Zugang zu einem Zimmer nur durch die Küche möglich war, wieder andere, die in dem begrenzten Raum noch Platz für eine Wendeltreppe verschwendeten. Allen Projektanten ging es um eine „neue Wohnkultur“, und wir forderten eine öffentliche Diskussion der Entwürfe für das beginnende Jahr 1950, vor allem durch die Werktätigen, für die die Wohnungen ja gedacht waren. So gab es dann Ausstellungen und Vorträge mit anschließender Aussprache in Großbetrieben. Der Bundesvorstand des FDGB nahm zu bestimmten Wohnungen Stellung, ebenso das Ministerium für Volksbildung. Wir diskutierten die Anzahl der Türen, die Größe der Küche, die

Fensterfläche – und alles in großer Offenheit. Oft wurden Grundrisse abgebildet, immer Namen von Architekten und Kritikern genannt.
Es war uns so ernst mit dem Wunsch nach einer sehr breiten Diskussion, daß die Deutsche Bauakademie anläßlich des Treffens junger Architekten aller Länder, das im Rahmen der Weltfestspiele im August 1951 stattfand, eine Broschüre veröffentlichte, in der nicht nur das „Aufbaugesetz" und die 16 „Grundsätze des Städtebaus", sondern auch meine Auseinandersetzung mit Ludwig Renn sowie die Stellungnahme des „Neuen Deutschland" dazu abgedruckt waren. Wir illustrierten das Heft mit Beispielen des „Deutschen" und speziell des „Berliner" Klassizismus (Schloß Wilhelmshöhe bei Kassel, Altes Museum Berlin) sowie der uns ebenfalls als Vorbild dienenden „Italienischen Hochrenaissance" (Basilika in Vicenza). Aus der Gegenwart zeigten wir das abfällig kritisierte Wohnheim der Arbeiter-und-Bauern-Fakultät der Technischen Hochschule in Dresden, das von uns als „Streichholzschachtel" abgelehnte UNO-Gebäude in New York sowie die schon 1949 errichteten sogenannten Laubenganghäuser in der Stalinallee als typisches Beispiel für eine Primitivität, wie sie für die Werktätigen nicht mehr in Frage kommen dürfe. Ein Wohnhaus an einer der Hauptstraßen Moskaus stellten wir als zweckdienlich und zugleich dem Schönheitsempfinden des Volkes Rechnung tragend vor.
Es kamen die Weltfestspiele als ein wunderschöner Höhepunkt im damaligen Alltag, der sechs Jahre nach dem fürchterlichen Krieg doch noch von vielen Sorgen gekennzeichnet war. Wir konnten der Jugend der Welt neue Sportstätten übergeben, darunter die in nur 199 Tagen erbaute Sporthalle auf der Nordseite der Stalinallee, das Walter-Ulbricht-Stadion (heute Stadion der Weltjugend) in der Chausseestraße, das Stadion an der Cantianstraße, das später nach Friedrich Ludwig Jahn benannt wurde, und das Schwimmstadion Friedrichshain, das zwei Jahre später den Namen von Carl Friedrich Friesen erhielt.

Die jungen Leute, die die meist noch mit Trümmern gesäumten Straßen Berlins bevölkerten, fanden auch schon unseren heutigen Marx-Engels-Platz vor. Er hatte am 17. Januar 1951 diesen verpflichtenden Namen erhalten. Zugleich mit der Umbenennung des Platzes hatte das ZK der SED einen Beschluß veröffentlicht, der die Errichtung eines Marx-Engels-Denkmals auf dem gleichnamigen Platz vorsah. Es sollte dort entstehen, wo sich heute der Palast der Republik befindet, und mit einer flachansteigenden Tribüne für die Ehrengäste von Demonstrationen verbunden werden. Dahinter, auf der anderen Seite des Spreearms, war ein dominierendes Gebäude für zentrale Funktionen des Staates konzipiert.
Es wurde dann auch eine Kommission unter Vorsitz von Wilhelm Pieck berufen, die erste Vorbereitungsarbeiten für das Denkmal in die Wege leitete. Als Sekretär dieser Kommission hatte ich die Skizzen und anderen Materialien für die nun stattfindenden Beratungen vorzulegen und die Protokolle anzu-

fertigen. Ich erinnere mich an eine solche Zusammenkunft im Wohnhaus von Wilhelm Pieck, an der auch die Kommissionsmitglieder Friedrich Ebert, Oberbürgermeister von Berlin, Herbert Warnke, Vorsitzender des FDGB-Bundesvorstandes, sowie der namhafte Moskauer Bildhauer Maniser teilnahmen.

Es stellte sich aber dann doch heraus, daß unsere bildenden Künstler und unsere Architekten einer solchen Aufgabe noch nicht gewachsen waren. Die Arbeit der Bauakademie befaßte sich in den folgenden Jahren noch öfter mit Fragen des baugebundenen bildkünstlerischen Schaffens, insbesondere im Zentrum der Hauptstadt, da wir damals schon eine Gemeinschaftsarbeit der Architekten mit den bildenden Künstlern für notwendig hielten. Zum Beispiel entstand unter Mitwirkung von Kurt Junghanns und Gerhard Strauß ein Plan für die bildkünstlerische Gestaltung der Stalinallee, die ja hervorragende Traditionen im Kampf des Berliner Proletariats besaß. Auch dieses Vorhaben scheiterte. Ich bin überzeugt, daß nicht nur manche materiellen Voraussetzungen, sondern auch die echte Bereitschaft für eine solche Zusammenarbeit noch fehlten.

Von dem damaligen Projekt des Marx-Engels-Platzes ist lediglich die Tribüne, jedoch nur als Provisorium, verwirklicht worden. Sie wurde erstmals für Massendemonstrationen am Ersten Mai 1951 genutzt und erfüllte dann noch viele Jahre diese Funktion.

Die Stalinallee zeigte sich während der Weltfestspiele noch als eine Trümmerlandschaft, aus der nur die Deutsche Sporthalle, die als „Tränen des Sozialismus“ kritisierten fünfgeschossigen Laubenganghäuser und das noch im Bau befindliche spätere Hochhaus an der Weberwiese herausragten. Der „Wettbewerb zur Erlangung von Bebauungsvorschlägen und Entwürfen für die städtebauliche und architektonische Gestaltung der Stalinallee in Berlin“ war aber bereits ausgeschrieben und auch schon fast entschieden. Im September 1951 gab Friedrich Ebert die Entscheidung des Preisgerichts bekannt. Die Preisträger waren Egon Hartmann, ein Städteplaner aus Weimar, Richard Paulick, der nicht nur die Deutsche Sporthalle, sondern auch die zu dieser Zeit noch entstehende Pionierrepublik „Wilhelm Pieck“ am Werbellinsee entworfen hatte, Hermann Henselmann, Hanns Hopp, Karl Souradny, der das spätere Friesenstadion entwarf, und Kurt Leucht. Unter der Leitung dieser Preisträger projektierten später mehrere Kollektive die einzelnen Gebäudekomplexe des 1,7 Kilometer langen Straßenabschnitts ostwärts des Strausberger Platzes. Zum ersten Mal wurde ein so langes Wohnensemble mit einem fast 90 Meter breiten Straßenraum, mit einer durchgehenden Zone von Geschäften, Restaurants und anderen gesellschaftlichen Einrichtungen komplex gestaltet.
Ich werde später noch einmal auf den denkwürdigen Aufbau dieser ersten sozialistischen Straße zurückkommen.

Inspektionsgang auf der Berliner Museumsinsel im Frühsommer 1951
(erste Reihe von links nach rechts:
H. Holzhauer, P. Wandel, L. Bolz, K. Liebknecht, H. Gericke)

Nachdem mir am 1. Dezember 1951 der Staatssekretär für Hochschulwesen, Georg Harig, die Ernennungsurkunde als Professor für das Fach Theorie und Geschichte der Architektur überreicht hatte, fand dann am 8. Dezember in der damaligen Staatsoper, dem heutigen Metropoltheater in der Friedrichstraße, die Festsitzung zur Gründung der Deutschen Bauakademie statt. Auf der Bühne war als Kulisse der Platz der Akademie mit dem Schinkelschen Schauspielhaus und den beiden Kirchenbauten dargestellt, was wir wohl alle als Mahnung und Verpflichtung für eine humanistische Architektur empfanden. Damals wurde im Zusammenhang mit dem bevorstehenden Wiederaufbau der Deutschen Staatsoper Unter den Linden auch häufig vom Wiederaufbau des Schauspielhauses gesprochen. Dieses Vorhaben zog sich, wie wir wissen, länger als geplant hin. Doch am 1. Oktober 1984 öffnete dieses mit großem Können wiederhergestellte Gebäude als neues Konzerthaus zur Freude der Bürger der Hauptstadt und ihrer Gäste seine Pforten.

FESTAKT

anläßlich der

ERÖFFNUNG DER DEUTSCHEN BAUAKADEMIE

Suite Nr. 3 in D-Dur — von Johann Sebastian Bach

BEGRÜSSUNG

durch den Stellvertretenden Ministerpräsidenten und Minister für Aufbau
der Deutschen Demokratischen Republik
Herrn Dr. Lothar Bolz

REDE

des Stellvertretenden Ministerpräsidenten der Deutschen Demokratischen Republik
Herrn Walter Ulbricht

BERUFUNG

der ordentlichen Mitglieder der Deutschen Bauakademie
durch den Präsidenten der Deutschen Demokratischen Republik
Herrn Wilhelm Pieck

PAUSE

Ouvertüre zur Oper „Titus" — von Wolfgang Amadeus Mozart

BEGRÜSSUNGSANSPRACHEN

Ansprache des Herrn Dr.-Ing. Kurt Liebknecht

SCHLUSSWORT

des Stellvertretenden Ministerpräsidenten und Ministers für Aufbau
der Deutschen Demokratischen Republik
Herrn Dr. Lothar Bolz

Letzter Satz der 5. Sinfonie — von Ludwig van Beethoven

Es spielt die Staatskapelle
unter der Leitung des Dirigenten Hans Löwlein

Festakt anläßlich der Eröffnung der Deutschen Bauakademie (Einladung)

Feierliche Eröffnung der Deutschen Bauakademie im Dezember 1951 (Blick auf die Bühne, davor das Präsidium)

Das Foto, welches das Präsidium der genannten Festsitzung an weiß eingehüllten Tischen mit der im Hintergrund angebrachten Abbildung des Schauspielhauses zeigt, ging wohl durch alle Zeitungen. Der Minister für Aufbau, Dr. Lothar Bolz, eröffnete die Veranstaltung, der Stellvertreter des Ministerpräsidenten Walter Ulbricht hielt die Festrede. Er verwies auf die anspruchsvolle Aufgabe, „die Architektur als Kunst wieder zu Ehren zu bringen und eine deutsche Architektur als deutsche Baukunst zu entwickeln".[100] In diesem Zusammenhang sagte er weiter wörtlich: „Nachdem der Formalismus des sogenannten Bauhausstils und der Funktionalismus, der besonders von den Amerikanern in Westdeutschland eingeführt wurde, die Architektur völlig in die Sackgasse geführt haben, gilt es, unter Verwertung des klassischen Erbes der deutschen Architektur und der fortschrittlichen Architektur aller Völker, vor allem der Sowjetarchitektur, die Architektur des neuen Deutschland zu gestalten."[101]

Dann ergriff Präsident Wilhelm Pieck das Wort. Er nahm die Berufung der ersten 15 ordentlichen Mitglieder der Akademie vor und nannte einige der großen Aufgaben, die die Akademie auf der Grundlage des Fünfjahrplans zu lösen habe. Wilhelm Pieck wies auf die gewaltigen Neubauten der

Industrie hin, auf den Wiederaufbau der Städte in neuer Schönheit und Zweckmäßigkeit für die Werktätigen und riet uns besonders, auf eine notwendige enge Verbindung mit der Baupraxis, vor allem mit den Aktivisten und Bauarbeitern, zu achten. Mit großem Nachdruck orientierte er die Arbeit der Akademie darauf, zur Senkung der Selbstkosten im Bauwesen, zur Entwicklung neuer Baumethoden und zur Anwendung neuer Baustoffe bedeutend beizutragen. Nicht zuletzt gab er der Akademie den Rat, die großen Erkenntnisse und Erfahrungen der Sowjetunion und der Länder der Volksdemokratie auf dem Gebiete des Bauwesens zu studieren und für ihre Arbeit nutzbar zu machen. Wilhelm Pieck sagte: „Die Aufgaben der Deutschen Bauakademie sind groß und ehrenvoll. Ihre Lösung wird sich verkörpern in unseren Friedensbauten, die noch vielen Generationen Zeugnis ablegen werden von unserem entschlossenen Willen, Deutschland in friedlicher Arbeit schöner denn je zu erbauen. Mit solchen Leistungen wird die Deutsche Bauakademie auch nach dem Westen unseres Vaterlandes wirken und ihren Beitrag leisten zur Herstellung der Einheit eines demokratischen, friedliebenden und unabhängigen Deutschlands."[102]

Große Beachtung fanden Begrüßungsworte des Präsidenten der Deutschen Akademie der Künste, des bedeutenden Schriftstellers Arnold Zweig, aus denen ich einige Abschnitte wiedergeben möchte.

„Wenn man inmitten einer Trümmerstadt eine Akademie der Baukunst errichtet, so hat man gewissermaßen das Siegel der Vergänglichkeit empfangen, auch für die bleibendsten Werke der Kunst, die es gibt. Denn sie wissen ja alle, daß Ihre Werke es sind, die das Andenken einer Epoche in die Nachwelt hinüberretten. Ihre Bauwerke sind es, die übrigbleiben, oft unberührt, oft sehr zerstört – ob nun durch Erdbeben oder Wasserfluten oder durch die Ausbrüche des irrsinnigsten aller politischen Mittel, nämlich des Krieges ...

Sie können sich nicht denken, mit welcher Empfindung der inneren Verwandtschaft und Trauer wir, die Schriftsteller, die wir auch das Siegel der Vergänglichkeit in unserer Kunst mitbekommen, Zeugen waren von den Bemühungen der Baumeister der verschiedensten Epochen. Sie stellen sich im härtesten, im unvergänglichsten Material dar, das den Menschen früher zur Verfügung stand, im Stein und Marmor, und waren doch nie gesichert vor den Ausbrüchen des Größenwahns, der Verhetzung und der gegenseitigen Gier, die uns in den Ruinenstätten immer und überall entgegenstarrte ...

Sie sind es, meine Herren, die den Epochen Ausdruck verleihen, und zwar, ob sie es wollen oder nicht und welche Rolle auch immer in Ihrem Bewußtsein die Absicht spielen mag, nur der Gegenwart zu genügen. Indem Sie der Gegenwart genügen, drücken Sie durch den Stil, den Ihre Bauwerke haben und empfangen, den Willen und das innerste, unbewußte Daseinsgefühl der

Epoche aus, der Sie angehören. Da Sie erfüllt sind vom Geiste einer wahren sozialen Demokratie, wird Ihre Architektur vermitteln, was aufrichtig an der Gestaltung unserer Epoche im heutigen Wiederaufbau Berlins wirksam ist. Der Geist der Deutschen Demokratischen Republik waltet in uns allen; aber Sie sind es, die ihm Ausdruck geben, so, wie die Baumeister des Barock beim Bau des heute schändlich zerstört liegenden Dresdens den gesellschaftlichen Kräften ihrer Zeit Ausdruck gaben.

Wir sind nicht so kühn, zu glauben, daß wir schon jetzt, am Anfang unserer neuen Tätigkeiten, Meisterwerke errichten können. Doch ich bin völlig davon überzeugt, daß Sie ausgezeichnete Werke hervorbringen werden, so wie Ihre Kollegen schon, bevor wir in den neuen Aufbaugeist Berlins einmündeten, im Walter-Ulbricht-Stadion eine bezwingende, von Begeisterung und Jugend getragene Leistung gegen die Ruinen und Trümmer unserer Stadt stellten. Wenn Sie jetzt in unserer Republik die Aufgaben zu lösen haben, die Ihrer harren und die in nichts Geringerem bestehen als im Wiederaufbau einer vom totalen Krieg und vom Rückschlag des totalen Krieges zerstörten, großen, emsigen, norddeutschen Arbeitsstadt, so ist gar kein Zweifel, daß Ihnen der Genius der Gegenwart die Hand führen wird; die Verbindung mit Ihren Mitarbeitern, den Maurern, den Erd- und Transportarbeitern, Maschineningenieuren und Technikern, gibt Ihnen den Gesamtgeist, der Sie befähigt, eine Stadt hinzustellen ...

Aber wir sind heute Nachbarn der Sowjetunion, und wir erleben täglich, wie sehr der Geist des neuen, sozialistischen und demokratischen Zusammenlebens sich ausdrückt in der Organisierung eines von schöpferischem Enthusiasmus getragenen Gemeinwesens, einer ungeheuren Zahl von Gemeinwesen. Aus den Traditionen der großen kulturellen Leistungen ihrer verschiedenen Völkerschaften empfangen Sie den Anstoß und die Formungskraft zur Schöpfung eines neuen Stils. Wie dieser Stil nun sein wird, das wissen wir nicht; was nach uns kommende Geschlechter von diesem Stil ablesen werden, das können wir nicht ahnen, das entzieht sich dem Bewußtsein und der Erforschung jeder Gegenwart ...“[102a]

An diesem Tag trug ich zum ersten Mal die Kette des Präsidenten. Sie zeigte auf ihrem Anhänger das Brandenburger Tor, auf vier weiteren Medaillons jeweils den Zwinger in Dresden, das Rathaus in Stralsund und das in Augsburg sowie den Dom zu Speyer. Ich war der einzige Präsident, der diese Kette regelmäßig zehn Jahre lang bei Höhepunkten der Bauakademie trug, kaum einer meiner Nachfolger hat sie jemals angelegt. Auch ich hatte anfänglich Bedenken gegen solche, mir aus der Sowjetunion nicht bekannten, Gepflogenheiten. Walter Ulbricht jedoch, der sich persönlich sehr für die Arbeit der Bauakademie interessierte, überzeugte mich, daß damit in Deutschland übliche Traditionen eingehalten werden sollten. Er setzte sich auch für

das heute noch gebräuchliche Traditionssiegel und andere Insignien ein, z. B. die Ringe für die ordentlichen Mitglieder der Bauakademie. Beide zeigen, ebenso wie der Kopfbogen des heute noch von der Akademie verwendeten Briefpapiers, ein von mir vorgeschlagenes Motiv: das Brandenburger Tor, den schönen klassizistischen Bau von Langhans.
Während dieses ganzen feierlichen Tages ahnte ich nur, welche Verantwortung, welche Pflichten und Aufgaben auf mich zukamen. Wie schon vor einem guten halben Jahr, als mir Wilhelm Pieck die Ernennungsurkunde übergeben hatte, konnte ich das Gefühl nicht bannen, daß ich nicht die notwendigen Erfahrungen besaß, ein so großes Kollektiv zu leiten und den vielen Anforderungen des praktischen Baugeschehens durch entsprechende theoretische Kenntnisse immer gerecht zu werden.
Die Spannung löste sich nur kurzzeitig. Als nämlich nach Abschluß des feierlichen Aktes, während der Schlußapplaus für den letzten Satz der 5. Sinfonie von Beethoven schon verebbte und die Gäste bereits im Aufstehen begriffen waren, der Blick auf die Bühne aber immer noch frei blieb, weil die Technik versagte oder die Bühnenarbeiter unaufmerksam waren, rief Wilhelm Pieck mit der ihm eigenen Natürlichkeit und Menschlichkeit laut durch den ganzen Zuschauerraum: „So schließt doch endlich den Vorhang!“

Die Jahre als Präsident

Die Bauakademie stand bei ihrer Gründung vor einer doppelten Aufgabenstellung, die einen gewissen Widerspruch in sich barg. Er bestand darin, daß die Praxis eine sofortige Hilfe von der Akademie forderte, andererseits aber wissenschaftliche Grundlagen erarbeitet werden mußten, die erst den Vorlauf in der Bauplanung ermöglichen würden. Beides war wichtig.

Die Bauakademie hatte anfangs 590 Mitarbeiter. Um eine möglichst enge Verbindung von Theorie und Praxis zu schaffen, bildeten wir als wichtigste Institutionen drei Meisterwerkstätten, die von Hermann Henselmann, Hanns Hopp und Richard Paulick geleitet wurden; weiterhin fünf Institute. Es waren dies das Institut für Theorie und Geschichte der Baukunst (Hermann Henselmann), das Institut für Hoch- und Industriebau (Hanns Hopp), das Institut für Städtebau und Landesplanung (Kurt Leucht), das Institut für Technik und Wirtschaft im Bauwesen (Walter Pisternik) und das Institut für Innengestaltung (Friedrich Skujin).

Es ist manche Ähnlichkeit mit dem Aufbau der sowjetischen Architekturakademie zu erkennen, wie ich sie Mitte der vierziger Jahre kennengelernt hatte. Einen Unterschied bildeten die Meisterwerkstätten. Es sollte sich auch schon bald zeigen, daß diese Struktur nicht günstig war, so daß wir ein Jahr später den Aufbau der Akademie verändern mußten. Ich werde darauf zurückkommen.

Schon einen Tag nach der Festveranstaltung zur Gründung der Bauakademie fand im damaligen Gebäude der Volkskammer in der Luisenstraße, der heutigen Hermann-Matern-Straße, der erste – noch gesamtdeutsche – Architektenkongreß statt. Ich hielt das Referat zu den neuen Aufgaben der deutschen Architektur und sagte unter anderem: „Die Frage der deutschen Architektur spielt bei der Bewußtseinsbildung unseres Volkes eine große Rolle, denn die Architektur ist die Kunst mit dem größten gesellschaftlichen Aufwand, ist die Kunst, unsere Städte und Dörfer so zu gestalten, daß deren Straßen und Plätze, deren Architekturensembles und deren Gebäude den Optimismus unserer Gesellschaftsordnung widerspiegeln."

Den Zusammenhang zwischen Architektur und Bewußtseinsbildung sollten wir in den folgenden Jahren noch oft zu spüren bekommen. Manche Klassenauseinandersetzung äußerte sich auf den Gebieten der Bildhauerei und der Architektur, und die Hetze gegen die Bauten der Stalinallee war in Wirklichkeit Teil der ideologischen Kampagne der Gegner des Sozialismus.

Es war nötig, daß sich die Architekten enger zusammenschlossen. Ich unterbreitete deshalb auf dem Kongreß den Vorschlag, alle Berufskollegen im „Deutschen Architektenverband" zu vereinen und als Organ dieses Verbandes die Zeitschrift „Deutsche Architektur" herauszugeben. Beide Anregungen wurden 1952 realisiert. Unter der Leitung von Kurt Magritz erschien Mitte dieses Jahres die erste Ausgabe des Verbandsorgans unter dem vorgeschlagenen Titel, die heutige „Architektur der DDR". Kurz danach erfolgte im November die Gründung des „Bundes Deutscher Architekten" (BDA), des heutigen „Bundes der Architekten der DDR". Erster Vorsitzender und späterer Präsident war Hanns Hopp. Ich gehörte zu den Gründungsmitgliedern und war viele Jahre Mitglied des Bundesvorstandes des BDA.
Wir hatten mit dieser neuen Vereinigung ein weiteres wichtiges Organ geschaffen, das unsere Interessen vertreten sollte. Aktuelle Fachgespräche, Pflege eines engen Kontaktes zur Bevölkerung, die sogenannte „künstlerische Erziehung der Werktätigen" sowie Nachwuchsgewinnung und -entwicklung waren wesentliche Tätigkeitsmerkmale.
Als Schwerpunkt seiner Arbeit bezeichnete der Bund Deutscher Architekten seine Hilfe bei der Rekonstruktion unserer Industrie, beim Aufbau der kriegszerstörten Städte, beim Aufbau der ersten sozialistischen Stadt beim Eisenhüttenkombinat Ost und bei der Entwicklung von Bauten für die im Entstehen begriffenen Produktionsgenossenschaften auf dem Lande. Das waren jene aktuellen Vorhaben, die auch auf uns zukamen.
Unsere Aufgaben ergaben sich aus den Richtlinien zum ersten Fünfjahrplan der DDR, die vom III. Parteitag der SED im Juni 1950 beschlossen worden waren. Ich hatte an diesem Parteitag als Gastdelegierter teilgenommen und erinnere mich noch gut an die uns enorm erscheinenden Beschlüsse. Der Wiederaufbau von 53 Städten war vorgesehen, die Errichtung von über zehn Millionen Quadratmetern Wohnfläche. Mittel in Höhe von 4,16 Milliarden Mark standen dafür bereit. Beim Eisenhüttenkombinat Ost sollte die neue Stadt mit dem Namen Stalinstadt entstehen, das spätere Eisenhüttenstadt. Industriewerke und Werften sollten erweitert oder neu gebaut werden, Schulen, Sportstätten, Gesundheitseinrichtungen und Kulturhäuser, letztere z. B. für das Berliner Kabelwerk Oberspree, für die schon erwähnte Maxhütte Unterwellenborn und für das neue Hüttenwerk Ost. Als besonders interessante und schöne Aufgabe war der Wiederaufbau der Zentren unter anderem von Berlin, Dresden, Leipzig, Magdeburg und Chemnitz vorgesehen.
Doch zurück zum Dezember 1951. Der feierlichen Gründung der Deutschen Bauakademie und dem Architektenkongreß folgten weitere in die Zukunft weisende Ereignisse. So konstituierte sich wenige Tage vor Weihnachten in Berlin das „Nationale Komitee für den Neuaufbau der deutschen Hauptstadt" unter Vorsitz des Ministers für Aufbau, Dr. Lothar Bolz. Zum stellvertretenden Vorsitzenden war Hermann Zeß berufen worden, ein bekannter Hamburger

Architekt. Auch ich gehörte dem Komitee an, dazu kamen weitere 49 Repräsentanten des öffentlichen Lebens: Politiker, Journalisten, Architekten, Sportler, Vertreter von Organisationen wie der FDJ und der IG Bau–Holz. Wir verstanden den Aufbau Berlins als Symbol des Lebenswillens unserer Nation, denn es gab schon wieder genügend Anzeichen für Kriegsgefahr und Waffengewalt in der noch so zerstörten Welt.

Das Jahr 1952 begann am 2. Januar mit einer großen Enttrümmerungsaktion Tausender Berliner. Wir arbeiteten bei leise niederrieselndem Regen, zusammen mit Wilhelm Pieck, Otto Grotewohl und Walter Ulbricht, mit Lothar Bolz, Friedrich Ebert, Heinrich Rau und natürlich mit vielen Architekten. Ich erinnere mich des zutiefst bewegenden Augenblicks, als Wilhelm Pieck zum Abschluß des Tages das hell angestrahlte, fast rohbaufertige Hochhaus an der Weberwiese bestieg, über Berlin schaute und sagte: „Und jetzt sollte man noch einmal jung sein." Es war am Vorabend seines 76. Geburtstages.
An diesem trüben, naßkalten Abend hatte wohl jeder der Teilnehmer das Gefühl, daß der Aufbau der Stadt, ja des ganzen Landes, trotz aller Schwierigkeiten zu schaffen sei. Mit dem Einsatz am 2. Januar begann das Nationale Aufbauwerk Berlin.
Einen Monat später, nach einer gewaltigen, fleißigen Arbeit vieler Tausender, legte Otto Grotewohl am 3. Februar den Grundstein für den Bau der Stalinallee. An diesem Tag konnten wir auch schon die Ergebnisse des Monats Januar melden. Sie stehen auf einem Dokument, das der Ministerpräsident in einer verlöteten Kassette in den Sockel des Blocks E-Süd einmauerte: 159179 Aufbaustunden wurden geleistet, 5243575 ganze und 3058 Kubikmeter halbe Ziegel sowie 55753 Kilogramm Nutzstahl für den Aufbau aus den Trümmern geborgen.
Weiter hieß es in dem Schriftstück: „Ein ganzes Volk baut als eigener Bauherr seine Hauptstadt, neue Menschen, durchdrungen von grenzenloser Liebe zur Heimat, bereit zu bisher nie gekannten Kulturtaten, lernend von den Erbauern Stalingrads, Warschaus und Moskaus ..." Dr. Lothar Bolz und Hermann Zeß, die beiden Vorsitzenden des Aufbaukomitees, hatten unterschrieben.
Ich berichtete schon, daß über die Entwürfe für die Stalinallee im September 1951 entschieden worden war. Nun wurden die Projekte der Preisträger in den Zeitungen vorgestellt und sowohl unter der Bevölkerung als auch in Architektenkreisen diskutiert. Im „Neuen Deutschland"[103] äußerten sich auch zwei sowjetische Architekten, der Chefarchitekt Moskaus, Wlassow, und der Mitschöpfer der Moskauer Universität, Professor Tschernyschew.
Professor Tschernyschew forderte, daß diese Straße die Idee der Menschlichkeit ausdrücken müsse. „Die Architektur muß Lebensfreude und hohe Gefühle erwecken. In ihr muß die Sorge für den Menschen zum Ausdruck kommen. Diese Architektur muß der Freund der Menschen sein."

Mit Schaufel und Schubkarre – Präsident der Deutschen Bauakademie, Prof. Dr. Liebknecht (Mitte), Prof. Henselmann (rechts) und Dr. Strauß

Ministerpräsident Otto Grotewohl legt den Grundstein für die Bauten an der Stalinallee.

Er kritisierte, daß in dem Entwurf die Kulturgebäude (Kino und Restaurant) noch nicht entworfen, sondern nur als leere Vierecke zu erkennen seien. Sie müßten unbedingt mit der Gesamtkomposition der Straße übereinstimmen und möglichst etwas zurückgesetzt entstehen. Auch sollten beide Straßenseiten in einer organischen Beziehung zueinander stehen. Der Abschluß des Strausberger Platzes nach dem Alexanderplatz zu sollte wie ein abschließendes Monument wirken, „wie ein gewichtiger Akkord in einem musikalischen Satz".
Auch Chefarchitekt Wlassow meinte, daß die Allee, je mehr sie sich dem Zentrum nähere, um so monumentaler werden müsse, „um so mehr Kraft muß sich in ihr konzentrieren". Er betonte die Bedeutung des Erdgeschosses und schloß sich Professor Tschernyschew an, der eine große Front von Schaufenstern anregte, „deren Beleuchtung am Abend die Schönheit des Gesamtbildes auch zu dieser Tageszeit sichert".
Beide gingen auf Details ein: Der Strausberger Platz solle durch eine Fontänenanlage oder Skulpturengruppe nach allen vier Straßenzugängen hin ein schönes Bild gewähren. Um ökonomisch zu bauen, sollten Häuser mit Lift mindestens acht Geschosse haben. Um die sehr unschöne Architektur der beiden Laubenganghäuser unsichtbar zu machen, könne man in der Linie der Straßenfront Reihen von 30- bis 40jährigen Bäumen pflanzen. Zum Schluß kam dieser Hinweis von Chefarchitekt Wlassow: „Das gute Gelingen des Gesamtwerkes hängt in entscheidendem Maße von der Pflege der Bauarbeiter-Kader ab. Sie müssen gut wohnen, und ihre kulturelle Förderung an Ort und Stelle muß gewährleistet sein."
Wenn man die heutige Karl-Marx-Allee entlanggeht, wird man mit Erstaunen feststellen, wie viele dieser Anregungen verwirklicht wurden: der Ringbrunnen mit der 18 Meter hohen Mittelfontäne auf dem Strausberger Platz aus der Werkstatt des Meisters Fritz Kühn nach Entwürfen von Heinz Graffunder, das von der Straße zurückgesetzte Kino „Kosmos" von Josef Kaiser, die durchgehende Schaufensterfront. Die von unseren sowjetischen Kollegen geforderte organische Beziehung beider Straßenseiten zueinander hatte uns bewogen, die erst nur einseitig geplanten Geschäfte nunmehr auf beiden Straßenseiten anzuordnen. Selbst die Pappeln vor den Laubenganghäusern sind gepflanzt und inzwischen groß geworden. Die Laubenganghäuser selbst stellen längst ein Architekturdenkmal dar, wenn sie sich auch nach wie vor recht auffällig von der sonst so einheitlich gestalteten Straße abheben.
Als mit dem Bau des Blocks E-Süd begonnen wurde, lagen gerade die endgültig bestätigten Vorprojekte vor, also Zeichnungen, die schnellstens zu baureifen Entwurfszeichnungen entwickelt werden mußten. Das Sonderbaubüro für die Stalinallee befand sich im Berolina-Haus auf dem Alexanderplatz. Dort stand auch der große Zeichentisch mit den immer wieder überarbeiteten Plänen. Wir versammelten uns meist am Donnerstag in diesem Raum, berieten mit den Chefarchitekten der sechs Bauabschnitte, mit Hen-

selmann, Hopp, Paulick, Leucht, Hartmann und Souradny. Richard Paulick war die Koordinierung der gesamten Entwurfsarbeiten übertragen worden.
Jeder der Architekten war mit seinem Kollektiv für einen ganz bestimmten Bauabschnitt verantwortlich, die der Reihe nach entsprechend dem Alphabet bezeichnet waren. Es begann am Strausberger Platz mit Henselmanns Abschnitt A und endete vor der Kreuzung Bersarin-/Warschauer Straße mit Souradnys Abschnitt F. Dazwischen befand sich, außer Konkurrenz, die Sporthalle mit den Schlüterplastiken davor und dem Stalindenkmal auf der gegenüberliegenden Straßenseite. Bei diesem Vorhaben und seiner schnellen Verwirklichung hatte sich Willi Mayer, damals Staatssekretär im Ministerium für Aufbau, Verdienste erworben.
Jeder der Architekten gestaltete schließlich seinen Abschnitt in Form zweier gegenüberliegender, jeweils durchgehender Gebäudekomplexe, zur Unterscheidung nach der Himmelsrichtung Nord oder Süd, genannt. So ergaben sich Häuser, mehr als 200 Meter lang, mit vielfach gegliederten Fassaden und Gebäudeteilen in unterschiedlicher Höhe, so daß der Eindruck, nur ein Haus vor sich zu haben, etwas gemildert wurde. Die Blocks wiesen, wie beispielsweise E-Süd, mehr als 1000 Räume auf, erforderten unter anderem 9000 Qudratmeter Glas und zwölf Kilometer Gas- oder Wasserleitungen. Das waren für die damalige Zeit ungewohnte Größenordnungen, zumal diese Mengen erst einmal herangeschafft werden mußten. Und wer von den Beteiligten hatte schon Erfahrungen mit solchen Dimensionen?
Die häufigen Überarbeitungen der Gebäudeprojekte ergaben sich auch daraus, daß die Materialien nicht immer wie geplant eintrafen. Kamen z. B. Hartbrandziegel statt Klinker, mußten die statischen Berechnungen neu erfolgen. Solche Zwischenfälle galten in der ersten Zeit fast als normal und ereigneten sich an manchen Blocks mehrmals.
In der Bauakademie liefen alle Fäden zusammen. Mein Anfang als Präsident der Bauakademie hätte sich nicht lebensnaher und nicht komplizierter gestalten können als mit dem Bau einer solchen Straße. Von den ideologischen Auseinandersetzungen sprach ich schon. Zwischen den führenden Architekten der Bauakademie fanden sie nicht mehr statt, diese Kämpfe hatten wir im großen und ganzen überstanden. Ich will damit nicht verschweigen, daß es immer noch aus den verschiedensten Gründen Wechsel in den anderen Teil Deutschlands oder ins Ausland gab. Mart Stam kehrte 1950 nach Amsterdam zurück, Egon Hartmann ging – schwerkrank und mit Billigung der Parteiführung – später in die BRD. Die meisten unserer guten und anerkannten Architekten hatten aber inzwischen in der DDR ihre Aufgaben gefunden und leisteten Hervorragendes unter oftmals außerordentlich komplizierten Bedingungen. Deshalb richteten die westlichen Medien ihre Angriffe in Richtung Bevölkerung. Allein das Wort „Aktivistenwohnungen" wertete unsere Absicht ab, die Wohnungen der Stalinallee tatsächlich den besten und verdienstvollsten Arbeitern zu geben, darunter vielen Trümmerfrauen. Die

westlichen Zeitungen und Rundfunkstationen äußerten sich abfällig über die dekorativen Elemente an den Häusern, über die Figuren, über die Kacheln an den Fassaden – keine Bemerkung aber fiel zu dem, worauf wir eigentlich stolz waren: zu den schönen, komfortablen Wohnungen, den großen, geordneten Baukörpern der Allee, den neuen städtebaulichen Maßstäben und Raumvorstellungen, die das Ensemble sichtbar machte. Schließlich und endlich verdeutlichten die Bauten der Stalinallee den Vorteil einer komplexen Bebauung großer Gebiete, und das war für uns, die wir uns auf diesem Neuland immer noch tastend bewegten, sehr wichtig.
Ich glaube, daß der Erfolg der Hetze gegen das sozialistische Bauen erst richtig zum Tragen kam, nachdem die Straße fertig war. Während des Baus und des Richtfestes herrschte unter der Bevölkerung eine große Zustimmung, die durch keine Verleumdung zu beeinträchtigen war.
Als weitaus schwieriger erwies sich die Bewältigung der vielen täglichen Schwierigkeiten, die letztendlich auf den Tischen des für den Bau verantwortlichen Präsidiums der Bauakademie und beim Präsidenten selbst landeten. Wie oft mußten wir spontan entscheiden, damit es überhaupt weiterging. Selbst die Kandelaber und ihre Form bedurften einer persönlichen Entscheidung des Präsidenten. Ich denke, daß ich mir in diesen ersten Jahren des neuen Amtes manches von der Verbindlichkeit abgewöhnen mußte, die mir an und für sich zu eigen ist, und um harte Anweisungen, selbst um Befehle, nicht herumkam.
Je mehr die große Allee Gestalt annahm, desto mehr nahm das Interesse der Berliner und vieler Besucher zu. Das Gesamtrichtfest aller Blocks am 27. September 1952 wurde ein regelrechtes Volksfest. Hatten die Berliner schon am Ersten Mai großen Anteil an der Übergabe des Hochhauses an der Weberwiese genommen, so strömten sie nun zu Tausenden in die neue Straße, die trotz der Gerüste doch bereits eine Vorstellung von den Natursteinsockeln und Keramikfassaden vermittelte. Wir teilten damals mit, daß alle Wohnungen und Läden bis zum 20. Dezember bezugsfertig sein sollten, eine gutgemeinte Zusage, die wir aber nur bei den Wohnungen halten konnten.
Inzwischen war bei der Arbeit der Bauakademie ein Problem deutlich geworden, das uns zunehmend beschäftigte.
Wir hatten uns bei unserer Gründung eine enge Verbindung zwischen Theorie und Praxis vorgenommen. Die Vordringlichkeit und der große Umfang solcher vor allem in den Meisterwerkstätten durchzuführenden Aufgaben wie eben der Aufbau der Stalinallee hatten aber zur Folge, daß die Hauptkräfte der Akademie für die Entwurfstätigkeit beansprucht wurden. Zusätzliche Projekte für unsere Meisterwerkstätten waren die Hochschule für Körperkultur in Leipzig (Hopp), die Tbc-Heilstätte, das jetzige Herzzentrum, in Bad Berka (Hopp), das Kulturhaus der Maxhütte (Hopp und Kaiser), die neue Stadt Stalinstadt (Leucht), die Deutsche Staatsoper (Paulick), die Pionier-

republik „Wilhelm Pieck" (Paulick). All das waren zweifellos wichtige, im Fünfjahrplan genannte Vorhaben, die aber dazu führten, daß die theoretisch-wissenschaftliche Arbeit der Akademie zurückblieb.
Auch zahlenmäßig kam das Übergewicht der Meisterwerkstätten zum Ausdruck. Sie beschäftigten 359 Mitarbeiter gegenüber 232 Mitarbeitern in den fünf Instituten. Als weiteren Mangel stellten wir fest, daß die Direktoren der Institute gleichzeitig Leiter der Meisterwerkstätten waren und sich infolge der genannten Entwicklung sehr viel stärker den Werkstätten als den Instituten widmen mußten. Selbst die Kadergewinnung für die wissenschaftliche Arbeit wurde durch die unterschiedlichen Wertigkeiten beeinflußt, da die Architekten und Ingenieure die Arbeit in den Meisterwerkstätten vorzogen. Parallel dazu bestand eine Tendenz, die ungewohnte wissenschaftliche Arbeit zu meiden. Der daraus resultierende Mangel an qualifizierten Mitarbeitern in den Instituten sollte sich noch eine geraume Zeit auswirken.
Wir mußten uns energisch dafür einsetzen, die wissenschaftliche Arbeit unter den Architekten populärer zu machen und gleichzeitig die Einsicht zu vermitteln, daß die Praxis nur dann zu ihrer vollen Wirkung gelangen könne, wenn sie aktiv von der Wissenschaft gesteuert wird.
Da ich wegen all dieser Mängel sehr offen bei der Parteiführung vorsprach, ermöglichte diese uns eine zweite Studienreise in die UdSSR, die vom 1. August bis 7. September 1952, diesmal unter meiner Leitung, erfolgte. Ich möchte auf diese Reise, die uns wieder in verschiedene Städte führte, nur kurz eingehen. Außerordentlich wichtig für uns waren die Erfahrungen der Architektur-Akademie in Moskau. Sie hatte sich seit meinem Ausscheiden 1948 verändert, war jetzt dem Staatlichen Komitee für Baufragen beim Ministerrat der UdSSR unterstellt und besaß zudem eine Zweigstelle in Leningrad. Die sechs Forschungsinstitute bestanden nach wie vor, auch die Experimentalwerkstätten, die Bibliothek mit nunmehr 3,5 Millionen Bänden und das Architekturmuseum. Als oberstes Gesetz der Arbeit nannte man uns die Auswertung gewonnener wissenschaftlicher Erkenntnisse.
Wir fuhren mit der Absicht zurück, in der Deutschen Bauakademie eine Strukturveränderung durchzuführen. Wir wollten die Fachinstitute in Forschungsinstitute umwandeln, ihnen Experimentalwerkstätten angliedern und zusätzliche Institute schaffen. Der Ministerrat beschloß am 19. Dezember 1952, fast genau ein Jahr nach der feierlichen Eröffnung unserer Akademie, die Gründung eines Forschungsinstituts für Wohnungsbau (Richard Paulick), eines Forschungsinstituts für die Architektur ländlicher Bauten (Friedrich Bergmann) und eines Instituts für Nachwuchsentwicklung (Günter Juhre).
Gleichzeitig wurden die Meisterwerkstätten aus der Bauakademie herausgelöst und dem Ministerium für Aufbau als eigenständige Einrichtungen unterstellt.
Selbstverständlich begann sich die Entwicklungs- und Forschungstätigkeit erst nach einer notwendigen Anlaufzeit zu entfalten. Daß wir trotz einiger

Rückschläge insgesamt Anerkennung fanden, ist der Partei- und Staatsführung zu verdanken, auf deren Unterstützung wir jederzeit rechnen konnten. Auch ohne die Erkenntnisse und langen Erfahrungen unserer sowjetischen Genossen und Kollegen, die uns seit der Gründung der Akademie mit Rat und Tat zur Seite standen, hätten wir manche der Aufgaben kaum bewältigen können. Wie viele Konsultationen und Aussprachen fanden schon in den ersten Jahren statt. Die Gestaltung unserer ersten sozialistischen Straße in Berlin war nur ein Beispiel.

Die wichtigsten Aufgaben in der wissenschaftlichen Arbeit der Bauakademie waren eine gründliche und parteiliche Auseinandersetzung mit ideologischen Fragen der Architektur, die Erarbeitung wissenschaftlicher Grundlagen in Städtebau und Architektur, die wissenschaftliche Forschung für die Baupraxis, bereits mit ganz besonderem Schwergewicht auf Industrialisierung, Mechanisierung und Baukostensenkung, sowie die Qualifizierung der in der Praxis stehenden Fachkräfte und des Nachwuchses.

Es ging uns dabei darum, möglichst bald brauchbare Ergebnisse zur unmittelbaren Anwendung in der Praxis zu erhalten. Wir erkannten damals, daß Wissenschaft und Praxis im sozialistischen Staat in engstem Kontakt stehen müssen.

Ich will auf die ab 1952 bestehenden Institute der Bauakademie näher eingehen, weil ich sie doch für eine optimale Lösung halte, die in der Tat einige Zeit die Grundrichtung unserer Arbeit bestimmte. Bis Ende der fünfziger Jahre gab es zwar noch manche Umstrukturierung, die sich aber nicht immer förderlich auf unsere Forschungsergebnisse auswirkte.

Nicht ohne Grund nannten wir das Institut für Theorie und Geschichte an erster Stelle, denn ihm war die für die Arbeit der gesamten Akademie bedeutende Aufgabe gestellt, eine Klärung der ideologischen Fragen auf dem Gebiet der Architektur herbeizuführen. Den Schwerpunkt bildeten von Anfang an die theoretische Auseinandersetzung mit dem Formalismus und die Erarbeitung von Grundlagen für eine realistische deutsche Architektur, wie sie bereits durch die Meisterwerkstätten und mit den Bauten des Nationalen Aufbauwerks geschaffen worden waren. Die Meisterwerkstätten hatten also durchaus eine sehr nützliche, praktische Funktion erfüllt.

Trotz der Anfangserfolge an der Stalinallee hatten wir aber feststellen müssen, daß in der gesamten Architekturpraxis noch keine klaren, eindeutigen Vorstellungen über eine realistische Architektur vorhanden waren und daß diese Klarheit eine starke Unsicherheit bei den Entwerfenden hervorrief. Auch ein gewisses Erlahmen der Architekturdiskussion zeigte, daß eine Vertiefung des Fragenkomplexes Formalismus – Realismus notwendig war, da sonst die Diskussion in allgemeinen, meist abstrakten Erörterungen steckenzubleiben drohte.

Das Institut orientierte darauf, daß es nicht genügte, die allgemeinen Gesetze der Ästhetik zu erläutern, sondern daß es dringend notwendig war,

die ästhetischen Besonderheiten der Baukunst zu erforschen, zu formulieren und den Kollegen mitzuteilen. Ich erinnere mich an einen Briefwechsel mit Mart Stam, der mich fragte, ob auch ich zu den Kritikern seines Böhlener Kulturhausprojektes gehöre und ihm Formalismus vorwerfe. Ich bejahte das, schrieb aber gleichzeitig: „Ich vertrete den Standpunkt, daß sich heute unsere meisten fortschrittlichen Architekten noch nicht frei gemacht haben und noch nicht frei machen konnten von formalistischen Tendenzen in ihrer Gestaltung. Der Grund hierfür besteht darin, daß wir, vor allem mit unseren Genossen, über diese wichtige Angelegenheit noch nicht diskutiert haben, und es wird notwendig sein, so bald wie möglich in einem engen Kreis sich darüber auszusprechen, um für uns auch die notwendigen Konsequenzen zu ziehen, damit wir so gestalten lernen, wie es unsere Gesellschaftsordnung von uns verlangt."
Neben den 1952 bereits erschienenen Werken über Schinkel, über die „Deutsche Baukunst in zehn Jahrhunderten", über „30 Jahre sowjetische Architektur", über den Wiederaufbau von Warschau und die „Architektur der Völker der Sowjetunion" bereitete das Institut für Theorie und Geschichte den Druck von Werken über „Die Siedlungstypen in Deutschland und ihre frühgeschichtlichen Wurzeln", über die nationalen Bautraditionen des Landes Brandenburg sowie im Gebiet der Ostseeküste vor, um nur einige zu nennen.
Das Institut für Städtebau konnte sich auf die von uns erarbeiteten 16 „Grundsätze" stützen, stand aber vor der Aufgabe, die dort aufgestellten Thesen zu konkretisieren und im einzelnen zu vertiefen. Leider gab es immer noch Ansichten, die eine Überbetonung funktioneller und städtebautechnischer Probleme und eine Unterschätzung der städtebaukünstlerischen Aufgaben verteidigten. Zur Stadtbaukunst zählten wir auch die Grünplanung in Städten sowie die für Grünflächen an Wohn- und gesellschaftlichen Bauten. Wenn man sich in der Karl-Marx-Allee die Grünanlage am Café „Warschau" ansieht, so findet man nicht nur eine nachempfundene klassizistische Pergola, sondern auch Beispiele für eine Kleinarchitektur, wie sie unter anderem im Park von Sanssouci zu sehen ist. Wir haben diese Anleihen bei Knobelsdorff und Schinkel nie geleugnet, sondern wollten sie als Anregung verstanden wissen. Auch das rechneten wir zu den nationalen Traditionen.
In den siebziger Jahren, als in vielen Städten die Fußgängerboulevards aktuell wurden, erfuhr gerade die Kleinarchitektur wieder eine starke Aufwertung. Kleine Brunnen und Plastiken, Kunst zum Betrachten und Anfassen ohne jeden monumentalen Anspruch, fanden und finden einen großen Zuspruch bei der Bevölkerung.
Daß zu den neugebildeten Instituten eines für Wohnungsbau gehörte, war angesichts der gewaltigen Aufgabe des Fünfjahrplans 1951 bis 1955, eine Wohnfläche von über zehn Millionen Quadratmeter zu bauen, eine ganz folgerichtige und fast schon überfällige Sache. Das Institut für Wohnungsbau sollte die Wohnungstypen für das Bauprogramm eines jeden Jahres erar-

beiten. Der Wohnungsbau, der in unserem sozialistischen Staat eindeutig von der Sorge um den Menschen diktiert sein sollte, forderte unserer Meinung nach eine eindeutige Abkehr von den Wohnmaschinen und den Wohnungstypen des Existenzminimums. Folglich sollten die Wohnungsgrundrisse nicht nur im Hinblick auf funktionelle Lösungen, sondern auch unter Berücksichtigung der neuen Lebensform und der gesellschaftlichen Stellung der Werktätigen entwickelt werden.
Das Institut stand vor der Aufgabe, seine Arbeit im Sinne eines Ensembles zu betrachten. Nicht die Entwicklung einzelner Sektionsgrundrisse, nicht nur bauwirtschaftliche Fragen, nicht nur architektonische Elemente, sondern das ganze Haus in seiner Umgebung mußte gemeistert werden.
Das Institut für Wohnungsbau begann außerdem damit, die nationalen Traditionen unserer Regionen zu untersuchen und entsprechende „Beispielfassaden" für Mecklenburg oder für Brandenburg zu entwerfen. Dabei arbeitete es natürlich eng mit anderen Instituten zusammen, mit dem für Theorie und Geschichte, dem für Städtebau sowie dem für Bautechnik.
Die Aufgaben des Instituts für Bautechnik ergaben sich nachdrücklich aus der Forderung des Fünfjahrplans, den Bauvorgang zu mechanisieren und zu industrialisieren sowie die Kosten zu senken. Daß Architektur und Technik dabei in Wechselwirkung stehen müssen, war zu jener Zeit voll anerkannt.
Wir sprachen uns sehr dafür aus, die Vorschläge, Erfindungen und Kritiken aller am Bau Beteiligten zu berücksichtigen, da wir das für sehr wichtig hielten, um eine neue Qualität des Bauens zu erreichen – ein heute längst ganz gebräuchliches Vorgehen. Damals war gerade die sowjetische Kowaljow-Methode populär, nach der die Ergebnisse vieler Aktivistenleistungen genau auf das Wesentliche untersucht und durch dessen Zusammenfassung zu einem System höherer Ordnung der technischen Produktion geführt wurde.
Das Institut für Bautechnik beschäftigte sich – jeweils in Anlehnung an die Praxis bzw. der Praxis voraus – mit dem Steinhausbau, aber auch mit mechanisierten und industrialisierten Bauweisen. Mit 83 Mitarbeitern war es das stärkste Institut an der Bauakademie. Sämtliche Versuchsbauten der kommenden Jahre – der erste Plattenbau in Berlin-Johannisthal oder das Haus in Großblockbauweise in der Berliner Dimitroffstraße – waren Projekte dieses Instituts. Wir wendeten dabei einen Weg an, der in der Industrie längst bekannt war: Versuchsbau, erneute Überarbeitung, Nullserie, Analyse und Auswertung, schließlich serienmäßige Fabrikation. Beim Institut für Bautechnik bewährten sich auch die angeschlossenen Werkstätten ganz hervorragend. Dort entwickelte man rostfreie Verankerungen und neue Baustoffe als Austauschmaterialien für Metall und Holz. Dieses Institut verfügte meines Erachtens über sehr qualifizierte Mitarbeiter.
Das Institut für Hoch- und Industriebau war nun von seiner Verantwortung für die ländlichen Bauten befreit worden und sollte sich den Gebäuden für Lehre und Erziehung, des Gesundheitswesens, der Kultur und der Industrie widmen.

Wir stellten jedoch drei Hemmnisse fest: eine Abneigung der Architekten in der Praxis gegen typisierte Bauten, da die Auffassung bestand, mit solchen Typen könne man weder den unterschiedlichen örtlichen Situationen gerecht werden, noch könne man eine individuelle architektonische Leistung damit verbinden. Zweitens bestand bei den Nutzern solcher typisierten Gebäude die Auffassung, daß das festgelegte Programm des Gebäudes den verschiedenen Ansprüchen aus diesen oder jenen Gründen nicht genügen könne, d. h., daß man keinen Typ entwickeln könne, der Allgemeingültigkeit besäße. Drittens bestand eine gewisse Unsicherheit auch bei denen, die für die Programmaufstellung der einzelnen Gebäudekategorien verantwortlich waren. Über das System, den Funktionsablauf, die Raumabmessungen und Raumfolgen bestanden keine klaren Vorstellungen. Wurde trotzdem eine Entscheidung getroffen, so traten häufig später Wünsche nach Veränderungen auf, die das bisher Erarbeitete wieder umstießen.

Dieses Institut schlug sich also mit Programmen, Richtlinien, Funktionsschemata und Schemagrundrissen herum. An Typenentwicklung auf dem Gebiet des Industrie- und Gesellschaftsbaus war noch kaum zu denken. Kamen sie dennoch zustande, so nahmen die Architekten sehr oft eigenmächtige Veränderungen vor, so daß viel zuwenig Typen für Schulen, Kindergärten, Kinderkrippen, Ambulatorien, Kulturhäuser und ähnliches in der Praxis wirklich erprobt wurden. Und über fehlende Erfahrungen halfen uns auch abstrakte, teilweise subjektivistische Erörterungen in Kommissionssitzungen nicht hinweg.

Das aus dem eben geschilderten Institut praktisch herausgegliederte neue Institut für die Architektur ländlicher Bauten war durch die progressive Entwicklung in der Landwirtschaft und damit auf dem Dorfe notwendig geworden. Von der Bodenreform bis zur Bildung landwirtschaftlicher Produktionsgenossenschaften hatten sich die Produktionsverhältnisse auf dem Lande grundlegend verändert und die Produktivkräfte in Richtung Industrialisierung der Arbeitsprozesse weiterentwickelt. Das alles sollte ein neues Dorfbild entsprechend widerspiegeln.

Nicht zuletzt wurde uns klar, daß das Studium der nationalen Traditionen gerade im ländlichen Bauen und in der Volkskunst einer realistischen Architektur starke Impulse geben könnte.

In der Folgezeit entstanden Richtlinien und Typen für das Bodenreformbauprogramm, ferner Richtlinien und Typenschemata für die MAS (Maschinenausleihstationen), die späteren MTS (Maschinen-Traktoren-Stationen) sowie für Betriebsgebäude volkseigener Güter und landwirtschaftlicher Produktionsgenossenschaften.

Zu den Fehlern, die wir natürlich auch machten, gehörte der Bau von Rinderoffenställen. Sie sollten wegen des geringen Aufwandes in möglichst großer Zahl entstehen. Die theoretische Beschäftigung mit solchen Offenställen begann schon Anfang der fünfziger Jahre. Aber was wir auch versuchten, in

welcher Windrichtung die Ställe auch standen, ob auf Hügeln oder in Senken – die luftigen Unterkünfte führten nur zu Mißerfolgen und wurden schließlich als für unsere klimatischen Bedingungen ungeeignet erklärt.
Auf das Institut für Innenarchitektur will ich hier nicht eingehen. Die Innenarchitektur sollte uns ohnehin bald sehr eingehend beschäftigen, und darauf werde ich noch zurückkommen. Bleibt das dritte neue Institut, das für Nachwuchsentwicklung. Als ein wesentlicher Mangel in der gesamten wissenschaftlichen Arbeit hatte sich die Tatsache herausgestellt, daß viel zuwenig Mitarbeiter mit entsprechenden Fähigkeiten und entsprechender Vorbildung für die Forschungstätigkeit vorhanden waren. Das konnte auch gar nicht anders sein. Unter den Bedingungen des Kapitalismus wurde der wissenschaftlichen Arbeit auf dem Gebiet der Architektur kaum Beachtung geschenkt, was sich natürlich auch noch in den ersten Nachkriegsjahren auswirkte. Die vorhandenen Kader hatten während ihrer früheren Hochschulzeit in den seltensten Fällen die Voraussetzungen für eine wissenschaftliche Arbeit vermittelt bekommen, da sich die Ausbildung vornehmlich auf die Heranbildung von Entwurfsarchitekten, Konstrukteuren, Bauleitern und Baubeamten erstreckte.

Mit den Aufgaben des ersten Fünfjahrplans mußte auch hier Abhilfe geschaffen werden. Das Institut für Nachwuchsentwicklung sollte also sowohl den wissenschaftlichen Nachwuchs heranbilden als auch bereits in der Praxis stehende Fachkräfte zu wissenschaftlicher Arbeit qualifizieren. Bereits 1952 hatten wir dann mit 14 außerplanmäßigen Aspiranten begonnen, die in die Forschungstätigkeit der Akademie fest eingebunden waren, so daß sich auch unmittelbar an der Akademie die Wechselwirkung zwischen Forschung und Lehre entwickelte.
Zur Übermittlung unserer damaligen Erkenntnisse in Architektur und Städtebau einschließlich aller von den Instituten der Akademie erarbeiteten Probleme des Bauwesens wurde 1954 unter meiner Verantwortung ein „Handbuch für Architekten" im VEB Verlag Technik Berlin herausgegeben, das im Plan der Forschungsaufgaben gestanden hatte und später in Neuauflagen immer dem Stand unseres Wissen angepaßt werden sollte. Das Werk hatte Erfolg. Dennoch wurde die weitere Arbeit zu seiner Vervollkommnung und ständigen Aktualisierung vom damaligen Ministerium für Aufbau gestoppt und die Entwicklung einer „Bauenzyklopädie" veranlaßt.
Heute zeigt sich, daß weder eine Bauenzyklopädie noch ein Handbuch auf dem Gebiet des Bauwesens existieren, die den beträchtlich gewachsenen fachlichen Anforderungen dienlich sein könnten.

Im Vorwort des Handbuches stand:
„Die Deutsche Bauakademie ist der Meinung, daß dieses Buch den Architekten und Bauschaffenden in den Entwurfsbüros und auf den Baustellen sowie den Studenten an den Hoch- und Fachschulen wichtige Erkenntnisse

vermittelt, die für ihre Tätigkeit und weitere Qualifizierung von Nutzen sein werden."

Meines Erachtens sollte darüber nachgedacht werden, ob wir nicht gerade jetzt – nach der 8. Baukonferenz – wieder eine solche Aufgabe in Angriff nehmen, um die wichtigsten Erfahrungen und Erkenntnisse effektivsten Bauens konzentriert zu erfassen und einem breiten Kreis zugänglich zu machen.

Die Umstrukturierung der Akademie hatte auch eine Stärkung des obersten Organs, des Präsidiums, zur Folge. So wurde ein Arbeitsaktiv des Präsidiums gebildet, das vor allem operativ tätig sein sollte, um dem Präsidium die Behandlung prinzipieller Fragen und wissenschaftlicher Probleme zu ermöglichen. Mit der Koordinierung der wissenschaftlichen Arbeit sowie dem Plan und dessen Kontrolle war das Wissenschaftliche Sekretariat beauftragt. Ihm unterstanden auch die wissenschaftlichen Hilfseinrichtungen, wie Bibliothek, Übersetzerbüro, Archiv, Fotolaboratorium usw.

In der Folgezeit wurde 1953 noch der Wissenschaftliche Rat der Bauakademie konstituiert, der Dissertationen sowie zur Veröffentlichung vorgesehene Arbeiten begutachten und über ihre Drucklegung beschließen sollte.

Nach dieser Veränderung zählten allein die nunmehr acht Institute 464 Mitarbeiter.

Als gute Voraussetzung für eine künftig konzentriertere Arbeit betrachteten wir auch, daß die Zersplitterung in bisher 18 Außenstellen auf nunmehr fünf verschiedene Arbeitsstätten vermindert werden konnte. Eine weitere Verbesserung dieser Situation erhofften wir uns von der Beendigung des Wiederaufbaus der Schinkelschen Bauakademie, an der wir am 21. November 1953 das Richtfest feierten. Einige Jahre später wurde jedoch das rohbaufertige Gebäude im Zuge veränderter Auffassungen von der Neugestaltung des Stadtzentrums abgetragen, um dem Ministerium für Auswärtige Angelegenheiten Platz zu machen. Die alte Schinkelakademie gehörte meiner Meinung nach zwar nicht zu den Meisterleistungen des großen klassizistischen Baumeisters, aber sie war den Proportionen der Straße Unter den Linden besser angepaßt als der Baukörper des Ministeriums mit seinen Leichtmetall-Fassadenelementen.

Da der bisherige Aufbau der halbfertigen Schinkelakademie schon erhebliche Mittel verschlungen hatte, befand ich mich in keiner erfreulichen Lage, als ich meine Mitarbeiter von dem Regierungsbeschluß über den Abriß in Kenntnis setzen mußte. Selbst der scherzhafte Rat Walter Ulbrichts „Üb ein bißchen mehr Selbstkritik!" vermochte mir darüber nicht hinwegzuhelfen.

Ich füge diese Reminiszenz auch deshalb so ausführlich ein, weil die Aufforderung zu einer schöpferischen Verbindung von Altem und Neuem, die mit dem zunehmenden innerstädtischen Bauen in den nächsten Jahren noch erheblich wachsende Ansprüche an unsere Bauschaffenden stellen wird, nicht nur eine aktuelle, sondern eine ständige Forderung an die Architekten ist, die einmal mit mehr, ein andermal mit weniger Erfolg gelöst wurde und wird. Ich möchte in diesem Zusammenhang unbedingt daran erinnern, mit welchem Engagement sich unsere sowjetischen Kollegen in den letzten Jahren aufgrund ähnlicher Erfahrungen solchen Fragen wie der Erhaltung der städtischen Architekturensembles oder etwa der Wahrung der Proportionen zugewandt haben.[104] Wahrscheinlich würden wir heute auch die sich im Zusammenhang mit der alten Schinkelakademie ergebenden Probleme besser verstehen und einfühlsamer lösen als damals.

Inzwischen waren die Linden zum Bauplatz geworden. Zu den vorrangigen Aufgaben der frühen fünfziger Jahre gehörte bekanntlich der Wiederaufbau solcher bedeutenden Kulturdenkmale wie des Zwingers und der Brühlschen Terrasse in Dresden, des Alten Museums, des Zeughauses und der Deutschen Staatsoper in Berlin.

Mit diesen historischen Bauten begannen wir unsere marxistische Erbepolitik in der Architektur zu verwirklichen. Folgerichtig mangelte es nicht an Auseinandersetzungen und Angriffen gegen viele unserer Auffassungen. Und wie schon beim Bau der Stalinallee waren es häufig Details, an denen sich unsere Gegner scheinbar störten, die aber in der Regel nur den Vorwand abgaben, um eigentlich unsere Ideologie und Politik insgesamt anzugreifen.

Bereits im Juni 1951 hatte bei Wilhelm Pieck eine Aussprache über die Wiederherstellung der völlig zerstörten Lindenoper stattgefunden, an der auch der nach Deutschland zurückgekehrte Generalmusikdirektor Erich Kleiber teilnahm. Kleiber war in der Weimarer Zeit der international anerkannte musikalische Leiter dieses berühmten Hauses gewesen.

Der einmütige Beschluß, die Oper im Sinne ihres Schöpfers Knobelsdorff entstehen zu lassen, hatte deshalb Bedeutung, weil in den vergangenen Jahrzehnten viele Umgestaltungen vorgenommen worden waren, die das schöne Gebäude verschandelt hatten. Ich schlug auf dieser Besprechung vor, Richard Paulick mit dem Projekt zu betrauen. Seinem Kollektiv gehörten weiterhin solche Fachleute wie Professor Dr. Wilhelm Kurth, Generaldirektor der Potsdamer Schlösser – ein hervorragender Kenner der Knobelsdorffschen Architektur –, und Professor Kurt Hemmerling, ein bekannter Bühnenhausgestalter, an.

Das alte Opernhaus hatte in den letzten Kriegstagen einen Bombenvolltreffer erhalten. Fachleute berechneten damals, daß die Reste der starken Wände 150 000 Kubikmeter Schutt umschlossen.

Die Staatsoper gehörte zum historischen Forum Berlin, das außerdem noch das Prinzessinnenpalais (heute Operncafé) und das Neue Palais (heute Gästehaus des Berliner Magistrats) einschloß. Auch diese beiden Häuser entstanden in den sechziger Jahren unter Leitung von Richard Paulick wieder in alter Schönheit.

Die komplizierten Arbeiten an der Staatsoper gingen erfolgreich ihrem Ende zu, wobei auch Kleiber seine großen Erfahrungen einfließen ließ. Plötzlich *stockten die Arbeiten an der Fassade. Es ging um das Schriftband unter dem Giebel, das einst „Fridericus Rex Appollini et Musis" (Friedrich, der König, dem Apoll und den Musen) lautete und nun einfach durch die Worte „Deutsche Staatsoper" ersetzt werden sollte. Wir waren der Meinung, daß Knobelsdorffs Meisterwerk durch diese Huldigung des preußischen Absolutismus Friedrichs II. mißbraucht worden war, Kleiber widersprach und beharrte auf der alten Inschrift. Da sich der Streit hinzog, veranlaßte ich endgültig das Anbringen der neuen Schriftzeile. Erich Kleiber teilte daraufhin der Öffentlichkeit mit, daß er sein Amt als musikalischer Leiter nicht antrete, weil der Geist der alten Staatsoper im neuen Hause nicht regieren könne. Die Weglassung der alten Schrift führte sogar zu dem Vorwurf einer „bolschewistischen Vergewaltigung deutschen Geistes".*

Die Amtsniederlegung von Kleiber hatte ich weder erwartet noch beabsichtigt, und ich bekam Zweifel an der Richtigkeit meiner Entscheidung. Doch Walter Ulbricht billigte mein Verhalten, und Opernintendant Max Burghardt erwiderte dem nun in der BRD weilenden einstigen musikalischen Leiter, daß der Geist des Alten Fritzen tatsächlich durch einen neuen ersetzt worden sei, weil weder die Erbauer noch die Bauherren der Staatsoper mit diesem Soldatenkönig auch nur das geringste verbinde. Heute beurteilen wir differenzierter die historische Rolle dieses Königs.

Das Jahr 1953 brachte uns insofern weitere Höhepunkte und viel Arbeit, als in vier weiteren Städten der DDR, in Rostock, Dresden, Leipzig und Magdeburg, die Grundsteine für den Wiederaufbau gelegt wurden. Wie in Berlin vollzogen sich diese Bauauftakte unter großer Anteilnahme der Bevölkerung. Die jeweils ersten Gebäude waren nicht schlechthin Wohnhäuser, sondern städtebauliche Ensembles, mit denen wir ganz bewußt ein Zeichen für unseren Zukunftsglauben setzen wollten. Ich denke, daß sich jene Bauten sowohl architektonisch als auch vom gesellschaftlichen Anspruch her bewährt haben. Es sind dies die Lange Straße in Rostock, der Altmarkt und die Thälmannstraße in Dresden, die Windmühlenstraße und Ringbebauung in Leipzig sowie der Anfang der Karl-Marx-Straße in Magdeburg. Sie alle zeigen städtebauliche und inhaltliche Parallelen zur Stalinallee.

Auf die Pläne für den Neuaufbau Dresdens möchte ich näher eingehen, weil wir dabei auf Fragen stießen, die man für die ganze Zeit verallgemeinern kann. Nicht zufällig hatte der Bund Deutscher Architekten Ende 1953 seine – ebenfalls noch gesamtdeutsche – Architektenkonferenz in der einst so schönen Stadt durchgeführt. Im Mittelpunkt der Diskussion standen vor allem folgende Fragen: Sollte man ein neues Zentrum außerhalb der Altstadt errichten bzw. die Mitte der Stadt neu gestalten, oder sollte man an gleicher Stelle den alten Kern unverändert wieder entstehen lassen?

Ein neues Zentrum außerhalb des historischen Kerns aufzubauen hätte bedeutet, auf jenen Teil Dresdens zu verzichten, der den Weltruf der Stadt als einmalige städtebaukünstlerische Anlage begründet hatte und der mit der gesamten Stadt eine organisch gewachsene Einheit bildete. Eine solche Idee wäre nicht ungewöhnlich gewesen. Tessenow hatte ähnliches für Rostock vorgeschlagen, indem er alles noch Existierende stehenlassen, mit viel Grün einbinden und unabhängig davon ein neues Zentrum an anderer Stelle errichten wollte.

Für Dresden jedoch verwarfen wir diese Möglichkeit. Eine völlige Neugestaltung der Altstadt hätte auch unseren Grundsätzen vom sozialistischen Städtebau widersprochen. Jedoch die bloße Restauration des historischen Bildes – selbst wenn man sie im Sinne der schönen Gemälde von Canaletto vorgenommen hätte – wäre künstlerisch und volkswirtschaftlich nicht zu verantworten gewesen. Das Zentrum der Stadt darf nicht als ein Museum, sondern muß als ein Teil unseres neuen, vorwärtsschreitenden Lebens gestaltet werden – so etwa argumentierte ich damals – und diese vorgeschlagene Synthese zwischen Altem und Neuem fand Zustimmung bei den Konferenzteilnehmern.

Wie die Herrschenden vorangegangener Epochen wollten auch wir durch hohe, die Silhouette der Stadt prägende Bauten auf das Stadtbild einwirken. Unsere Architekten wurden aufgerufen, ein Hochhaus zu schaffen, das in seiner Schönheit ein würdiger Ausdruck der humanistischen Ideen unserer Arbeiter-und-Bauern-Macht sein und die Stadtsilhouette nicht verletzen, sondern bereichern sollte.

Die Architektenkonferenz stimmte einem Entwurf grundsätzlich zu, der einen erweiterten Altmarkt mit einem Kulturhaus sowie Wohnbauten mit großzügigen Läden vorsah. Nach den Plänen des Architekten Herbert Schneider sollte der Dresdener Altmarkt um etwa 20 Meter vertieft werden, um von der Form des beinahe quadratischen Platzes abzugehen und ein richtiges Verhältnis zwischen dem Turm des geplanten Kulturhauses und den Abmessungen des Platzes zu gewährleisten. Die angrenzenden Straßen der Ost-West-Magistrale sollten entsprechend verbreitert werden.

Zu diesen konkreten Vorschlägen gab es Gegenstimmen, vor allem gegen 70 bis 80 Meter breite Straßen im Zentrum. Die Kritiker lehnten auch das Hochhaus am Altmarkt ab, das die historische Silhouette der Stadt zerschlagen und besonders die Wirkung der Kuppel einer eventuell wiederaufgebauten Frauenkirche beeinträchtigen würde.

Wenn auch der Plan für das Hochhaus am Altmarkt nie verwirklicht wurde und sich der heute existierende Kulturpalast der Höhe der ihn umgebenden Bauten anpaßt, so bewegte unsere damalige Diskussion das durchaus verständliche Problem: Welches sollten die städtebaulichen Dominanten der nunmehr herrschenden Arbeiterklasse sein? Im Mittelalter hatten die alles überragenden Kirchtürme die Macht der Geistlichkeit ausgedrückt. Während der Zeit des Absolutismus hatten hohe Schloßtürme und -kuppeln die Herrschaft des Monarchen symbolisiert. Unserer Meinung nach mußte nun auch die Arbeiterklasse Bauwerke errichten, die der Stadt und ihrer Silhouette ein neues, weithin sichtbares Gepräge verliehen.

Es gab später solche Versuche mit hochaufragenden Bauten der Wissenschaft wie in Leipzig oder Jena, mit Kulturhäusern wie in Neubrandenburg, ebenso mit Wohnhäusern. 1954 diskutierten die Berliner über die Projekte für die Fortführung der Stalinallee bis zur Ecke Bersarinstraße/Warschauer Straße. Hermann Henselmann hatte schlanke Eckbauten mit Kuppeln darauf vorgeschlagen und für diesen Entwurf den 1. Preis erhalten. Die Meinungen der Berliner gingen auseinander. Hier eine Auswahl aus einer alten Zeitung[105]:

Die Hausfrau Margarethe Goetze, Bersarinstraße: „Ich finde, daß damit in neuer Form das alte Stadtbild wiederkehrt, das uns Berlinern einst so vertraut war." Frau Ast, Bersarinstraße: „Die Kuppel ist ein überflüssiger Zierat, ein Dachgarten würde mir besser gefallen." Bruno Tiesing, Bersarinstraße: „Kuppeln sollen vor allem Kirchen und öffentliche Gebäude schmücken." Wir Architekten begrüßten damals die Wiederentdeckung der Kuppel als „Bauelement der deutschen Hauptstadt" und übersahen dabei die Ähnlichkeit des Entwurfs mit den Kuppeln des Französischen und des Deutschen Doms.
Wie die Zitate zeigen, brauchten wir uns über lebhafte Resonanz bei der Bevölkerung nicht zu beklagen. Weder Interesse noch Kritik wurden verschwiegen. Das spürten wir auch ganz deutlich im Zusammenhang mit den Ladenbauten der Stalinallee, die nun – statt zum 20. Dezember 1952 – zum Ersten Mai 1953 empfangsbereit sein sollten. Doch als der neue Termin heran war, zeigten sich die meisten der in Aussicht gestellten 82 Läden noch nicht völlig ausgebaut und schon gar nicht eingerichtet. Die Bevölkerung schimpfte, und die Presse zog mit mehreren Beiträgen über uns her. Von „Schlendrian" und von „verantwortungslosem Vorgehen" der Bauakademie war die Rede. Wir entschuldigten uns damit, daß keiner unserer Architekten Erfahrungen im Ausbau solcher neuen Geschäfte besaß, was verständlicherweise niemand in der Öffentlichkeit akzeptieren konnte. Als die Geschäfte dann nach und nach doch öffneten, gab es erneut Kritik, diesmal an der Schaufenstergestaltung. Hier ein Zitat aus dem „Neuen Deutschland"[106]: „Besonders in den Schaufenstern der Läden für Textilwaren, zum Beispiel im Block B-Nord, fehlt jeder Schwung, jede Linie. Da liegen eine Unmenge Dinge langweilig nebeneinander, wie im kleinsten Kramladen ... In einem Schaufenster im Block C-Nord ist nichts weiter zu sehen als Marmeladengläser ... Und warum stehen in dem Lederwarengeschäft im Block E-Nord, einem sehr lustigen, auf den Urlaub abgestimmten Schaufenster, unbedingt noch Kaffeewärmer? ... Die Schaufensterauslagen entsprechen noch lange nicht der Schönheit der Stalinallee."

Wir nahmen auch diese Hinweise ernst, zumal Walter Ulbricht, der im April 1952 ebenso wie Dr. Lothar Bolz zum Ehrenmitglied der Bauakademie berufen wurde, auf einem Plenum der Akademie Kritik an unserer Innenarchitektur geübt hatte. Er forderte, einen entschiedenen Kampf für eine soziali-

stische Wohnkultur zu entfalten, die unter Auswertung des Baukulturerbes den steigenden Ansprüchen der Werktätigen entsprechen müsse.
So fand am 17. November 1953 eine Konferenz für Innenarchitektur in Berlin statt. Sie war mit einer umfangreichen Ausstellung „Besser leben – schöner wohnen" verbunden. Im Gegensatz zu der ziemlich unbefriedigend verlaufenen ersten Konferenz zum gleichen Thema im Jahre 1952 hatten wir diesmal einen breiten Teilnehmerkreis geladen: Konsumenten, Verkäufer, Vertreter von Handelsorganisationen, Produzenten, Handwerker, Projektanten und Wissenschaftler. Schließlich wollten wir in bezug auf den Möbelbau alle Zusammenhänge vom Entwurfsprozeß über industrielle oder private Herstellung einschließlich der Senkung der Kosten bis hin zum Handel, aber auch Fragen der Verkaufskultur und Wünsche der Käufer berücksichtigen.
Das Institut für Innenarchitektur unter Leitung seines neuen Direktors, Jakob Jordan, hatte eine Reihe von Forschungsarbeiten durchgeführt. Dazu gehörten eine kritische Auswertung des kulturellen Erbes auf dem Gebiet der Wohnmöbel, die Ausarbeitung von Einrichtungsvorschlägen für typisierte Wohnräume, Ladenbauten und Kulturhäuser einschließlich Entwürfe von Textilien und Beleuchtungskörpern.
Obwohl diese Ergebnisse auf der Leipziger Messe und auf Wanderausstellungen zur Diskussion gestanden und Anklang gefunden hatten, ging die Industrie doch nur sehr zögernd auf diese Vorschläge ein. Von der Ausstellung, die auf der zweiten Konferenz für Innenarchitektur gezeigt wurde, erhofften wir uns nun den entscheidenden Durchbruch.

In meinem Referat ging ich davon aus, daß wir es mit der Inneneinrichtung von Wohnungen für die werktätige Bevölkerung zu tun hätten. So, wie architektonisch schön gestaltete Fassaden unsere neuen Bauten zierten, müsse auch die Innenarchitektur an eine sorgfältigere Gestaltung der Wohnungen herangehen. Die Wohnungen müßten formschön und zweckentsprechend sein. Ich setzte mich für die Schaffung von Entwicklungsbüros in großen Möbelfabriken ein, die engstens mit allen Produktionszweigen der Bauindustrie zusammenarbeiten sollten.

Schon am ersten Nachmittag kamen 6500 Besucher in unsere Ausstellung. Die Möbel standen in Räumen, wie sie vom Wohnungsbau 1954 und 1955 errichtet werden sollten, und lehnten sich durchweg an Klassizismus und Biedermeier an. Die schmucklosen, glatten Kästen, wie sie schon die Nazis propagiert hatten und wie sie in westlichen Ländern wieder üblich geworden waren, gaben wir als überholt aus. Wir zeigten phantasievoll profilierte Simse, Zierleisten, Intarsien, Beschläge und feingeschweifte Stuhl- bzw. Tischbeine. Die dem zugrunde liegenden, fast schon versiegten Quellen nationaler und handwerklicher Traditionen galt es, so fanden wir, wieder lebendig zu machen. In diesem Zusammenhang stellten wir die Innenausstattung der Geschäfte in der Stalinallee als vorbildlich hin, kritisierten jedoch die extrem

formalistischen Möbel im Dresdner Hotel „Astoria" und die Anbaumöbel der Deutschen Werkstätten in Hellerau.
Hinsichtlich der Ökonomie der angepriesenen Möbel waren wir der Ansicht, daß viele der dekorativen Details industriell vorgefertigt werden könnten.
Auch in den Zimmern orientierten wir auf Vouten und Rosetten, freundliche Tapeten, Friese oder durchgehende farbige Ornamente. Eingebaute Wandschränke sollten als platzsparend verwendet werden.
Allerdings bewies die Praxis recht bald die Vorzüge der von uns verschmähten Anbaumöbel, die wegen ihrer Zweckmäßigkeit und ihrer Variationsmöglichkeiten bald in jedem neuen Haushalt zu finden waren und die außerdem sehr rationell hergestellt werden können. Dennoch wird für Stilmöbel weiterhin eine bestimmte Nachfrage erhalten bleiben, so wie es heute den wenigen erhaltenen Stücken alter oder antiker Möbel ergeht, wie z. B. echtem Biedermeier.
Das Jahr 1954 stand im Zeichen eines politischen Ereignisses, das sich auch auf das Bauwesen sehr nachhaltig auswirken sollte: Vom 30. März bis zum 6. April tagte in Berlin der IV. Parteitag der SED.
Der Parteitag stellte Lobendes zum Bauwesen fest. Er würdigte die Leistungen im Nationalen Aufbauwerk und die Ergebnisse beim Bau neuer Wohnungen. Hervorgehoben wurde Stalinstadt, die neue Stadt, die mit dem Bau des Eisenhüttenkombinates Ost entstand. Dafür war erstmalig in der DDR ein Generalprojektant ernannt worden, der für die komplexe Durchführung der Projektierung verantwortlich war. Kurt Leucht, der Direktor unseres Instituts für Städtebau und Landesplanung, hatte diese Aufgabe übertragen bekommen. Bereits 1954 waren mehr als 750 Hüttenwerkerfamilien in neue Wohnungen gezogen. Ein Krankenhaus, ein Lichtspieltheater sowie Schulen und Vorschuleinrichtungen waren im Bau. Die Institution Generalprojektant bewährte sich. Ich halte übrigens den älteren Teil des heutigen Eisenhüttenstadt nach wie vor für eine sehr gelungene und ansprechende städtebauliche Lösung.
Ausgehend von diesem Beispiel, orientierte der Parteitag die staatlichen Organe des Bauwesens auf die komplexe Planung und Projektierung ganzer Gebiete, Städte und Gemeinden. Verlangt wurden eine Senkung der Baukosten, möglichst in allen Phasen des Bauablaufs, und ein schnelleres Bautempo. Beides sah man in direkter Abhängigkeit von der Anwendung industrieller Methoden. Kurz gesagt: Der Parteitag übte ganz energisch Kritik an der zögernden Anwendung industrieller Bauweisen, denn auch die Bauten von Stalinstadt wurden anfangs noch vorwiegend aus Ziegelmauerwerk errichtet.
„Schneller, besser und billiger bauen", das war es, was wir nun im Bauwesen immer wieder hören und natürlich verwirklichen sollten. An und für sich war diese Entwicklung vorauszusehen gewesen. Bereits Anfang 1953 hatte das ZK der SED einen Feldzug für strengste Sparsamkeit beschlos-

sen. Der Grundsatz „Spare mit jeder Minute, jedem Gramm und jedem Pfennig" sollte überall angewendet und als ein Ausdruck der sozialistischen Wirtschaftsführung verstanden werden. Die verstärkte Tendenz zur Ökonomie setzte sich während der Beratung über den Staatshaushaltsplan 1954 fort, als der neue Minister für Aufbau, Heinz Winkler, über Maßnahmen zur Senkung der Baukosten informierte. Dazu gehörten die verstärkte Anwendung von Typenentwürfen und standardisierten Bauelementen, eine Verwaltungskosteneinsparung, die Beschränkung der Aufgaben der Baubetriebe auf ihren territorialen Zuständigkeitsbereich sowie die Ausarbeitung langfristiger Perspektivpläne zur Industrialisierung des Bauens.

Zusammen mit den leitenden Mitarbeitern der Bauakademie betrachtete ich die Forderungen der Parteiführung nach Industrialisierung des Bauens als wichtigen Auftrag. Ich glaubte allerdings, daß Architektur und Ökonomie gleichberechtigt nebeneinander bestehen könnten. Und da sich die meisten Kritiken damals gegen das Ministerium für Aufbau und noch nicht gegen die Bauakademie richteten, gingen wir in der Folgezeit mit einer gewissen Freimütigkeit an die Lösung der gestellten Aufgaben. Wir taten dies aber in der vollen Überzeugung, daß die Industrialisierung der einzig mögliche Weg war, um im Bauwesen die Ökonomie grundlegend zu verbessern.

Auf dem IV. Parteitag der SED wurde ich zusammen mit meinem Stellvertreter Edmund Collein in das Zentralkomitee gewählt, dem ich bis 1963 als Mitglied angehörte.
Nach meinem Ermessen bildeten die Jahre zwischen 1953 und 1955 einen Höhepunkt in meiner Arbeit als Präsident der Bauakademie. Es gab hinsichtlich der wichtigsten Fragen volle Übereinstimmung zwischen der Parteiführung und mir, im Politbüro war ich als Berater in Baufragen akzeptiert. Dazu kam, daß die vielen Grundsteinlegungen und Übergaben mein Wirken schön und sichtbar erfolgreich machten.
Da das Bauwesen fest in den Blickpunkt der Partei- und Staatsführung geraten war und unsere Baustellen in der Tat noch recht handwerklich betrieben wurden, folgte Beschluß auf Beschluß, um die Bautätigkeit auf die notwendigen höheren Anforderungen einzustellen. Schon im Juli beriet ein Volkskammerausschuß über die von Bauminister Heinz Winkler angekündigten Sparmaßnahmen und kritisierte ihre ungenügende Erfüllung. Das Ministerium wurde verpflichtet, dem Ministerrat ein entsprechendes Programm vorzulegen.
Am 26. Oktober verabschiedete das Politbüro des ZK der SED einen Beschluß zu den neuen Aufgaben des Bauwesens. Es hieß darin: „Zur Zeit bestehen die Hauptschwächen im Bauwesen darin, daß die vorgesehene Senkung der Baukosten nicht eingehalten wird, daß die vorhandene Baumechanik nicht mit gutem Wirkungsgrad genutzt wird und daß die Baustellenorganisation mangelhaft und unvollkommen ist ... Die Beseitigung der Mängel be-

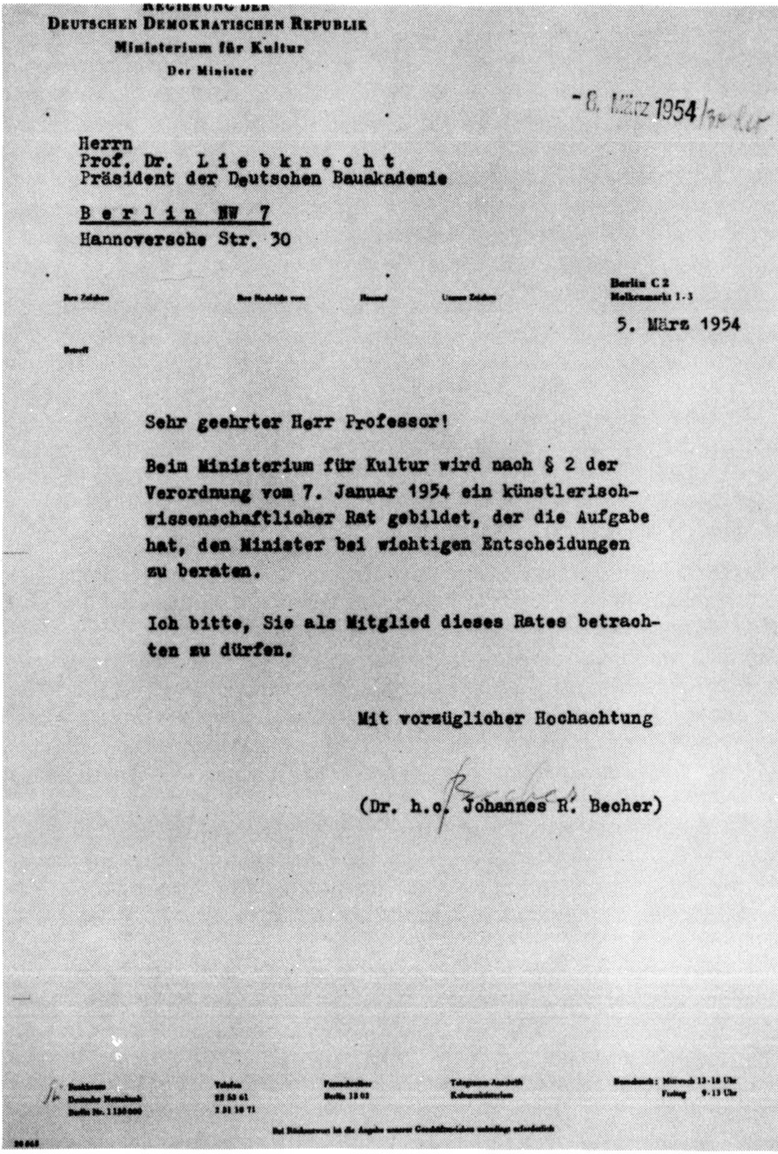

Regierung der
Deutschen Demokratischen Republik
Ministerium für Kultur
Der Minister

-8. März 1954

Herrn
Prof. Dr. Liebknecht
Präsident der Deutschen Bauakademie

Berlin NW 7
Hannoversche Str. 30

Berlin C 2
Molkenmarkt 1-3

5. März 1954

Sehr geehrter Herr Professor!

Beim Ministerium für Kultur wird nach § 2 der Verordnung vom 7. Januar 1954 ein künstlerisch-wissenschaftlicher Rat gebildet, der die Aufgabe hat, den Minister bei wichtigen Entscheidungen zu beraten.

Ich bitte, Sie als Mitglied dieses Rates betrachten zu dürfen.

Mit vorzüglicher Hochachtung

Becher

(Dr. h.c. Johannes R. Becher)

Berufung in den künstlerisch-wissenschaftlichen Rat beim Ministerium für Kultur vom 5. März 1954

ginnt mit einer Verbesserung der Planung, mit einer höheren Qualität der Bauprojektierung und mit einer wesentlichen Baukostensenkung." Letztere Forderung wurde als „wichtige nationale Aufgabe" bezeichnet. Auch in diesem Dokument wurde eine langfristige komplexe Planung und Projektierung gefordert, die „entscheidend die rationelle, kostensparende, technisch und künstlerisch einwandfreie Lösung aller Bauprozesse" verbessern würde. „Sie schafft die Voraussetzung für eine stärkere Mechanisierung aller Bauarbeiten."

Der Beschlußentwurf „Die neuen Aufgaben im Bauwesen" wurde im Ministerrat mit Maureraktivisten und anderen Baufachleuten beraten. Otto Grotewohl eröffnete diese Zusammenkunft. Er wies darauf hin, daß die Durchführung der großen Bauaufgaben im letzten Jahr des ersten Fünfjahrplans und bei der Vorbereitung des zweiten Fünfjahrplans mit einem entscheidenden Durchbruch in der Sicherung der Rentabilität der volkseigenen Baubetriebe verbunden werden müsse.

In der Diskussion sprach der damals sehr bekannte Maurerbrigadier Paul Hermann, einer der ersten Nationalpreisträger unter den Bauarbeitern. Er meinte, daß seine Kollegen in der Stalinallee längst bewiesen hätten, daß es möglich sei, die Baukosten entscheidend zu senken, wenn nur auf den Baustellen die organisierte Kraft der Arbeiterklasse eingesetzt würde. Er berichtete über die Einführung von Neuerermethoden auf seiner Baustelle F-Nord, mit denen sein Kollektiv auch die Ziegelbauweise wesentlich rentabler gestaltet hätte. Selbst in dieser Bauweise könnten noch Reserven ausgeschöpft werden, beispielsweise durch die Umstellung der Ziegeleien von Vollziegeln auf Hochlochziegel, was eine Kosteneinsparung bis zu fünf Prozent ausmache.

Der Brigadier hatte recht und bekam entsprechende Zustimmung, aber wir Bauwissenschaftler wußten doch schon, daß man von uns in Zukunft andere Dimensionen erwartete.

Die Deutsche Bauakademie nahm auf ihrer IX. Plenartagung am 10. Dezember 1954 zu dem Politbürobeschluß Stellung. Im Zusammenhang mit den Arbeitsrichtlinien für das Jahr 1955 bestätigten wir, daß allein komplexes Planen, Projektieren und Bauen eine zweckmäßige, rationelle, kostensparende und fortschrittliche Lösung aller Prozesse im Bauen gewährleiste. So, wie komplexes Planen in Form von Teilbebauungsplänen erfolgen müssen, denen Unterlagen für die wirtschaftliche und kulturelle Entwicklung eines Gebietes, einer Stadt, eines Stadtteils oder einer Siedlung mit Angaben über Versorgung und Verkehr, Grünplanung und gesellschaftliche Einrichtungen zugrunde zu liegen hätten, so bedeute komplexe Projektierung nicht mehr nur das Entwerfen einzelner Gebäude, sondern ganzer Wohnviertel einschließlich Schulen, Kindergärten, Straßen, Grünanlagen und Sportplätzen sowie aller Leitungen für Bewässerung und Entwässerung, Gas, Licht, Heizung usw.

Auf solchen Grundlagen würde ein komplexes Bauen möglich sein, nämlich eine Anwendung der modernsten Bauweisen im Fließ- und Taktverfahren, auf der Basis einer rationellen Organisation und bei zweckmäßigster Ausnutzung spezialisierter Baubrigaden.
Damit im Zusammenhang standen die anderen Beratungspunkte unserer Plenartagung: vorzugsweise dort zu bauen, wo das Gelände schon aufgeschlossen ist, das Bauen an bestimmten Schwerpunkten zu konzentrieren, den Vorlauf der Projektierung zu gewährleisten. Nur ordnungsgemäß abgeschlossene Projekte dürften in den neuen Investitionsplan aufgenommen werden. Kein Projekt dürfe mehr gebaut werden, dessen Zeichnungen und Kostenanschläge nicht vorschriftsmäßig bestätigt worden seien.
Schließlich sprachen wir uns für eine Typisierung, für Entwurfsnormen und natürlich für fortschrittliche Bauweisen aus, wie sie sich in der Praxis schon bewährt hatten.
Ein ganz entscheidender Tag in dieser Hinsicht war der 19. März 1954 gewesen. In Berlin-Johannisthal fand das Richtfest für den ersten Großplattenbau der DDR statt. In meiner Festansprache direkt vor dem viergeschossigen Haus konnte ich mitteilen, daß die Anwendung industrieller Bauweisen im großen Maßstab die Baukosten um ein Viertel verbilligen würde.
Die Baustelle allein sah für damalige Begriffe schon ungewöhnlich aus. Dort gab es keine Ziegelhaufen zu sehen, wie das selbst auf Großbaustellen der DDR noch üblich war. Ein Turmdrehkran überragte das Gelände. Er hatte die zwei bis drei Tonnen schweren Betonplatten auf Etagenhöhe befördert.

Nach dem Vorbild sowjetischer Baumethoden hatte ein Kollektiv der Bauakademie unter Leitung von Diplomingenieur Karl-Heinz Schultz in einjähriger Forschungsarbeit das entsprechende Verfahren entwickelt, das als eine Pionierleistung angesehen werden muß. Das Betongemisch wurde in eigens für die Produktion von Wandplatten hergerichtete Formen geschüttet. Die Formen bestanden aus genau berechneten Holzrahmen. Je nach Bedarf konnten Öffnungen für Türen oder Fenster eingelassen werden.

Alle Elemente entstanden auf diese Weise direkt neben der Baustelle. Der ganze Platz, der heute dicht bebaut ist, war 1954 noch Freifläche. So konnten sämtliche großflächigen Bauteile, wie Decken, Treppenaufgänge, Fenstersimse oder Säulen, in Formen gegossen und an Ort und Stelle montiert werden. Das führte zusätzlich zu einer erheblichen Einsparung von Transportraum. Da der Bau als Forschungsauftrag aus dem Plan Forschung und Technik finanziert worden war, mußten wir unbedingt ein Kostenlimit einhalten, was uns auch gelang.
Als mich der Polier nach dem Ende meiner Rede fragte, ob ich mit der geleisteten Arbeit zufrieden sei, konnte ich deshalb voller Überzeugung mit einem weithin vernehmbaren „Ja“ antworten. Daraufhin erhob der Polier sein Glas zum Festtrunk, und wir stießen auf die Zukunft dieser Bauweise an.

Aufgrund der am Versuchsbau gesammelten Erfahrungen wollten wir im kommenden Jahr mit der Großfabrikation von ganzen Wohnblöcken beginnen. Dann wollten wir die Platten auch nicht mehr auf der Baustelle gießen, sondern aus eigens dafür zu errichtenden vollmechanisierten Fabriken beziehen. In diesem Zusammenhang machte ich noch einmal auf die Wichtigkeit einer weitgehenden städtebaulichen Perspektivplanung aufmerksam.
Das erste Plattenwerk der DDR entstand 1955 bei Hoyerswerda und ermöglichte den Aufbau der gleichnamigen Stadt, die für die Beschäftigten des Kombinats „Schwarze Pumpe" entstand.
Ich schrieb schon, daß für den Versuchsbau in Johannisthal auch Säulen gegossen wurden. Das heißt, wir achteten trotz des industriellen Bauens auf ein ästhetisch ansprechendes Gebäude. Pilaster gliederten die Fassade und rahmten die Fenster. Über den beiden Haustüren befanden sich Reliefs. Der Gebäudesockel und vier die oberen Ecken schmückende Akroterien berücksichtigten den meiner Meinung nach sehr wichtigen Grundsatz, daß ein Haus eine Basis und einen Abschluß haben muß. Ich gebe zu, daß ich mir eine Industrialisierung des Bauens nie ohne Berücksichtigung solcher elementaren architektonischen Regeln vorstellte. Eine höhere Wirtschaftlichkeit des Bauens durfte für mich nicht auf Kosten des Anspruchs der Architektur gehen, auch Kunst zu sein.
Das denkwürdige Jahr 1954 ging zu Ende mit einer Unionsbaukonferenz, die im Dezember in Moskau stattfand. Nikita Chrustschow hielt die berühmte Rede an seine „lieben, allzu teuren Architekten". Daraufhin wurde schon am 20. Januar 1955 die X. Plenartagung der Bauakademie einberufen, auf der Rudolf Schüttauf, unser neuer Direktor des Instituts für Bautechnik und Teilnehmer an der Moskauer Konferenz, Bericht erstattete.
Auch Walter Ulbricht nahm an dieser Plenartagung teil. Eigentlich wiederholten alle Redner Dinge, die in der letzten Zeit schon mehrfach ausgesprochen worden waren, angefangen von der Notwendigkeit von Perspektivplänen, über die Dringlichkeit der Industrialisierung bis hin zur besseren Ausbildung des wissenschaftlichen Nachwuchses. Doch jeder von uns hörte heraus, daß diese Forderungen ultimativer klangen als bisher. Lange Zeit würde man uns nicht mehr lassen, und es erschien mir plötzlich klar, daß es bei dem Einzelbeispiel Johannisthal in Zukunft nicht bleiben konnte.
Der Volkswirtschaftsplan 1955 verlangte, in jedem Bezirk der DDR eine industrialisierte Baustelle zu schaffen. Mit Anordnung des Ministeriums für Aufbau vom 3. Januar waren für alle Bauvorhaben des beginnenden Jahres die Fenster und Türen verbindlich, die das Entwurfsbüro für Typung des Ministeriums erarbeitet hatte.
Die Industrialisierung des Bauens begann sich Bahn zu brechen. Solche Diskussionen, wie wir sie noch 1950 zum Thema „Hohes oder breites Fenster?" geführt hatten, begannen fragwürdig zu werden.
Ich möchte aber noch einmal nachdrücklich sagen, daß ich die Linie der In-

dustrialisierung auch deshalb voll unterstützte, weil ich davon bessere Möglichkeiten für die Gestaltung erhoffte. Da schon am 1. Februar das Politbüro des ZK der SED sowohl die Moskauer Konferenz als auch unsere Plenartagung auswertete und die Durchführung einer eigenen Baukonferenz empfahl, schrieb ich in den kommenden Wochen eine Reihe von grundsätzlichen Beiträgen in vielen Zeitungen. Hier ein Auszug aus einem Artikel im „Neuen Deutschland" vom 11. Februar 1955:

„Den architektonischen Fragen schenkte die Moskauer Konferenz große Aufmerksamkeit, da festgestellt wurde, daß viele Architekten zu teuer bauen und sich mehr mit Fragen der äußeren Gestalung als mit den Problemen der Bequemlichkeit und der Wirtschaftlichkeit beschäftigen ... Bei uns tragen in der architektonischen Gesamthaltung weder die neuen Wohnbauten an der Berliner Stalinallee, in Dresden oder Rostock und anderen Aufbaustädten Merkmale dieser oben genannten Verzerrungen, wie Überladenheit, eine für ein Wohnhaus nicht charakteristische Gestaltung oder die unkritische Übernahme von Bautraditionen.

Aber alle diese grundsätzlichen Hinweise sind für uns deshalb so wertvoll, weil sie uns vor ähnlichen Fehlern in unserer weiteren Entwicklung bewahren können. Natürlich gibt es auch in unserer Praxis nicht wenig Fälle, wo unwirtschaftlich mit den von unserem Volke zur Verfügung gestellten Mitteln umgegangen wurde ... In der Stalinallee in Berlin gefällt sehr die schöne Keramikverkleidung der Wohnblocks, durch die zum Teil die freundliche und festliche Wirkung des ganzen Straßenraumes hervorgerufen wird ... Nach einer Analyse wurden beim Block A der Stalinallee 370, beim Block E aber nur 23 verschiedene Formstücke (für Keramikplatten) verwendet, das heißt, der Block A ist in seiner Verkleidung wesentlich kostspieliger.

Im Café Warschau wurden, um den Raum zu vergrößern, Betonstützen abgefangen, später hat aber der Architekt aus ästhetischen Rücksichten diese abgefangenen Stützen wieder durch Stucksäulen ersetzt.

Alle, die die Möglichkeit hatten, die neue Staatsoper zu besichtigen, haben diesen architektonischen und technischen Leistungen höchstes Lob gezollt; aber es wurde – und ich glaube, nicht ganz zu Unrecht – der etwas zu hohe Aufwand der Räume des Verwaltungsgebäudes der Staatsoper kritisiert.

Vom städtebaulichen Standpunkt und unter Berücksichtigung unserer besonderen Tradition sind die zwei architektonischen Akzente am Bersarinplatz im Zuge der Stalinallee unbedingt richtig. Aber man muß sagen: Der konstruktive Aufbau der beiden Türme ist sehr kostspielig.

Die Moskauer Konferenz hat ein allgemeines großes Interesse bei allen Bauschaffenden auch in der Deutschen Demokratischen Republik hervorgerufen, und es gibt bei uns einige Unklarheiten darüber, ob der Weg, den wir eingeschlagen haben, der richtige ist.

Einige Architekten glauben, daß wir nun wieder zum Konstruktivismus oder zur neuen Sachlichkeit zurückkehren.

Diese Beispiele zeigen, daß es notwendig ist, gewisse Fragen unserer Architektur zu klären, um vorzubeugen, daß noch weitere falsche Schlußfolgerungen gezogen werden."

Am 3. April 1955, wenige Tage nach meinem 50. Geburtstag, begann in der Deutschen Sporthalle in Berlin die 1. Baukonferenz der DDR. 1800 Delegierte berieten vier Tage lang zum Thema „Besser, schneller und billiger bauen!". Heinz Winkler, unser Minister für Aufbau, eröffnete die Beratung, Walter Ulbricht hielt das Referat.

Der Erste Sekretär des ZK der SED nannte noch einmal die Zahlen, die der Plan 1955 vom Bauwesen forderte, darunter eine Erhöhung der Betonfertigteilproduktion um 52 Prozent. Der Gesamtumfang des städtischen und ländlichen Wohnungsbaus sollte um ein Drittel steigen. Davon ausgehend, sagte der Redner:

„Diese großen Aufgaben sind nur lösbar, wenn für die Städte Perspektivpläne ausgearbeitet werden. Zum erstenmal in der deutschen Geschichte wurde es in der Deutschen Demokratischen Republik möglich, die Rekonstruktion ganzer Städte auf Jahrzehnte zu planen. Der Perspektivplan bis zum Jahre 1970 für Berlin ist ein Beispiel exakter wissenschaftlicher Arbeit."

Auf den Fünfjahrplan 1951 bis 1955 eingehend, sagte Walter Ulbricht:

„Bis Ende dieses Jahres werden die im ersten Fünfjahrplan festgelegten Gesamtinvestitionen für den Wohnungsbau erfüllt sein und eine Wohnfläche von 9,1 Millionen Quadratmetern zur Verfügung stehen. Wir haben eine Million Quadratmeter zuwenig gebaut. Das hat seine Ursache darin, daß bei vielen Bauten die Baukosten bedeutend überschritten wurden und daß noch keine strenge Ordnung in der Schaffung und Anwendung von Materialverbrauchsnormen besteht."

Folglich kam er zu der Schlußfolgerung, die wir alle erwarteten:

„Die grundlegende Aufgabe, die im Bauwesen zu lösen ist, die Durchführung der Industrialisierung des Bauens, kann nur bei weitgehendster Typisierung erreicht werden. Die erhöhten Aufgaben des zweiten Fünfjahrplanes im Bauwesen erfordern, daß die Projektierung sich von der Vielzahl der individuellen Projekte löst und in einem viel stärkeren Umfange dazu übergeht, Typenprojekte zu erarbeiten und diese auch anzuwenden."

Und weiter dazu:

„Industrialisierung des Bauens, das heißt, die Bauindustrie auf den Stand der fortgeschrittensten Wissenschaft und Technik zu bringen. Ein solcher grundlegender Wandel kann nicht schlagartig erfolgen. Ausgehend von den vorhandenen Möglichkeiten muß die Industrialisierung des Bauwesens durchgeführt werden. Es wurde zum Beispiel sofortige Einführung von Großplattenbauweise auf breiter Basis gefordert. Das entspricht nicht unserer realen Lage und ist bei uns im Augenblick nicht durchführbar. Wir haben im Moment weder die dazu erforderlichen großen Fertigteilwerke noch die Transportmöglichkeiten, Maschinen und Geräte. Aber wir werden trotzdem

damit beginnen. Die Ziegelbauweise wird bei uns im Rahmen der Industrialisierung noch lange Zeit in großem Umfang zur Anwendung kommen. Fertigteile können auch hier in großem Umfange zur Anwendung gelangen.
Die Betriebe des Bauwesens stehen vor der Aufgabe, mit der massenweisen Herstellung von typisierten Bauelementen zu beginnen. Die Arbeitsgruppe für die Fragen der Industrialisierung und Typisierung hat die bisherigen Erfahrungen ausgewertet und umfassende Vorschläge für die Herstellung typisierter Bauelemente gegeben. Die massenweise Herstellung der typisierten Bauelemente bedeutet, den Charakter des Baubetriebes so zu verändern, daß die Baustelle zum Montageplatz wird."
Es war bei der Auswertung der Baukonferenz immer wieder von der Wende die Rede, die nun im Bauwesen eingeleitet sei. Die Deutsche Bauakademie bekam die veränderten Forderungen schon bald zu spüren.
Nach der 1. Baukonferenz und vor allem auch im Zusammenhang mit der Rede Chrustschows auf der Allunions-Baukonferenz in Moskau kam unter den Architekten der DDR wieder ein Streit um Schaffensprobleme auf. Es ging vor allem darum, ob unsere Fehler und Mängel in der städtebaulichen und architektonischen Entwicklung der letzten Jahre lediglich als Oberflächenerscheinung zu bewerten seien oder ob sie tiefere Ursachen hätten, ob etwa von einer Verletzung der Prinzipien des sozialistischen Realismus die Rede sein könne. Einige Kollegen der Bauakademie vertraten die Ansicht, daß wir nur jene Kritik Chrustschows auf uns beziehen müßten, die sich gegen die Vernachlässigung der Wirtschaftlichkeit, gegen die Rückständigkeit der städtebaulichen Planungsarbeit, gegen die Mängel des ländlichen Bauwesens und der Industriearchitektur sowie die Unterschätzung der Typenprojektierung richte.
Ich war jedoch der Meinung, daß wir prinzipiell und neu nachdenken müßten über wesentliche Fragen der architektonischen Gestaltung, daß wir das Verhältnis zwischen der materiellen und der ideellen Seite der Architektur richtigstellen müßten. Meiner Meinung nach bestand der Hauptfehler unserer bisherigen Entwicklung in einer Überbetonung der ideellen Seite der Architektur. Wenn sich das bei unseren Bauten auch nicht in so auffälliger Weise durch dekorative Überladenheit und überflüssigen Schmuck äußerte – von einigen Ausnahmen abgesehen –, so entsprangen viele Fehler jedoch der gleichen Ursache wie in der Sowjetunion. Auch bei uns mußte man davon sprechen, daß die ökonomischen, funktionellen und technisch-konstruktiven Aufgaben der Architektur vielfach in unzulässiger Weise ihren künstlerischen Aufgaben untergeordnet wurden.
Wenn man die Wohnqualität selbst unserer besten Bauten an zentralen Plätzen und Magistralen überprüfte, so mußte man feststellen, daß es nur wenigen Architekten gelungen war, die Forderung nach Zweckmäßigkeit und Bequemlichkeit zu befriedigen. Das galt z. B. für die Wohnbauten am Dresdener Altmarkt und auch für die der Windmühlenstraße am Roßplatz in Leipzig.

Die der Hauptstraße zugewandten Fassaden waren architektonisch geschlossen gestaltet und zeigten ein diesem zentralen Standort angemessenes, würdiges Aussehen. Die Grundrisse der einzelnen Wohnungen jedoch, die Ökonomie der Nutzfläche und selbst die Anordnung der Türen und Fenster an der Rückfront zeigten wesentliche Mängel.
Viele Verstöße gegen Prinzipien des sozialistischen Realismus waren darauf zurückzuführen, daß mit den Bauarbeiten begonnen worden war, ehe die notwendigen stadtplanerischen und städtebaukünstlerischen Grundlagen geschaffen waren. Dieser auch von der Parteiführung schon lange kritisierte Umstand zeigte also seine Auswirkungen. So gab es Mitte 1955 in Stalinstadt immer noch keine vollständige Klarheit über die Komposition des zentralen Platzes und der Magistralen.
Die Diskussionen, die damals laut wurden, waren, wie man merkt, sehr kritisch. Ich war allerdings froh, daß es nach einem gewissen Stillstand bei prinzipiellen Auseinandersetzungen nun wieder zu Meinungsstreit kam, denn die Gefahren, die eine Verletzung unserer grundsätzlichen theoretischen Positionen mit sich gebracht hätte, waren größer, als man bei oberflächlichem Denken annehmen konnte. Hierzu ein Zitat aus einer Stellungnahme des Präsidiums der Deutschen Bauakademie zu „Fragen der deutschen Architektur“:
„Die Verletzung von Grundsätzen des sozialistischen Realismus hat auch insofern Bedeutung, als dadurch eine Reihe von Architekten abgehalten wurde, den Weg des sozialistischen Realismus zu beschreiten ...
Da wir nicht in genügendem Maße bei uns selbst darauf gedrungen haben, daß die künstlerische Gestaltung einer sorgfältigen technischen Ausführung bedarf, führten einige unserer Architekten, die die Mängel erkannten, einen Rückzug auf die sogenannte handwerklich-baumeisterliche Gesinnung durch, was ein Ausweichen von der Darstellung der gesellschaftlichen Inhalte bedeutet.
Die gefährlichste Auswirkung der Verletzung von Prinzipien des sozialistischen Realismus besteht darin, daß wir dadurch dem Funktionalismus und Konstruktivismus die Tore öffnen. Gerade in der letzten Zeit machten sich durch eine falsche Auslegung der Chrustschow-Rede, die durch die unzulängliche Selbstkritik in den Fragen der Architektur in unseren eigenen Reihen begünstigt wurde, Bestrebungen bemerkbar, die die Wiederherstellung der konstruktivistischen und funktionalistischen Architektur bezwecken. In Diskussionen, die kürzlich im Kulturbund in Berlin stattfanden, wurden Auffassungen vertreten, die auf eine Liquidierung unserer Errungenschaften der Architektur hinauslaufen. Diese Tatsachen beweisen, daß es eine der wichtigsten Aufgaben, insbesondere der Deutschen Bauakademie und des Bundes Deutscher Architekten, ist, dem Meinungsstreit über die Fragen, die durch die Industrialisierung des Bauwesens für die Architektur aufgeworfen wurden, einen wissenschaftlichen Charakter zu verleihen und ihn in breitem Maße unter Teilnahme der Werktätigen zu organisieren.“[107]

Die Diskussion sollte unsere Meinung zum Ausdruck bringen, daß wir uns auf dem richtigen Weg befanden. Wir untersuchten und verwarfen nicht, um uns auf neue oder zurückliegende Ideen zu einigen, sondern um die als richtig erkannten, seit einigen Jahren angestrebten und vertretenen in größerer Vollkommenheit zu realisieren. Es ging nicht gegen den Plattenbau, auch wenn sich das Haus in Berlin-Johannisthal nun gestalterische Vorwürfe machen lassen mußte. Wir waren auch nicht gegen unsere nationalen Traditionen, selbst wenn man den Gebäuden am Dresdener Altmarkt eine gewisse Überladenheit nicht absprechen kann. Wir verteidigten nach wie vor die Stalinallee, auch wenn es berechtigte Hinweise auf eine Vernachlässigung der technischen Ausführungen gab, z. B. bei Wandverkleidungen und Bewässerungsanlagen.
Es war zu erwarten, daß unsere offen geäußerten Meinungen sofort zu Reaktionen in westlichen Zeitungen führen würden. Hatte man uns vorher nicht genug des bloßen „Nachbauens" sowjetischer Vorbilder beschuldigen können, so erregte nun der Umstand, daß wir die sowjetische Auseinandersetzung mit überladenen und zu teuren Fassaden nur bedingt auf uns bezogen, erneute Gehässigkeiten. Man konstatierte „Gegensätzlichkeiten zwischen Chrustschow und Ulbricht", gar eine „Abtrünnigkeit Pankows" – nur eines nicht: unser ehrliches Suchen, eine dem sozialistischen Staat entsprechende, zweckmäßige und schöne Architektur zu schaffen.
Wir hatten in der Bauakademie die feste Absicht, uns den Anforderungen des industriellen Bauens zu stellen. Der Beschluß über „Die wichtigsten Aufgaben im Bauwesen", den wir auf der Baukonferenz beraten und angenommen hatten und den der Ministerrat schließlich als Dokument beschloß, verlangte ein besseres, schnelleres und billigeres Bauen, eine zielstrebige Industrialisierung und eine umfangreiche Einflußnahme auf die Wirtschaftlichkeit des Bauens, vom Projekt angefangen.
Mit unserer Zustimmung verbanden wir die Absicht, der zeitweilig überbetonten Baukunst wieder den Stellenwert zu geben, der ihr unserer Meinung nach zukam: einer der Bestandteile von Bauwerken zu sein, neben Ökonomie, Funktion und Konstruktion.
Doch ebendiese Auffassung war nach der Baukonferenz nicht mehr aktuell. Für die Anhänger der „radikalen Industrialisierung und Standardisierung" galt in erster Linie die Ökonomie – das war verständlich und für die DDR geradezu lebensnotwendig. Daß aber dabei gestalterische Fragen fast völlig vernachlässigt wurden – dieser Haltung konnte ich mich nie anschließen.
Ich möchte das erklären.
Ich hatte die Kunst immer als Bestandteil der Architektur angesehen, so wie das schon die klassischen Gebäude der Griechen und Römer beweisen. Es gibt eine „künstlerische Grammatik" für ein jedes Bauwerk, Gesetzmäßigkeiten, die man beachten muß, wenn man Harmonie und Schönheit erreichen will. Dazu gehören die Proportionen von Länge und Höhe, ebenso das

Größenverhältnis von Fenstern und Türen. Auch halte ich es für wichtig, daß jedes Gebäude einen Sockel, einen Mittelteil und einen Abschluß aufweist, so wie das bei den Bauten der Stalinallee und bei dem Plattenhaus in Johannisthal auch der Fall ist. Die in den sechziger Jahren und danach häufig praktizierte „Kunst am Bau“ empfand ich immer als eine nachträglich aufgedrückte Verschönerung, die ein ästhetisch gelungenes Gebäude nicht ersetzt. Auch Farbe allein ist bei aller Bedeutung kein Äquivalent für gestalterische Unzulänglichkeit. Das beweisen auch heute gute Beispiele neuer Wohngebäude, insbesondere im innerstädtischen Wohnungsbau, wo es gelungen ist, durch gute tektonische Gliederung befriedigende Lösungen zu erreichen. Die Architektur steht nun einmal mit der Funktion und der Konstruktion eines Hauses in engster Berührung, was sie völlig von der Malerei und der Bildhauerei unterscheidet.

Selbst die Architektur der zwanziger Jahre in Deutschland, die beim Einzelhaus häufig baukünstlerische Gesichtspunkte vermissen läßt, zeigt beim Ensemble, bei der Siedlung oder der Straße eine gute und proportionale Gestaltung.

Diese Gesetzmäßigkeiten habe ich auch nach 1955 immer wieder angesprochen, wobei ich mir darüber klar war, daß man herkömmliche Proportionen entsprechend den Anforderungen neuer Bauweisen durchaus verändern und variieren kann und soll. Die künstlerische Betrachtungsweise muß auf neuer Stufe erfolgen. Ganz darauf zu verzichten, hielt ich für einen Fehler. Ich stellte mir gerade nach der 1. Baukonferenz eine Diskussion vor, wie wir jahrhundertealte Architekturlehren für das industrielle Bauen anwenden und weiterentwickeln könnten.

Mit dem Abstand der Jahre kann ich die Veränderungen im Bauwesen der fünfziger Jahre in der DDR natürlich besser erklären. Man darf nicht vergessen, daß ich meine Tätigkeit als Präsident der Bauakademie unter den Voraussetzungen einer noch traditionellen Bautechnik begonnen hatte und daß ich – entsprechend den Weisungen der Partei – als unsere wichtigste Aufgabe den Kampf um eine neue deutsche Architektur und einen sozialistischen Städtebau ansah. Die Resultate dieser Zeit sind heute jedermann sichtbar. Ich denke, daß jetzt, wo wir die Einheit von Neubau, Modernisierung und Rekonstruktion zu unserem baupolitischen Programm gemacht haben, diese damaligen Bemühungen wieder an Bedeutung gewinnen.

Der Umschwung nach der Baukonferenz war dadurch bedingt, daß die Basis der Bauproduktion von Grund auf neugeschaffen werden mußte. Dem zugrunde lag nicht nur die Notwendigkeit, schneller und billiger Wohnungen zu bauen, sondern auch die dringende Forderung, die ökonomischen Grundlagen für den Industriebau und den Landwirtschaftsbau zu erneuern. Folglich rückten neue industrielle Bauweisen ins Blickfeld, neue Technologien, neue Baustoffe. Hatten wir in der Akademie vorher immer nur die Endprodukte, also das Bauwerk oder das städtebauliche Ensemble, gesehen, so stand jetzt

notwendigerweise die Produktionsbasis im Vordergrund. Das war an sich kein Gegensatz, sondern für die Ziele, die der Staat sich für seine Entwicklung und Stärkung gestellt hatte, unerläßlich.
Sosehr ich diese objektiv notwendigen Schritte heute verstehe, so fehlte mir damals doch subjektiv die Kraft, mit der neuen Lage fertig zu werden.
Rückblickend muß ich feststellen, daß ich mit meinen Ansichten für manche Kollegen eine überholte Generation zu verkörpern schien. Entsprechend bereitete sich etwa ab 1956 meine Ablösung als Präsident der Bauakademie vor, auch wenn das Außenstehende vielleicht wenig bemerkten. Gleichzeitig hörte die Zeit auf, in der ich mich als Architekt ständig sehr wohl gefühlt hatte. Was ich gelernt hatte, galt nur noch bedingt, und meine Lehrer, zu denen ich Poelzig und Viktor Wesnin rechne, schienen unrecht zu haben. Ich erinnerte mich an Worte Alexander Wesnins, die ich gelesen und denen ich zugestimmt hatte, daß die Hauptaufgabe des Architekten die Organisierung des neuen Lebens sei und die Technik als Mittel dazu diene. Mit der alten Technik könne man die Lebensweise nicht richtig organisieren. Sie gehöre nicht zum Aufgabengebiet des Architekten, sei aber eine notwendige Folge der Arbeit, deren Vorhaben auf den Betrachter wirke; denn auch eine vollendete funktionelle Form müsse auf den Betrachter vollendet wirken.
Eine Vernachlässigung der Kunst in Bauwerken war und ist international zu beobachten. So lehren von allen deutschsprachigen Hochschulen Westeuropas, die Architekten ausbilden, soviel ich weiß, nur noch Zürich und Wien Baugeschichte. Es ist interessant, daß viele jüngere Kollegen, die diese Kenntnisse nicht erlernt haben, das häufig im Selbststudium nachholen. Sie vermissen diesen Teil der Ausbildung so, wie wir früher die moderne Technik in der Ausbildung vermißt haben. In der DDR steht das Fach Baugeschichte nun wieder auf dem Lehrplan – eine Notwendigkeit, die sich nicht zuletzt im Zusammenhang mit Modernisierung und Rekonstruktion ergibt.
Doch zurück zum Jahre 1955. Es brachte uns zwei kulturelle Höhepunkte im Baugeschehen: einmal im September die Eröffnung der Deutschen Staatsoper in Berlin, über deren Bau ich schon geschrieben habe, zum anderen im Oktober den Aufbaubeginn an der Leipziger Oper.
Der erste Spatenstich für diesen bedeutendsten ersten Theaterneubau nach Gründung der DDR fand unter großer Anteilnahme der Bevölkerung am Tag der Republik statt. An den Wettbewerben für das Haus hatten sich auch polnische Architekten mit Erfolg beteiligt.
Am heutigen Karl-Marx-Platz, an dem früher der durch den zweiten Weltkrieg stark zerstörte klassizistische Theaterbau von Langhans dem Jüngeren stand, sollte das neue Opernhaus errichtet werden. Die städtebauliche Aufgabe bestand darin, sowohl eine architektonische Dominante zu setzen als auch die Formen des vor allem den älteren Leipzigern ans Herz gewachsenen einstigen „Neuen Theaters" anklingen zu lassen. Dabei galt es, moderne Gesichtspunkte in der Funktion und in der Theatertechnik zu berücksichtigen.

Mit der Projektierung und dem Bau wurde schließlich der Leipziger Architekt Kunz Nierade beauftragt. Für die gesamte Bühnentechnik standen ihm Fachleute wie Professor Hemmerling und Diplomingenieur Gusmann, für die akustischen Belange Professor Reichardt zur Verfügung. Die bildhauerischen Arbeiten betreute Professor Arnold.
Zu den Paten dieses großen Gebäudes gehörten Edmund Collein, Hanns Hopp und ich. So weilte ich oft zu Konsultationen in Leipzig und nahm an allen Beratungen teil. Walter Ulbricht kümmerte sich von Anfang an aufmerksam um das zu dieser Zeit wichtigste Bauwerk seiner Vaterstadt.
Unsere Entscheidungen berührten immer wieder finanzielle und ebenso gestalterische Fragen. Zwischen beiden bestand ein Zusammenhang.
Die repräsentative Fassade des Opernhauses zum Karl-Marx-Platz hin sollte eine bestimmte, der Größe des Platzes entsprechende Höhe erreichen. Deshalb mußte über dem Zuschauerraum ein zusätzlicher Raum geschaffen werden, um die vorgesehene Höhe einhalten zu können. Diese Kubikmeter umbauten Raumes wurden zwar später irgendwie genutzt, waren aber eigentlich, außer aus Gründen der genannten gestalterischen Fragen, nicht nötig. Ich habe seinerzeit diese Lösung trotzdem verteidigt, weil ich sie für begründet hielt und weil sie die Kosten nur unwesentlich erhöhte.
Der ganze Baukörper mit seinen klaren, übersichtlichen Formen, der durch einheitliche, plastisch nur wenig heraustretende Achsen gegliedert wird, weckt Erinnerungen an klassische Vorbilder, wirkt aber meiner Meinung nach auch modern und erfüllte die damals gestellte Aufgabe. Auch das Innere entsprach einem hohen Niveau.
Eins scheint mir besonders bedeutsam zu sein: Die im Laufe des Baugeschehens endgültig genehmigten Kosten und die verausgabten Gelder stimmten überein. Die Leipziger Oper ist eines der Beispiele dafür, daß sich gutes Gestalten und wirtschaftliches Bauen nicht widersprechen müssen.
Das Opernhaus war zwar eine schöne und abwechslungsreiche Aufgabe auch für die Bauakademie, unsere Hauptkräfte aber wandten wir auf die Entwicklung des industriellen Bauens. Unsere XI. Plenartagung beriet deshalb am 24. und 25. Juni 1955 über Maßnahmen, die aus den „Wichtigsten Aufgaben im Bauwesen“ resultierten, und beschloß Schritte zur Förderung des wissenschaftlich-technischen Fortschritts.

Ich möchte an dieser Stelle einmal die Themen der vorangegangenen zehn Plenartagungen nennen, damit die inhaltliche Breite deutlich wird, mit der sich die Akademie seit 1951 beschäftigt hatte:

19./20. Februar 1952: Beratung über Statuten und Struktur (Wahl des Präsidiums, Bestätigung der Bildung der ersten fünf Institute sowie der drei Meisterwerkstätten).
4. April 1952: Beratung von Arbeitsplänen, Festlegung der Aufgaben des Wissenschaftlichen Rates sowie der Mitglieder des Präsidiums.

20. Juni 1952: Beratung von Aufgaben für das Nationale Aufbauwerk Berlin, von Problemen des Aufbaus der Städte Dresden, Leipzig, Magdeburg, Rostock und Frankfurt (Oder). Debatte über Grundrißtypen für das Wohnungsbauprogramm 1953 sowie über Entwürfe von Möbeln und die Innenarchitektur von Geschäften.

1./2. November 1952: Auswertung unserer zweiten Studienreise in die UdSSR, Beschlüsse über die bereits genannten Veränderungen in der Struktur der Akademie mit dem Ziel, unsere Tätigkeit besonders durch Konzentration auf wissenschaftliche Grundlagenarbeit wirksamer zu gestalten.

29. April 1953: Beratung über die Vorschläge zur Planung Berlins, besonders die Gestaltung des Zentrums, und die Entwicklung der Innenarchitektur mit dem Ziel, eine sozialistische Wohnkultur zu entwickeln.

5. Dezember 1953: Festsitzung anläßlich des zweijährigen Bestehens der Bauakademie, Beratung von Aufgaben auf dem Gebiet des Städtebaus, der Architektur und der Bautechnik für 1954.

12./13. Februar 1954: Beratung über Weiterentwicklung der Architektur, wobei Untersuchungen über wissenschaftliche und künstlerische Probleme bei den Wohnbauten sowie aktuelle Fragen der Innenarchitektur zu den Schwerpunkten gehörten.

5. Mai 1954: Öffentliches Plenum mit zahlreichen Gästen aus der DDR und aus Westdeutschland. Beratung der Aufgaben der Architektur und des Städtebaus in ganz Deutschland. Einstimmige Annahme der Programmerklärung „Zur Verteidigung der Einheit der deutschen Architektur".

10. Dezember 1954: Beratung und Bestätigung der Arbeitsrichtlinien für 1955 im Zusammenhang mit dem als Entwurf vorliegenden Dokument „Die neuen Aufgaben im Bauwesen".

28./29. Januar 1955: Auswertung der Unions-Baukonferenz in Moskau sowie der Aufgaben unseres Bauwesens zur Industrialisierung und Rationalisierung.

Es ist zu bemerken, daß die ökonomischen Themen unserer Plenartagungen zunahmen. Auch das war eine Folge der angestrebten Industrialisierung im Bauwesen.

Der energischste Vertreter der „radikalen Standardisierung" war Gerhard Kosel, damals Staatssekretär im Ministerium für Aufbau. Gerhard Kosel hatte kurz nach mir an der Hochschule in Charlottenburg studiert, war ein Schüler Hans Poelzigs, besonders aber Bruno Tauts gewesen, hatte viele Jahre im sowjetischen Exil verbracht und entscheidend am Aufbau Nowokusnezks mitgewirkt. 1946 waren wir uns an der Architekturakademie in Moskau begegnet und blieben für den Rest unseres Aufenthaltes in der UdSSR recht befreundet.

Gerhard Kosel kehrte erst 1954 in die DDR zurück. Hier zeigten sich jedoch bei uns beiden schon bald sehr gegensätzliche Auffassungen, die im Laufe der kommenden Jahre noch zunehmen sollten. Gerhard Kosel

wurde, das ist bekannt, 1961 mein Nachfolger als Präsident der Bauakademie. Ich spürte sehr schnell die Konsequenzen, die sich – obwohl Kritik an der Leitung der Bauakademie damals noch nicht laut wurde – aus der vielzitierten „Wende im Bauwesen" ergeben mußten. Ich litt darunter, daß die ästhetische Seite der Architektur zurückgestellt wurde, weil sich das Gewicht auf die technische und organisatorische Seite des Bauwesens verlagert hatte. Aber nicht allen Kollegen ging es wie mir. Es gab Architekten, die betont als Ingenieure auftraten und die neue Entwicklung begrüßten, andere, die ihr Leben lang Managernaturen blieben und denen die Organisation großer Aufgaben Erfüllung brachte.
Zu den Kollegen, die mich verstanden und mit denen ich gut arbeiten konnte, rechne ich meinen Stellvertreter Edmund Collein, ebenso die Architekten Hans Hopp und Richard Paulick, auch Hans Duntz, der erst Wissenschaftlicher Sekretär, danach Sekretär des Plenums war. Ich möchte auch persönliche Referenten nennen, an die ich mich dankbar erinnere. Zu ihnen gehörten Horst Günther, der spätere Direktor des VEB Stuck und Naturstein Berlin, der inzwischen leider verstorben ist, Heinz Präßler, jetzt Rektor der Ingenieurhochschule für Bauwesen in Cottbus, und besonders Gerhard Trölitzsch, heute Leiter der Abteilung Bauwesen im ZK der SED, der mir auch in schwerer Zeit immer zur Seite gestanden hat.
Sie alle waren junge Kader, deren Entwicklung sich mit der Entwicklung der DDR verband. Wir damals Fünfzigjährigen mit unseren Erfahrungen aus Vorkriegszeit und Exil konnten ihnen Dinge erklären, die sie selbst noch nicht wußten. Gerhard Trölitzsch sagte später einmal zu mir, daß er vor allem meine Parteilichkeit und meine Einstellung zu den Menschen sehr schätzengelernt habe, speziell wenn es in komplizierten Situationen darum ging, menschliche Größe zu wahren. So sehr mich diese Bemerkung freute, so läßt sich aus dem letzteren doch auch eine meiner Schwächen ableiten. Mangelnde Härte und stetes Verständnis müssen für einen Leiter nicht in jedem Falle gut sein.
Die Bauakademie unterstützte das industrielle Bauen, soweit sie es vermochte. Wir wirkten unter anderem an Typenprojekten und Versuchsbauten der Großblockbauweise in der Berliner Bersarinstraße sowie in Berlin-Karlshorst mit, ebenso an typisierten Plattenbauten im Hintergelände der Stalinallee, die uns technisch große Schwierigkeiten machten. Ich bin deshalb mehrmals in die Sowjetunion gefahren und habe neben Erfahrungen auch Fachleute mitgebracht. Die UdSSR ging ja ebenfalls mit Riesenschritten den Weg des industriellen Bauens.
Es ist heute fast in Vergessenheit geraten, daß zu Beginn der Industrialisierung die Blockbauweise weit erfolgreicher schien als die Plattenbauweise. Ein Versuchsbau der Blockbauweise entstand z. B. 1955 in der Berliner Leopoldstraße. Bauarbeiter und Mitarbeiter der Akademie errichteten ein Geschoß dieses Hauses aus Großblöcken von 0,5 Megapond. Die Montagemethoden einschließlich der für das Heben der Blöcke entwickelten, selbsttätig schlie-

ßenden Zange mit drehbaren Backen für das Aufrichten der Blöcke wurden auf dem Versuchsfeld der Bauakademie zusammen mit Bauarbeitern entwickelt und erprobt.
Die Ergebnisse dieses Baus sowie die ähnlicher Versuche in Dresden-Striesen behandelten wir im gleichen Jahr auf einem Erfahrungsaustausch „Großblockbauweise", den unser Institut für Bautechnik im DDR-Maßstab durchführte.
1956 starteten wir in der Berliner Koppenstraße/Ecke Rüdersdorfer Straße im fünften Geschoß eines Wohnhauses einen Teilversuch mit Großblöcken aus Ziegelsplittbeton, die nun schon eine Masse von 1,5 Tonnen hatten. Auch dabei arbeitete die Bauakademie unmittelbar mit Bauschaffenden zusammen. Die Entwicklung und Anwendung der Großblockbauweise galt allgemein als Kernproblem der Forschung und als Schwerpunkt für die Bauindustrie. In diesem Sinne äußerte sich auch Gerhard Kosel auf der konstituierenden Sitzung der Wissenschaftlich-Technischen Räte des Ministeriums für Aufbau im Januar 1956.
Eine Bilanz des Ministeriums für Aufbau im Oktober des gleichen Jahres ergab, daß bis zu diesem Zeitpunkt in der DDR 1500 Wohnungen in der Großblockbauweise errichtet worden waren. Bis Ende 1957 erhöhte sich diese Zahl auf etwa 7000 Wohnungen. 1958 sprach man schon von 20 Prozent Anteil der Großblöcke am Wohnungsbau.
Obwohl die Wirtschaftlichkeit der Großblockbauweise nachgewiesen war, setzten wir die Versuche mit anderen industriellen Baumethoden fort. Am 11. August 1956 erfolgte der erste Spatenstich für die neue Wohnstadt Hoyerswerda. Im gleichen Monat begann auch der schon erwähnte Bau des ersten vollmechanisierten Großplattenwerkes der DDR in Groß-Zeißig bei Hoyerswerda. Ab 1957 nahm es die Produktion von Elementen für 700 Wohnungen pro Jahr auf.
Meine Beziehungen zu der neuen Stadt Hoyerswerda waren recht eng, denn ich gehörte zum Entwurfskollektiv für das Krankenhaus der Stadt. Mit mir arbeiteten der Arzt Dr. Erler sowie die Architekten Sachs und Jänisch zusammen, später auch in der Projektierung und am Bau der Architekt Graper, alles Fachleute des Gesundheitsbaus, die ich schon lange kannte. Unser erster Entwurf, der 1958 auch auf dem V. Parteitag der SED ausgestellt war, beruhte noch auf der Ziegelbauweise und fand deshalb nicht die Anerkennung der Parteiführung. Wir haben den ganzen Entwurf auf industrielle Bauweisen umgestellt und auf der Grundlage eines 3,60-Meter-Rasters für Stahlbetonskelettelemente neu berechnet. Dieser Entwurf wurde dann ab 1962 auch verwirklicht und das Krankenhaus Mitte der sechziger Jahre übergeben.

Das mehrere zusammenhängende Gebäude umfassende Haus beruht auf dem Doppel-T-Prinzip. Es vereint ein Bettenhaus, bestehend aus Infektions-, allgemeinem und Kinderkrankenhaus, einen Behandlungsteil sowie eine Poli-

Krankenhaus Hoyerswerda – Poliklinik mit der Skulptur von Woyski
a) Ansicht der Poliklinik
b) erstmalige Anwendung der Stahlbetonskelett-bauweise im Krankenhausbau der DDR (1965)

klinik unter einem Dach. Bei der Gestaltung wollten wir erneut den Beweis antreten, daß auch industrielles Bauen eine architektonische Gestaltung zuläßt. Wir haben verschieden gefärbte Keramikeinfassungen in den Brüstungen unter den Fenstern verarbeitet, das Bettenhaus weist eine vorgesetzte Terrasse auf. Die Poliklinik, das ja am meisten besuchte Haus, zeigt einen krönenden Dachtrempel sowie an der Seitenwand eine Plastik. Trotzdem wirkt das Haus sehr schlicht und klar gegliedert. Ich möchte seine Architektur auch heute noch verteidigen, weil ich glaube, daß elementare Gestaltungselemente – z. B. die Gliederung in Sockel, Mittelteil und Gebäudeabschluß – zu erkennen sind.

Ende 1957, vom 12. bis 14. Dezember, fand in Leipzig der III. Kongreß des Bundes der Deutschen Architekten statt. Daß man mich mit dem Hauptreferat beauftragte, bedeutete für mich eine große Anerkennung, die viele Zweifel der vergangenen beiden Jahre noch einmal aufhob. Ich fand Gelegenheit, den Standpunkt der Bauakademie vorzutragen, daß die Grundsätze des sozialistischen Städtebaus nicht ihre Gültigkeit verloren hätten. Im Gegenteil: Die Aufgaben des Architekten müßten durch die Industrialisierung und die jährlich wachsenden Vorhaben nicht kleiner, sondern größer werden. Mit der Gestaltung ganzer Straßenzüge, einschließlich aller Grünanlagen und aller für einen sozialistischen Wohnkomplex erforderlichen sozialen, kulturellen und kommunalen Bauten, seien große Kollektive von Architekten erforderlich.

Der Aufwand wäre zu groß, sagte ich weiter, sollte bei diesen umfangreichen Bauvorhaben jedes Gebäude einzeln projektiert werden. Wir konnten deshalb für die kommenden fünf Jahre zwei neue Typenserien vorstellen – eine für den traditionellen und eine für den industriellen Wohnungsbau. Richtmaße für die Größe der Wohnungen waren 38 Quadratmeter Wohnfläche bei 55 Quadratmeter Gesamtwohnfläche. Bis Ende des Jahres 1958, soviel möchte ich vorwegnehmen, gelang es tatsächlich, 70 Prozent des Wohnungsbaus in Form von Typenprojekten zu errichten.

Ich ging auf dem Architektenkongreß auch auf die Schwierigkeiten bei der Einführung des industriellen Bauens ein und begründete sie damit, daß diese Produktionsform in der ganzen Welt erst wenig verbreitet sei, es uns mithin – mit Ausnahme der Sowjetunion – an Vorbildern fehle. Diese Zurückgebliebenheit der Bauindustrie zeige sich auch in den hochentwickelten kapitalistischen Ländern, die in anderen Industriezweigen, wie der Autoindustrie, die Mechanisierung und Typisierung längst vorangetrieben hätten.

Damals konnte noch niemand von uns ahnen, daß die DDR in der Industrialisierung vor allem des Wohnungsbaus einmal Weltspitze erreichen würde. Aber wir hatten uns nach der 1. Baukonferenz 1955 auf den Weg gemacht und setzten diesen Weg mit großer Konsequenz fort, gerade auch im Hinblick auf die für 1959 geplante 2. Baukonferenz. Folglich gab es gerade in der Zeit zwischen beiden Baukonferenzen eine Reihe struktureller Veränderungen, die auch die Bauakademie betrafen.

Schon 1956 war ein Zentrales Entwurfsbüro für Hochbau des Ministeriums für Aufbau gebildet worden. Das Entwurfsbüro hatte die Aufgabe, Hochbauprojekte von überbezirklicher Bedeutung zu projektieren und Typenprojekte auszuarbeiten. Das Büro war aus den einstigen Architekturwerkstätten des Ministeriums für Aufbau hervorgegangen, die 1954 gebildet worden waren und deren Wurzeln in den einstigen Meisterwerkstätten der Bauakademie lagen.
Weitere Veränderungen folgten. Die Bauakademie, die bisher dem Ministerrat unterstand, wurde direkt dem Ministerium für Bauwesen angeschlossen. So erfolgte unter Anleitung des Ministeriums eine konsequentere Heranführung der Arbeit der Bauakademie an die Praxis. Die gesamten Forschungs- und Entwicklungskapazitäten wurden auf der Grundlage eines Ministerratsbeschlusses besser koordiniert. In diese Zeit fällt auch das bedeutende Plenum der Bauakademie zum Thema „Die Serienfertigung ist entscheidend für die sozialistische Industrialisierung im Bauwesen".
All diese strukturellen Veränderungen führten dazu, daß die Deutsche Bauakademie entsprechend einer Verordnung des Ministerrats über die Organisation auf dem Gebiet des Bauwesens vom 13. Februar 1958 in eine zentrale Forschungsinstitution für die Forschung und Entwicklung des Bauwesens auf allen Gebieten umzubilden war. Die bisher dem Ministerium unterstehenden Institute für Bauindustrie in Leipzig, für Baustoffe in Weimar und für Typung in Berlin wurden ebenso wie die Deutsche Bauausstellung in Berlin und die Zentralabteilung Fachmethodik der Fachschule Leipzig der Bauakademie zugeordnet.
Ein dieser Verordnung vorangegangenes Gesetz hatte schon am 11. Februar 1958 die Umbildung des Ministeriums für Aufbau in das Ministerium für Bauwesen beschlossen.
Ich glaube, diese neuen Namen und Zuordnungen zeigen auf deutliche Weise, daß ein neuer Stand in der Entwicklung des Bauwesens erreicht war und daß neue Aufgaben bevorstanden. Die 2. Baukonferenz, die für den 24. bis 26. Februar 1958 nach Berlin einberufen worden war, nannte diese Aufgaben: konsequente Weiterführung der Industrialisierung des Bauens mit gleichzeitiger Erhöhung der Baustoffproduktion, Erweiterung des Maschinenparks für die Bau- und Baustoffindustrie, industrielle Massenfertigung von Bau- und Ausbauelementen, Mechanisierung der einfachen und körperlich schweren Arbeit, Überwindung des Rückstandes bei der Industrialisierung des Ausbaus.
Das Referat über die bisherigen Ergebnisse der Industrialisierung und die Aufgaben im Bauwesen beim Aufbau des Sozialismus hielt Gerhard Kosel. Ich sprach über die Aufgaben der Wissenschaft im Bauwesen. Fragen der architektonischen Gestaltung berührte ich nicht mehr.
Die Architekturdiskussion, die uns Anfang bis Mitte der fünfziger Jahre beschäftigt hatte, fand jetzt nur noch im Zusammenhang mit konkreten Vorhaben statt, so dem „Wettbewerb Berliner Zentrum", der im Oktober 1958

ausgeschrieben worden war. Auf einer Pressekonferenz in Berlin erläuterten der Minister für Bauwesen, Ernst Scholz, der diese Funktion nach dem Tod Heinz Winklers übernommen hatte, der Berliner Stadtbaudirektor Ehrhardt Gißke, Staatssekretär Kosel und ich Einzelheiten.

Der Wettbewerb beschränkte sich auf den demokratischen Teil Berlins. Zugelassen waren nur Vertreter der DDR sowie einige eingeladene führende Architekten sozialistischer Länder. Wir hatten bei dieser Entscheidung den fruchtlosen Ausgang eines Westberliner Architektenwettbewerbs für ganz Berlin vor Augen. Außerdem erinnerten wir uns an einen gesamtdeutschen Wettbewerb für den Fennpfuhl in Berlin-Lichtenberg, dessen westdeutsche Teilnehmer von der Publizistik ihres Landes stark angegriffen worden waren. Als dann jedoch dem aus dem Exil zurückgekehrten und nun in Hamburg lebenden Architekten Ernst May der erste Preis zuerkannt wurde, erhob dieselbe Presse die westdeutschen Architekten zu unseren Lehrmeistern. Wir mußten aus solchen Erfahrungen lernen, daß die prinzipiellen politischen Unterschiede zwischen beiden deutschen Staaten auch im Architekturschaffen nicht übersehen werden konnten.
Wir waren uns darüber einig, daß der Berliner Wettbewerb den Auftakt für ähnliche Wettbewerbe in anderen Aufbaustädten der DDR bilden sollte. Der V. Parteitag der SED hatte wenige Monate zuvor die Aufgabe gestellt, die zerstörten Stadtzentren im wesentlichen bis 1965 wiederherzustellen. In Berlin gehörten zu diesen Vorhaben wichtige Bauten auf dem Marx-Engels-Platz, die Fortführung der Stalinallee bis zum Alexanderplatz und die Straße Unter den Linden. Die Entwürfe für den Berliner Wettbewerb sollten bis April 1959 eingesandt werden, dann für zwei Monate der Bevölkerung zur Diskussion gestellt und erläutert werden.

Ich möchte zu diesen Entwürfen von 56 Architektenkollektiven aus der DDR und aus sechs weiteren sozialistischen Ländern nur so viel sagen, daß kein erster, sondern nur ein zweiter sowie zwei dritte Preise vergeben wurden und daß die preisgekrönten Arbeiten die Grundlage für die spätere endgültige Planung des Berliner Stadtzentrums bildeten. Fast alle Entwürfe sahen auf dem Marx-Engels-Platz ein zentrales Gebäude in Form eines Hochhauses vor, das die Volkskammer und andere Einrichtungen aufnehmen sollte.
Doch der Ideenwettbewerb für das Berliner Stadtzentrum bildete nur eine vorübergehende Unterbrechung in der nun eigentlichen Arbeit der Bauakademie. In den Thesen des Politbüros des ZK der SED zur schon 1959 einberufenen 3. Baukonferenz wurde kritisch eingeschätzt, daß es Fortschritte bei der Entwicklung der materiell-technischen Basis des Bauwesens und bei der Industrialisierung des Bauens gäbe, daß das Entwicklungstempo aber nicht ausreiche, um alle volkswirtschaftlichen Aufgaben zu erfüllen. Das Bauwesen habe die wichtigen Beschlüsse der 1. und 2. Baukonferenz nicht zielstrebig und konsequent genug durchgesetzt.

Das war eine deutliche Kritik auch an der Bauakademie. Unmittelbar nach der Veröffentlichung der Thesen, gleichfalls im März 1959, fand in der Deutschen Bauakademie eine Parteiaktivtagung mit dem Sekretär der damaligen Wirtschaftskommission beim Politbüro des ZK der SED, Günter Mittag, statt. Er kritisierte, daß die wissenschaftliche Arbeit trotz guter Einzelleistungen auf wichtigen Gebieten des Bauwesens zurückbleibe, und forderte von Präsidium und Plenum, die Grundfragen der sozialistischen Umwälzung auf den Gebieten des Städtebaus und der Architektur zu klären sowie den Räten der Bezirke wirksame Hilfe bei der Ausarbeitung der Stadtplanung zu geben. Weiterhin sei es wichtig, die Ergebnisse der Grundlagen- und Experimentalforschung kurzfristig in Großversuchen zu erproben.
Unter diesen Vorzeichen fand am 6. und 7. Mai die 3. Baukonferenz statt, die als Schwerpunkte – deutlicher denn je – eine sprunghafte Steigerung der Bauproduktion, die obligatorische Einführung der Serienfertigung nach dem Taktverfahren, die Durchsetzung der Montagebauweisen und den vollständigen Übergang zur Typenprojektierung forderte.

In dieser Situation begann ich an die Möglichkeit meines Rücktritts zu denken. Auf die Kritik, ich würde die Diskussion um die Entwicklung einer sozialistischen Architektur unter den Bedingungen der Industrialisierung nicht zielstrebig genug führen und die Herausbildung einer sozialistischen Architekturtheorie vernachlässigen, wußte ich nicht mehr viel zu entgegnen. Sämtliche Versuche der Bauakademie gerade in dieser Hinsicht waren gescheitert.
Wirklich abberufen wurde ich am 22. November 1961 vom amtierenden Vorsitzenden des Ministerrates, Willi Stoph. Die Nachricht, die darüber in der Presse erschien, nennt als Grund für die Ablösung meinen Gesundheitszustand, der es mir nicht mehr gestatte, „den wachsenden Aufgaben der Deutschen Bauakademie bei der Durchsetzung des wissenschaftlich-technischen Fortschritts im Bauwesen voll gerecht zu werden“.

Einige Tage später hielt ich in der Bauakademie vor meinen Mitarbeitern meine letzte Rede, deren Wortlaut ich wiedergeben möchte:
„Die Entscheidung der Partei und der Staatsführung hat eine große Bedeutung. Sie dient der Entwicklung der Deutschen Bauakademie zu einer sozialistischen Akademie, wo Forschung und Praxis engstens durch sozialistische Gemeinschaftsarbeit verbunden ist, wo die Bündnispolitik der Intelligenz mit der Arbeiterklasse verwirklicht wird.
Ich durfte im Auftrage der Partei zehn Jahre die Akademie leiten. Eine lange Zeit. Und ich habe mich immer bemüht, diesen Auftrag zu erfüllen. Ich habe in diesen zehn Jahren, wo auch oft komplizierte Fragen entschieden werden mußten, mit Ihnen und besonders mit denen, die schon lange in der Akademie arbeiten, Erfolge und auch Mißerfolge geteilt. Sie dürfen versichert sein, daß die mit Recht geübte scharfe Kritik an der Leitung der Akademie und insbesondere an meiner Tätigkeit eine harte Lehre für mich war.

Die Anforderungen an die Deutsche Bauakademie sind immer größer geworden. Sie erfordern besondere Anstrengungen und ein hohes fachliches Wissen der Leitkader, insbesondere des Präsidiums. Diese Anforderungen erfordern, daß das Präsidium zu einem echten sozialistischen Kollektiv zusammenwächst.
Ich möchte Ihnen, die Sie heute zusammengekommen sind, für die Zusammenarbeit und die Hilfe, die Sie mir all diese Jahre geleistet haben, herzlich danken. Darf ich Sie bitten, auch den Mitarbeitern Ihrer Institute meinen Dank auszusprechen. Ich wünsche Ihnen allen in Zukunft Erfolge in der Arbeit.
Ich wünsche dem Präsidium und dem Präsidenten, Genossen Kosel, Kraft und Gesundheit zur erfolgreichen Bewältigung der verantwortlichen Aufgaben des Siebenjahrplanes.
Möge die Autorität der Deutschen Bauakademie, das wissenschaftlich-technische Zentrum des Bauwesens in der DDR, wachsen und die Deutsche Bauakademie in der Praxis und der Öffentlichkeit noch mehr Anerkennung finden.
Was mich anbetrifft, werde ich alles tun, um meine Kraft voll dort einzusetzen, wo mich die Partei hinstellt."
Die Vorbereitungen für die Festveranstaltung zum zehnjährigen Bestehen der Deutschen Bauakademie im Dezember 1961 waren inzwischen unter meiner Leitung fast beendet worden. Ich schrieb noch einen Aufsatz über die bisherige Arbeit der Akademie, der in der Festschrift veröffentlicht wurde.
Noch vor der Festveranstaltung in der Deutschen Staatsoper nahm ich Urlaub und fuhr für ein paar Wochen nach Moskau.

Ausblick

Zehn Jahre hatte ich die Akademie geleitet und dabei also nicht nur Erfolge zu verzeichnen gehabt. Das Bestreben, das ich in dieser Tätigkeit stets vor Augen hatte, möchte ich doch noch einmal wiederholen: Es bestand darin, die Baupraxis – besonders in der schweren Zeit des Wiederaufbaus – mit wissenschaftlich-technischen Forschungen und deren Ergebnisse zu unterstützen.

Als Beispiele dafür möchte ich die Vorschläge für den Bau des späteren Petrolchemischen Kombinats Schwedt sowie der dazugehörigen Stadt nennen, ferner die Untersuchungen im Bezirk Schwerin, die zu umfangreichen Strukturveränderungen in diesem einst ausschließlich von der Landwirtschaft geprägten Bezirk führten. Schließlich gehört hierzu auch die sehr gründlich vorbereitete Plenartagung 1959 in Groß Nemerow, auf der wir uns mit Fragen der Landwirtschaft im weitesten Sinne beschäftigten, um die mit der geplanten Umgestaltung dieses Wirtschaftszweiges zusammenhängenden Bauprozesse einzuleiten.

Noch 1959 war ich auf einer ZK-Tagung für eine Bauakademie neuen Typus eingetreten, deren Forschung und Entwicklung sich enger mit der Praxis verbinden solle. Einer Anregung aus der Sowjetunion folgend, machte ich den Vorschlag, die Leitung der Akademie sowie deren ordentliche Mitglieder in einem Turnus von vier Jahren neu- oder wiederwählen zu lassen, um bewährte jüngere Kader besser berücksichtigen zu können. Erfahrungen nicht nur bei uns hatten nämlich gezeigt, daß Ermüdungs- oder Routineerscheinungen in den wissenschaftlichen Gremien doch zur Stagnation besonders der praxisverbundenen Forschungsarbeit führten. Weiterhin regte ich an, Mitglieder der Akademie, die das Rentenalter erreicht hatten, zu emeritieren. Meinen Vorschlägen wurde zugestimmt, und im Prinzip verfährt man noch heute an der Akademie danach.

Aber zurück zu mir. Was sollte nun aus mir werden? Ich war inzwischen 56 Jahre alt und hatte mich seit der Rückkehr aus dem Exil vor allem mit der Organisation wissenschaftlicher Arbeit beschäftigt. Den Vorschlag, das Institut für Theorie und Geschichte der Bauakademie zu leiten, nahm ich allerdings nur der Not gehorchend an. Die Theorie war in eine schwierige Situation geraten, denn die begonnene Industrialisierung und der damit verbundene Umfang des Bauens verlangten eine neue Betrachtungsweise vieler Probleme. Man sprach zwar viel von einem „sozialistischen Architekturstil", bei dessen Formulierung ich nun verantwortlich mitwirken sollte – dieser Stil war aber meiner Meinung nach theoretisch noch kaum zu begründen. Das zeigten auch damalige Bemühungen in der Sowjetunion. Weder lagen soziologische oder andere grundlegende Untersuchungen zur sozialistischen Lebensweise vor, noch waren die gestalterischen und künstlerischen Möglichkeiten des industriellen Bauens derart erforscht, um daraus erste theoretische Schlußfolgerungen ziehen zu können.

Deshalb war ich recht froh, in meiner neuen Funktion als Institutsleiter vorerst mit einer Sonderaufgabe betraut zu werden: mit der Ausgestaltung der Abteilung Architektur und Städtebau innerhalb der V. Deutschen Kunstausstellung 1962 in Dresden. Ich erinnere mich an die gute Zusammenarbeit mit Kurt Tausendschön sowie an den erneuten engen Kontakt mit Hans Schmidt und Kurt Junghanns.

Wie ich es geahnt hatte, konnte mich die Tätigkeit am Institut für Theorie und Geschichte nicht befriedigen. Es zog mich immer wieder zum Gesundheitsbau, der in meiner eigenen praktischen Tätigkeit als Architekt 1931 beim Bau der Berliner Universitätsfrauenklinik begonnen, der mich in der Sowjetunion beschäftigt und zur Dissertation geführt und den ich auch in den Jahren als Präsident nie ganz vernachlässigt hatte. Ich erinnere mich, daß mich die Parteileitung der Bauakademie einst kritisierte, weil sie völlig zu Recht meinte, daß ich mich als Leiter einer wissenschaftlichen Institution nicht mit Einzelaufgaben verzetteln dürfe. Das betraf besonders die Zeit Ende der fünfziger Jahre, als ich mich intensiv mit dem Krankenhaus Hoyerswerda beschäftigte. Daß ich mich immer wieder dem Gesundheitsbau widmete, mag daran gelegen haben, daß ich mich dessen Problemen sehr zuständig und gewachsen fühlte. Ich verzeichnete Erfolge, die manches Ärgernis, manchen Verdruß in der oft so komplizierten Leitungstätigkeit vergessen ließen.

1963 wurde ich zum Leiter der Arbeitsgruppe Gesundheitsbau im damaligen Institut für Sozialhygiene ernannt, das von Erwin Marcusson geleitet wurde. Professor Marcusson selbst kümmerte sich sehr um die Tätigkeit der Gruppe, die bis dahin von Herbert Erler und Helmut Sachs betreut wurde. So kam ich wieder zu einem Aufgabenkreis, dem ich, wie ich hoffte, mit meinen Erfahrungen noch nützen konnte.

1964 wurde das Institut für Technologie der Gesundheitsbauten als Leitinstitiut des Ministeriums für Gesundheits- und Sozialwesen gebildet. Man berief mich zu dessen Direktor und Helmut Sachs zu meinem Stellvertreter. Zu den Mitarbeitern gehörten auch Roland Jänisch und Günter Janasch, mit denen ich schon früher in der Bauakademie zusammengearbeitet hatte. Herbert Erler wurde Stellvertreter des Ministers für Gesundheitswesen und half uns auch in seiner neuen Funktion beim Aufbau des Instituts sowie bei der Lösung manch anderer Aufgabe.

Der Auftrag des Instituts bestand darin, Richtwerte und Kennziffern für die Planung, den Bau, den Ausbau, die Ausrüstung und Ausstattung der Gesund-

heitseinrichtungen auszuarbeiten. Die Ergebnisse unserer Arbeit wurden in Mitteilungen des Instituts veröffentlicht.
Zusammen mit einem Kollektiv (Klemens, Pleuss, Rautengarten, Richau) konnte ich 1966/1967 nach einer Frist von nur drei Monaten eine Grundkonzeption für das neue Krankenhaus Halle-Kröllwitz vorlegen, die später einem Wiederverwendungsprojekt für größere Krankenhäuser in industriellen Bauweisen als Grundlage diente. So entstanden – in modifizierter Form unserer Konzeption – unter anderem Krankenhäuser in Suhl und Karl-Marx-Stadt.
Meine Tätigkeit im Gesundheitswesen endete bald nach Erreichung der Altersgrenze.
Ich will aber nicht verhehlen, daß ich mich nebenbei oft mit Problemen des Städtebaus und der Architektur beschäftigt habe. So nahm ich Anfang der sechziger Jahre an einem internen Ideenwettbewerb für ein in den Plänen des Berliner Stadtzentrums immer wieder vorgesehenes zentrales Gebäude teil. Außer mir legten Heinz Graffunder, der die Zeichnungen aller Ideen mit Hermann Henselmann übernahm, auch Gerhard Kosel Entwurfsskizzen und Modelle vor. Mein Vorschlag wurde am günstigsten beurteilt.
In den siebziger Jahren entstand dann der Palast der Republik, wozu sicher manche gedanklichen Vorarbeiten von Nutzen waren.
Auch meine Kontakte zur Bauakademie, zum Bauwesen überhaupt, blieben erhalten. Dafür sorgten der Minister für Bauwesen, Wolfgang Junker, ebenfalls die späteren Präsidenten der Bauakademie und vor allem mein stets zuverlässiger Freund Gerhard Trölitzsch. Ich arbeitete und arbeite nach wie vor in Gremien der Bauakademie mit. So war ich Mitglied des Präsidiums der Bauakademie sowie ihrer Sektion Wohnungs- und Gesellschaftsbau und bin heute Ehrenmitglied der Akademie.
Die Verbindungen zum Bund der Architekten habe ich ebenfalls nie abreißen lassen. Auch dort bin ich zum Ehrenmitglied ernannt worden. Eine weitere enge Verbindung pflege ich zur Urania. Dadurch, daß ich mich seit meiner Rückkehr nach Deutschland mit der Popularisierung von Fragen des Bauens beschäftigt habe, gehörte ich zu den Gründungsmitgliedern der Gesellschaft. Heute noch bin ich Mitglied des Präsidiums der Urania und Ehrenmitglied.
Bei manchen Veranstaltungen des Bauwesens, zu denen ich eingeladen werde, finde ich erneut Haltungen bestätigt, zu denen ich mich seit meiner Architektentätigkeit immer bekannt habe. Folglich beobachte ich diese Entwicklung mit Freude. Hier einige Gedanken dazu.
Wir sprechen wieder stärker vom Antlitz der Städte und meinen damit das, was ihr Aussehen prägt und was im Gedächtnis der Bewohner und Besucher haftenbleibt: bestimmende Gebäude, Plätze, Straßen. Wer von uns kann an Rostock, Dresden oder Erfurt, an Moskau, Leningrad, Prag oder Budapest denken, ohne nicht schon beim Hören des Städtenamens bestimmte Assoziationen hinsichtlich bestimmter architektonischer Ensembles oder einzelner Bauten zu haben?

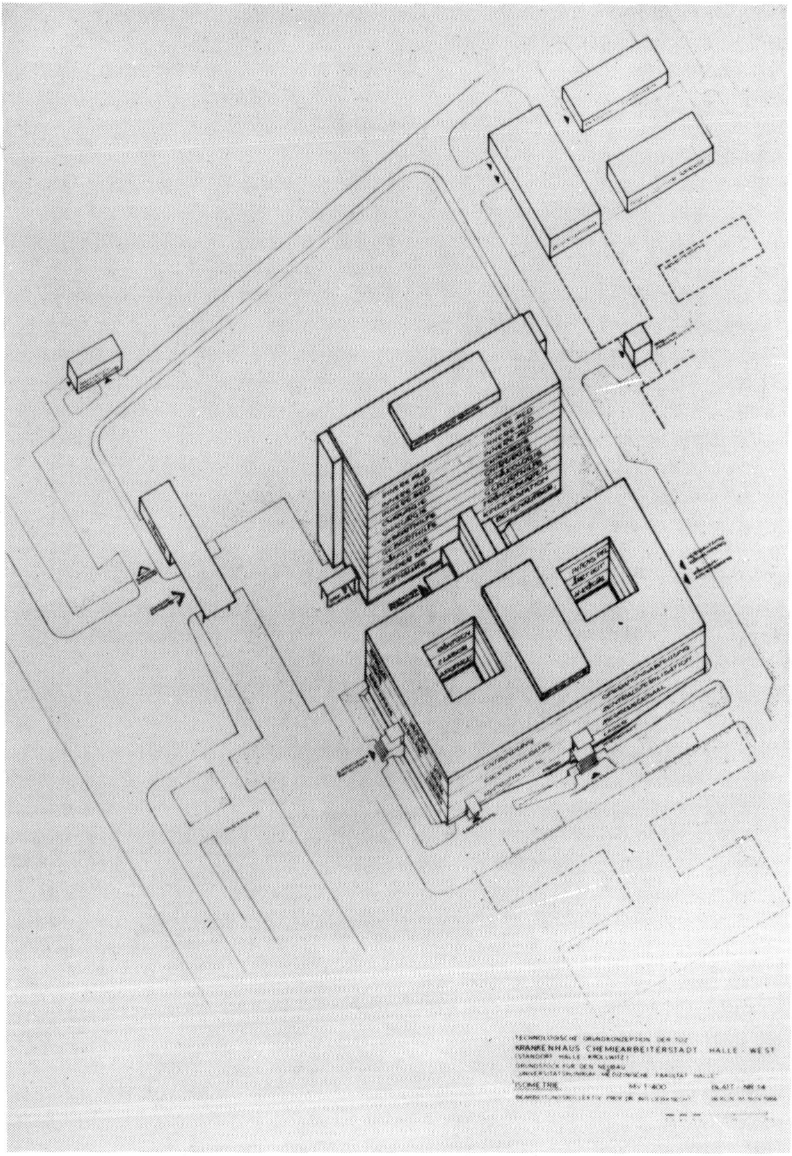

Technische Grundkonzeption für das Krankenhaus Halle-Kröllwitz (Kollektiv Liebknecht)

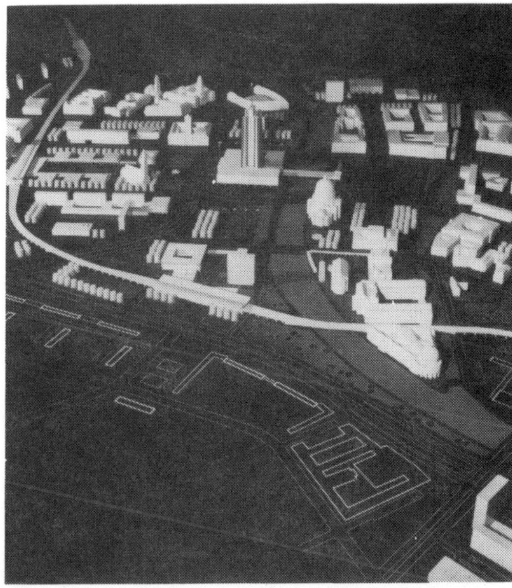

Projekt eines zentralen Gebäudes für das Berliner Stadtzentrum mit Brücke über die Spree (interner Wettbewerb 1961)
a) Blick von Nordwesten
b) Blick von Südwesten

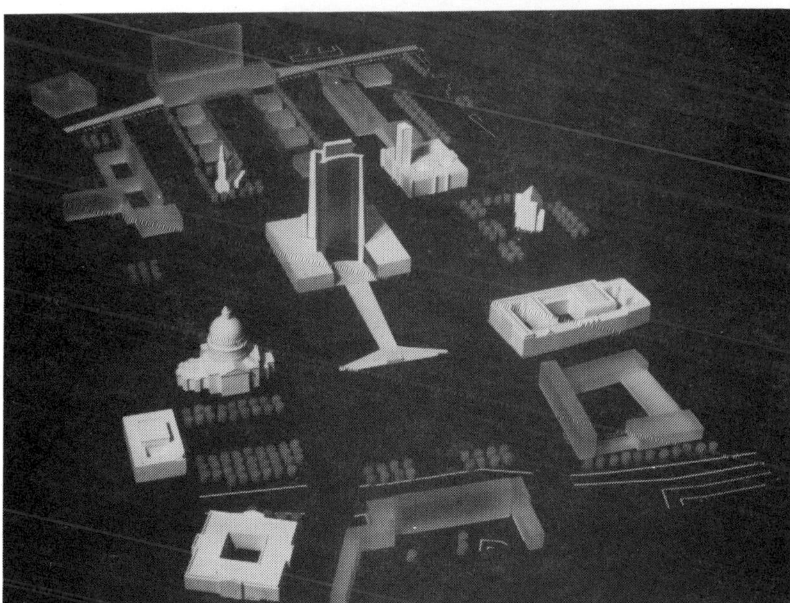

Die immer bessere Meisterung des industriellen Bauens, eine daraus resultierende hohe Leistungskraft sowie neue ökonomische, technologische und baustoffliche Erfahrungen versetzen uns heute in die Lage, bei der Rekonstruktion und Modernisierung der Zentren sowie bei der Umgestaltung vieler unserer Straßen und Plätze neue Maßstäbe zu setzen. Das führte zu Recht auch zu Überlegungen, die industriellen Baumethoden zu modifizieren, um sie beim innerstädtischen Bauen zu berücksichtigen. Das heißt, wir nähern uns einer Situation, in der wir die architektonischen Forderungen, von denen wir in den fünfziger Jahren nicht lassen wollten, berücksichtigen können, ohne dabei die Anforderungen des industriellen Bauens zu vernachlässigen. Im Gegenteil – wir nutzen letztere im Sinne einer möglichst abwechslungsreichen Architektur.
Damit hat unsere alte Fragestellung aus den frühen fünfziger Jahren – nationale Bautraditionen oder Bauhaus – ihre dialektische Lösung gefunden. Sowohl Schinkel als auch das Bauhaus sind unser Erbe, das wir erhalten und pflegen, wie es mittlerweile eindrucksvolle Lösungen unseres Bauwesens und unserer Denkmalpflege beweisen – worauf die Grundsätze für die sozialistische Entwicklung von Städtebau und Architektur in der DDR (Beschluß des Politbüros des ZK der SED und des Ministerrates der DDR 1982) nachdrücklich orientieren. Wir sollten aber nie vergessen, daß der Weg dahin mühevoll war und viel Kraft gekostet hat.
Sehr erfreulich finde ich, daß die Bevölkerung diesen Bemühungen um eine gute Architektur unter den Bedingungen des industriellen Bauens zustimmt. Zu den geglückten Beispielen zählen meiner Meinung nach die Lösungen in Greifswald ebenso wie die Umgestaltung Bernaus. Mit großem Interesse verfolge ich die Entwürfe und deren Ausführungen für die Friedrichstraße in Berlin, für die weitere Gestaltung des Platzes der Akademie oder für die Umgebung der wieder im Aufbau befindlichen Berliner Nikolaikirche. Bei der Aufzählung solcher Ensembleleistungen dürfen die geradezu avantgardistischen Schöpfungen des Wohnungsbaus nicht fehlen, wie sie die Rostocker Neubaugebiete oder das in Zusammenarbeit mit der Sowjetunion entstandene Magdeburg-Olvenstedt meiner Meinung nach darstellen. In allen diesen Bestrebungen um eine Einheit von technischem Höchststand und individueller Architektur erkenne ich eine Fortsetzung der Bemühungen großer Baumeister der Vergangenheit, einen Kampf gegen die Monotonie im Städtebau erfolgreich zu führen. Daß es uns dabei zunehmend gelingt, Quantität und Qualität im Bauwesen zu vereinen, ist das Ergebnis eines lange währenden Entwicklungsprozesses, an dem die erste Architektengeneration der DDR ihren Anteil hat.
Zum Schluß einige wenige persönliche Bemerkungen. Da es mir aufgrund von Krieg und Exil sehr selten beschieden war, in einer richtigen Familie zu leben, bin ich sehr froh, in meinen letzten Jahrzehnten eine verständnisvolle und liebe Partnerin gefunden zu haben. Meine Frau Gisela, die seit Anfang der

Der Autor mit seiner Frau Gisela (1985)

sechziger Jahre mit mir lebt, teilt zudem mein herzliches Verhältnis zu meinem in der Sowjetunion lebenden Sohn Kostja und seiner Familie sowie zu meinen Pflegekindern Natascha und Micha.
Ich bin leider der letzte in der DDR lebende Nachfahre der Familie Liebknecht, der auch diesen Namen trägt. In der Sowjetunion und mit dem Namen Liebknecht leben, wie erwähnt, Otto sowie Maja, die Tochter meines Vetters Helmi, die Enkelin von Karl Liebknecht.
In der BRD gibt es weitere Vertreter unserer Familie, zu denen ich aber keinen Kontakt habe, weil unsere Wege auch politisch auseinandergingen.
Karl Liebknechts Sohn Helmi sah ich zum letzten Mal Anfang der siebziger Jahre, als er im Klinikum Buch behandelt wurde. Ich habe ihm manche Unterstützung, vor allem während der Zeit des Personenkults, zu danken. Er lebte bis zu seinem Tode 1975 in Moskau. Seine Asche liegt auf der Gedenkstätte der Sozialisten in Berlin-Friedrichsfelde, und sein Name steht dort mit auf dem Grabstein der zweiten Frau seines Vaters, Sophie Liebknecht.
Wenn ich ein Fazit aus meinem langen Leben ziehe, dann bekenne ich offen, daß ich niemals bereut habe, Architekt geworden zu sein, ein Beruf, der aber nur dann einen Sinn hat und volle Zufriedenheit bringt, wenn man auf den Grundlagen eines sozialistischen Staates für das Wohl und Glück der Menschen im Frieden bauen kann. Das erfordert einen festen Standpunkt in allen politischen Fragen unserer Gesellschaft, die die Wohnungsfrage zu lösen vermag. Bauen ist eine der schönsten Aufgaben, wie Erich Honecker einmal gesagt hat.

Anmerkungen

Die Jugendzeit in Frankfurt (Main)

1 *Wilhelmine Natalie Liebknecht (1835–1909), Tochter des Hofgerichtsadvokaten Reh, der Mitglied des ersten deutschen Parlaments in Frankfurt (Main) und zeitweilig dessen Vizepräsident war.*

2 *Aus: Laschitza, Annelies: Karl Liebknecht – Eine Biographie in Dokumenten. Berlin: Dietz Verlag 1982, S. 10/11.*

3 *Das Anwaltsbüro der Brüder Theodor und Karl Liebknecht entwickelte sich bis 1907 zum zweitgrößten von den etwa 1000, die es zu jener Zeit in Berlin gab (vgl. ebenda, S. 43).*

4 *Die „Blauen Bücher" waren Billigbücher aus dem Verlag Langenwiesche Brandt.*

5 *Ferdinand Kramer, dt. Architekt, geb. 1898, Stadtarchitekt in Frankfurt (Main) 1925–1930, 1938–1952 in den USA, von 1952–1965 Leiter des Universitätsbauamtes Frankfurt (Main).*
Hauptwerk: *Universitätsbibliothek Frankfurt (Main) (1962–1964)*

6 *Franz Roeckle, geb. 1879 in Vaduz (Liechtenstein), Schüler von Th. Fischer, wirkte als Architekt in Frankfurt (Main).*
Hauptwerke: *Westendsynagoge (1908–1910), Israelitisches Krankenhaus (1912–1914), Institut für Sozialforschung.*

7 *Benno Elkan, geb. 1877 Dortmund, gest. 1960 London. Bekannter Bildhauer, der sich außer zum Teil bedeutenden Bildwerken auch der Medaillenkunst widmete.*

Das Studium in Berlin

8 *Hans Poelzig, geb. 1869, gest. 1936 Berlin. 1923 bis zur Amtsenthebung 1933 Professor an der TH Charlottenburg, Pionierleistungen auf dem Gebiet des frühen Industriebaus.*
Hauptwerke: *Umbau des Großen Schauspielhauses in Berlin, Verwaltungsgebäude der IG-Farben in Frankfurt (Main) (1930), Rundfunkhaus Berlin (West) (1930), Wettbewerbsprojekte für Theater in Charkow (1930) und Sowjetpalast in Moskau (1931).*

9 *Der schlechte Bauzustand des Friedrichstadtpalastes war schon länger bekannt. Das „Neue Deutschland" vom 1. März 1980 teilte mit: „Die ständige Überwachung des Palastes durch die Ständige Bauaufsicht sowie spezielle Untersuchungen haben ergeben, daß die Gründungskonstruktion des Gebäudes sich ständig verschlechtert." Als erste Folge dieser Feststellung fanden ab 1. März 1980 keine Veranstaltungen in dem Gebäude mehr statt.*

10 *Gemeint sind die Communs des Neuen Palais in Sanssouci. Communs nannte man im Barock die von der Dienerschaft bewohnten kleineren Nebengebäude (seitlich des Ehrenhofes) von Schlössern.*

11 *Heinrich Tessenow, geb. 1876 Rostock, gest. 1950 Berlin. Professor an der TH Charlottenburg, 1950 Mitglied der Deutschen Akademie der Künste (heute Akademie der Künste der DDR).*

Hauptwerke: *Ehemaliges Festspielhaus und Kleinsiedlungshäuser in Dresden-Hellerau (1909–1913), Gartenstadt Hopfgarten in Magdeburg (1910).*

12 *Bruno Taut, geb. 1880 Königsberg, gest. 1938 Ankara. Mitglied der „Freunde des neuen Rußlands", Stadtbaurat von Magdeburg, Chefarchitekt der Gehag in Berlin, 1930–1932 Professor für Städte- und Wohnungsbau an der TH Charlottenburg, 1932/33 Emigration nach Moskau, danach Japan, ab 1936 Leiter eines türkischen Architektenbüros und Professor für Architektur in Ankara.*

Hauptwerke: *Monument des Eisens (1913), Glashaus (1914), Gartenstadt „Reform" in Magdeburg (1912), Waldsiedlung Berlin-Zehlendorf (1929/30), Entwürfe für Bauten in Moskau (1931/32). Universitätsgebäude Ankara (1936–1938).*

13 *Ernst May, geb. 1886 Frankfurt (Main), gest. 1970 Hamburg. Ab 1925 Baurat und Leiter des Siedlungsamtes von Frankfurt (Main). Pionier des typisierten Kleinwohnungsbaus, Versuche zur Einführung der Blockbauweise, Generalbebauungsplan für Frankfurt (Main), dort Wohngebiete Riederwald, Praunheim, Römerstadt u. a. 1930–1934 tätig als Leiter einer Architektengruppe in der UdSSR, Generalbebauungsplan von Moskau. 1934–1952 in Tansania und Nairobi. 1954–1956 Leiter Planungsbüro „Neue Heimat" in Hamburg. 1. Preis im Bebauungswettbewerb Berlin-Fennpfuhl (1957).*

14 *Walter Gropius, geb. 1883 Berlin, gest. 1969 Boston (USA), Mitarbeiter von Peter Behrens. 1919 Gründer und bis 1928 Leiter des Bauhauses in Weimar und Dessau. 1934 Emigration nach England, 1937 Professor und Leiter der Architekturabteilung an der Harvard-Universität in Cambridge (Mass., USA). Versuche zur Einführung industrieller Fertigbauweisen.*

Hauptwerke: *Bürohaus der Werkbundausstellung in Köln (1914), Denkmal der Märzgefallenen in Weimar (1922), Bauhausgebäude und Meisterhäuser in Dessau-Törten, Siedlung Karlsruhe-Dammerstock (1927/28), Wettbewerbsentwürfe für Theater in Charkow und Sowjetpalast in Moskau (1930 bis 1931). Bauten der Harvard-Universität (1949/50) PANAM-Gebäude in New York (1932), Gropius-Stadt in Berlin-Britz. Zahlreiche theoretische Schriften.*

15 *Siedlung Dessau-Törten, erbaut 1926 von Gropius. Zeitplan für Fließfertigung mit vorgefertigten Betonelementen für 316 Wohnungseinheiten. Dort auch Stahlfertighaus G. Muche und R. Paulick.*

16 *Ein aus dem englischen Whatmanpapier stammendes Zeichenpapier, auf dem man mit Tusche ausziehen kann. Festes, kleinkörniges Edelpapier, Format 85–90 cm × 65–70 cm.*

17 *Peter Behrens, geb. 1868 Hamburg, gest. 1940 Berlin. 1899–1903 Mitglied der Darmstädter Künstlerkolonie, 1903–1907 Direktor der Kunstgewerbeschule Düsseldorf, 1922 an der Wiener Akademie, 1936 Leitung eines Meisterateliers der Preußischen Akademie der Künste in Berlin.*

Hauptwerke: *AEG-Turbinenhalle in Berlin (1908/09), Bauten der Gasgesellschaft Frankfurt (Main). Fabrikanlagen in Hennigsdorf (1911), Mannesmann-Gebäude in Düsseldorf (1911/12), Geschäftshochhäuser am Alexanderplatz in Berlin (1930/31).*

18 *Ludwig Mies van der Rohe, geb. 1886 Aachen, gest. 1969 Chicago. Mitarbeiter von P. Behrens, 1930–1933 in Berlin Leiter des Bauhauses, danach Emigration in die USA. Professor am Illinois-Institut of Technology in Chicago.*

Hauptwerke: *Glashochhausentwürfe (1919–1921), Pavillon in Barcelona, Denkmal für Karl Liebknecht und Rosa Luxemburg in Berlin-Friedrichsfelde, Hochschulbauten in Chicago (1939), Seagram-Building in New York (1956 bis 1959), Neue Nationalgalerie in Berlin (West) (1962–1968).*

19 *Max Taut, geb. 1884 Königsberg, gest. 1965 Berlin (West). Ab 1919 Mitglied der Novembergruppe, ab 1920 der progressiven Architektenvereinigung „Ring“. 1933–1945 vom Faschismus diffamiert. 1945–1954 Professor und Leiter der Architekturabteilung an der Hochschule für bildende Künste in Berlin (West).*

Hauptwerke: *Ausstellungshalle der „Gesolei“ in Düsseldorf (1926), Gewerkschaftshaus in Frankfurt (Main) (1930/31), Haus des ADGB (1922), Haus des Deutschen Buchdruckerverbandes (1924), Schule in Lichtenberg, Siedlungsbauten in Berlin (West) (1949–1964).*

20 *Joseph Maria Olbrich, österr. Architekt, Formgestalter, geb. 1867 Opava, gest. 1908 Düsseldorf. Mitarbeiter von Otto Wagner, ab 1899 Mitglied der Darmstädter Künstlerkolonie.*

Hauptwerke: *Mitarbeit am Sezessionsgebäude in Wien (1897), Atelierhaus (1901), Hochzeitsturm in Darmstadt-Mathildenhöhe (1907), Kaufhaus in Düsseldorf (1908).*

21 *Weißenhof-Siedlung Stuttgart, für die Werkbundausstellung „Die Wohnung“ 1927 unter Gesamtleitung von L. Mies van der Rohe errichtete Siedlung auf terrassonförmigem Terrain. Beteiligt waren führende Architekten des „Neuen Bauens,“ u. a. Le Corbusier, M. Stam, V. Bourgeois, J. J. P. Oud, P. Behrens, H. Poelzig, M. Taut.*

22 *Aus: Die Bauwelt, Berlin 1929, S. 642.*

23 *Aus: Posener, Julius: Zur Reform des Hochschulstudiums.*
In: Die Baugilde (1931) 1, S. 25.

24 *Theodor Fischer, geb. 1862 Schweinfurt, gest. 1938 München. Leiter des Münchner Stadterweiterungsamtes. 1901–1908 Professor an der TH München.*

Hauptwerke: *Erlöserkirche Stuttgart (1907), Universität Jena, Kunsthalle Stuttgart. Zahlreiche theoretische Schriften.*

25 *Richard Riemerschmied, geb. 1868, gest. 1957 München. Mitbegründer der Münchner Werkstätten für Kunst und Handwerk, Deutsche Werkstätten in Dresden-Hellerau, 1912–1924 Direktor der Kunstgewerbeschule in München, 1926 Direktor der Kölner Werkschulen, Formgestalter industrieller Möbelproduktion.*
Hauptwerke: *Jugendstiltheater München (1901), Bebauungsplan der Gartenstadt Hellerau einschließlich Fabrik der Deutschen Werkstätten, zahlreiche Kleinhäuser (1907–1909).*

26 *German Bestelmeyer, geb. 1874 Nürnberg, gest. 1942 Wiessee. 1910–1915 Professor an der Kunstakademie, 1915 Leiter eines Meisterateliers an der Akademie der Künste Berlin, 1919 Professor an der TH Charlottenburg, 1922 an der TH München.*
Hauptwerke: *Erweiterungsbau Universität München (1906–1910), Erweiterungsbau Germanisches Nationalmuseum Nürnberg (ab 1917), Erweiterung der TH München (ab 1922).*

27 *Wilhelm Kreis, geb. 1873 Eltville (Rhein), gest. 1953 Honnef (Rhein). 1909–1920 Professor an der Kunstgewerbeschule Dresden, bis 1936 an der Kunstakademie Düsseldorf, dann Kunstakademie Dresden. Vertreter einer nationalistischen Architekturauffassung.*
Hauptwerke: *Warenhäuser in Köln (1912–1914), Chemnitz (1912/13), Vorgeschichtsmuseum in Halle (1916), Hygienemuseum in Dresden (1927 bis 1930).*

28 *Paul Bonatz, geb. 1877 Solgne, gest. 1956 Stuttgart. 1906 Professor an der TH Stuttgart. 1935–1943 Mitarbeit am Autobahnbau, 1944 Übersiedlung in die Türkei, 1946 Professor an der TH Istanbul.*
Hauptwerke: *Universitätsbibliothek Tübingen (1910), Hauptbahnhof Stuttgart (1913–1928), Theater in Ankara, Wiederaufbau Oper in Düsseldorf.*

29 *Martin Dülfer, geb. 1859 Breslau, gest. 1942 Dresden. 1877–1880 an der TH Hannover und der TH Stuttgart. Seit 1906 Hochschullehrer.*
Hauptwerke: *Tonhalle München (1895), Zeitungsgebäude München (1900/01), Erweiterungen der TH Dresden (1901), Theater in Meran (1899), Dortmund (1903) und Sofia (1929).*

30 *Fritz Schumacher, geb. 1869 Bremen, gest. 1947 Hamburg. 1899 Professor an der TH Dresden, 1909–1933 Stadtbaudirektor in Hamburg.*
Hauptwerke: *Krematorium in Dresden-Tolkwitz (1908–1912), Stadtplanungen für Köln (ab 1920) und Hamburg (ab 1924), zahlreiche städtische Bauten in Hamburg.*

31 *Romantische Bauten drücken Träumerei, Schwärmerei aus. Sie sind gekennzeichnet durch Übernahme von Stilelementen vergangener Bauepochen, z. B. Werdersche Kirche von Schinkel in Berlin.*

32 *Helmut Hentrich, geb. 1905 Krefeld. Poelzig-Schüler, arbeitete 1930/31 in New York, wirkt nach dem Krieg in der BRD, Hauptbüro in Düsseldorf.*
Hauptwerke: *Thyssenhaus (Dreischeibenhaus) in Düsseldorf (1957–1960), Ruhruniversität in Bochum, Finnlandhaus in Hamburg (Hochhaus in Hängekonstruktion), Robert-Schumann-Tonhalle in Düsseldorf (1971–1978).*

33 *Hans Köhler, geb. 1907 Berlin. Poelzig-Schüler, arbeitete bei Peter Behrens, nach 1945 Oberregierungsbaudirektor in Hessen.*

***Hauptwerke:** Universitätsbibliothek Gießen, Oberfinanzdirektion Frankfurt (Main).*

34 *Julius Posener, geb. 1905. Poelzig-Schüler, Professor an der TU Berlin (West), Architekturhistoriker, Publikationen: „Hans Poelzig" (1969), „Berlin auf dem Wege zu einer neuen Architektur" (1979).*

35 *Rudi Hamburger, geb. 1903, gest. 1980 Dresden. Poelzig-Schüler, emigrierte 1931 nach Shanghai, arbeitete nach dem zweiten Weltkrieg in Dresden und Hoyerswerda.*

36 *Richard Jenner, geb. 1900, gest. 1981. Mitarbeiter von Hans Poelzig. 1918 Teilnahme am Kieler Matrosenaufstand. Gedenkstätte der Sozialisten in Berlin-Friedrichsfelde (1951).*

37 *Richard Paulick, geb. 1903 Roßlau, gest. 1979 Berlin. Schüler von M. Dülfer und H. Poelzig. Emigration nach Shanghai. Mitglied und Vizepräsident der Bauakademie, Chefarchitekt in Hoyerswerda (1956–1961), Schwedt (1962–1964) und Halle-Neustadt.*

***Hauptwerke:** Siedlung Dessau-Törten (1926), Deutsche Staatsoper und Stalinallee in Berlin (ab 1952), Verkehrshochschule in Dresden (1954–1962), Operncafé und Palais Unter den Linden (ab 1961), Thälmannplatz in Halle (1968–1971).*

38 *Egon Eiermann, geb. 1904 Neuendorf b. Berlin, gest. 1970. Poelzig-Schüler, Lehrer an der TH Karlsruhe.*

***Hauptwerke:** Textilfabrik in Blumberg (1951), Weltausstellungspavillon in Brüssel (1958), Neugestaltung der Gedächtniskirche in Berlin (West) (1959–1962), Kauthäuser Horten in Heidelberg und Stuttgart (1961), BRD-Botschaft in Washington.*

39 *Konrad Wachsmann, geb. 1901 Frankfurt (Oder), gest. 1980 USA, bestattet in Frankfurt (Oder). Poelzig-Schüler, emigrierte 1935 nach den USA. Professor in Chicago, Spezialist im Holzhausbau und später für Metallkonstruktion und industrielle Bauweisen. Bücher, u. a. „Holzhausbau" (1931), „Wendepunkt im Bauen" (1959). Zu seinen Werken gehört das Landhaus von Albert Einstein in Caputh.*

40 *Albert Speer, geb. 1905, gest. 1982, seit 1931 Mitglied der NSDAP. Nach seinem Studium in Charlottenburg Beauftragter für das Bauwesen und verantwortlich für Auf- und Ausbauten von Rüstungsbetrieben. In den vierziger Jahren Reichsminister für Bewaffnung und Munition bzw. für Rüstung und Kriegsproduktion. In Nürnberg als Hauptkriegsverbrecher verurteilt.*

41 *Gartenstadt Hellerau bei Dresden. Bebauungsplan R. Riemerschmied, Siedlungshäuser und Festspielhaus von H. Tessenow (1910–1913).*

42 *Hans Scharoun, geb. 1893 Bremen, gest. 1972 Berlin (West). 1925–1932 Professor an der Staatlichen Kunstakademie Breslau, 1946 Stadtrat für Bau- und Wohnungswesen von Groß-Berlin, 1947–1950 Leiter des Instituts für Bauwesen der Akademie der Wissenschaften, Professor an der TU Charlottenburg.*

***Hauptwerke:** Wohnsiedlungen in Berlin (1928–1931), Berliner Philharmonie (1960–1963), Staatsbibliothek in Berlin (West) (ab 1967).*

43 *Hermann Jansen, geb. 1869 Aachen, gest. 1945 Berlin. 1920 Professor für Städtebau an der TH Charlottenburg, Mitglied der Preußischen Akademie des Bauwesens. Zahlreiche Teil- und Bebauungspläne für Städte in Deutschland und im Ausland.*

44 *Marcel Breuer, geb. 1902 Pecs/ (Ungarn), studierte am Bauhaus, dort 1925 Leiter der Möbelabteilung. Emigration 1935 nach London, 1937 auf Einladung von Gropius nach Harvard.*
Hauptwerke: *Stahlrohrstuhl (1926), Bijenkorf-Kaufhaus Rotterdam (1953), UNESCO-Gebäude in Paris (1953).*

45 *Le Corbusier, eigentlich Charles Edouard Jeanneret, schweiz.-französ. Architekt, geb. 1887 La Chaux-de-Fonds (Schweiz) gest. 1965. Mitarbeiter von A. Perret in Paris und Peter Behrens in Berlin, Mitbegründer der CIAM.*
Hauptwerke: *Städtebauliche Projekte für Algier, Antwerpen, Bogota, Barcelona, Paris. Großwohneinheiten in Marseille und Berlin (West), Projekte für Völkerbundpalast.*

46 *Ludwig Hilbersheimer, dt.-amerikan. Architektur- und Städtebautheoretiker, geb. 1885 Karlsruhe, gest. 1969 Chicago. Mitglied der Novembergruppe und des „Ring". Lehrer für Städtebau am Bauhaus in Dessau, 1938 Professor für Städte- und Regionalplanung in Chicago, Bauten von Wohnsiedlungen in Berlin (1927–1935).*

47 *Jacobus Johann Pieter Oud, holl. Architekt, geb. 1890 Purmerend, gest. 1963 Wassenaer. 1911 Mitarbeiter von Th. Fischer in München, 1918–1933 Stadtarchitekt in Rotterdam, gehörte zu den Hauptvertretern der 1917 gegründeten De-Stijl-Gruppe.*
Hauptwerke: *Hoek van Holland (1924–1927), Kiefhoek in Rotterdam (1925–1929), Arbeiterhäuser in der Weißenhofsiedlung Stuttgart (1927), Kongreßhalle in Den Haag (1956–1966).*

48 *Mart Stam, niederländ. Architekt, geb. 1899 Purmerend. 1922 Mitarbeiter von H. Poelzig und M. Taut in Berlin. Mitglied der Kommunistischen Partei, 1928 Leitung des Städtebaukurses am Bauhaus, Mitbegründer der CIAM, 1930–1934 tätig in der Sowjetunion, 1948 Professor an der Kunsthochschule Dresden, bis 1953 Kunsthochschule Berlin-Weißensee.*
Hauptwerke: *Tabakfabrik in Rotterdam (1925–1930), Hellerhofsiedlung in Frankfurt (Main) (1929–1931), Planungen für Magnitogorsk, Makejewka, Orsk. Wohnbauten in Amsterdam (1956–1959).*

49 *Aus: Bau und Wohnung, herausgegeben vom Deutschen Werkbund, Stuttgart: Akad. Verlag Dr. Fr. Wedekind u. Co 1927, S. 77.*

50 *Carl van Eesteren, holl. Architekt, geb. 1897 Alblasserdam. Bekannter Städtebauer, wirkte als Architekt in Den Haag. Wettbewerbsentwurf für die Umgestaltung der Straße Unter den Linden, Berlin (1925).*

51 *Praunheim-Römerstadt in Frankfurt (Main). Erbaut 1926–1928 unter Leitung von Ernst May. Fortschrittlicher Wohnungsbau, u. a. Blockbauweise mit Hilfe der Frankfurter Häuserfabrik.*

52 *Aus: Das neue Rußland, Heft 7/8, S. 55.*

53 *Lasar Markowitsch Lissitzky, genannt El Lissitzky, sowj. Architekt, geb. 1890 Polsschinok, gest. 1941 Moskau. Studium an der TH Darmstadt von 1909–1914, anschließend in Moskau. 1917 Mitglied der Kunstkommission, 1921 Leiter der Architekturfakultät von WCHUTEMAS.*

***Hauptwerke**:Sowjetpavillons auf der „Pressa"-Ausstellung in Köln (1928) und der Hygieneausstellung in Dresden, Wolkenhügelhochhäuser (1924/25).*

54 *M. J. Ginsburg, sowj. Architekt geb. 1892 Minsk, gest. 1946 Moskau. 1923 Professor an der WCHUTEMAS, bildete 1925 mit den Brüdern Wesnin die „Gesellschaft zeitgenössischer Architekten" (OSA).*

***Hauptwerke**: Experimentalwohnhaus in Moskau, Sanatorium „S. Ordshonikidse" in Kislowodsk.*

55 *K. S. Melnikow, sowj. Architekt, geb. 1890 Moskau. Lehrte 1921–1925 am WCHUTEMAS, 1934–1937 am Moskauer Architekturinstitut.*

***Hauptwerke**: Pavillons auf der Allunionsausstellung (1923), Pavillon auf der Pariser Internationalen Ausstellung der Industrie und dekorativen Künste (1925), Klub in Moskau (1928–1931).*

56 *V. A. Wesnin, sowj. Architekt, geb. 1882 Jurjewez, gest. 1950 Moskau. Studium am Institut für Zivilingenieure in Petersburg, Mitglied der OSA seit 1925. Lehrte 1921–1930 am WCHUTEMAS, erster Präsident der Akademie für Architektur der UdSSR.*

***Hauptwerke** (meist zusammen mit seinen Brüdern L. A. und A. A. Wesnin): Industriebauten, Klub der Lichatschow-Autowerke (1930–1934), Kaufhaus Krasnaja Presnja (1927), Dnepr-Wasserkraftwerk (1929–1932).*

57 *Gesellschaft der Freunde des neuen Rußland. 1923 gegründet. Mitglieder waren vorwiegend Vertreter der Intelligenz. Verbindet sich eng mit der Tätigkeit des Journalisten Erich Baron (1881–1933), Herausgeber und Redakteur der Zeitschrift „Das neue Rußland", der unmittelbar nach dem Reichstagsbrand von den Faschisten umgebracht wurde. Die „Gesellschaft" und ihre Zeitschrift wurden 1933 verboten.*

58 *Aus: Das neue Rußland* ***8*** *(1931) 6/7, S. 57.*

Meine Universitäten in der Sowjetunion

59 *Kusma Minin, Ältester der Kaufmannschaft von Nishni Nowgorod, zusammen mit Fürst Dmitri Posharski 1612 Befreier Moskaus von polnischen Interventen.*

60 *S. K. Ordshonikidse, geb. 1886, gest. 1937, Mitglied des Politbüros der KPdSU, in den dreißiger Jahren verantwortlicher Volkskommissar für die Schwerindustrie und für die neuen sich bildenden Städte wie Magnitogorsk, Nowokusnezk, hatte Verbindung mit deren Erbauern, so auch mit Ernst May und seiner Gruppe.*

61 *Werner Hebebrand, geb. 1899 Elberfeld, gest. 1966 Hamburg. Mitarbeiter von E. May in Frankfurt (Main) und von 1932–1938 in der Sowjetunion. 1946 Leiter des Stadtplanungsamtes Frankfurt (Main), später Stadtbaudirektor von Hamburg.*
Hauptwerke: *Entwürfe für Generalbebauungsplan von Moskau, Entwürfe für Wiederaufbau von Frankfurt (Main) und Hamburg, Krankenhaus Marl.*

62 *Walter Schwagenscheidt, geb. 1886, gest. 1968. Leitender Mitarbeiter von Ernst May in Frankfurt (Main), dann in Moskau. Nach dem zweiten Weltkrieg tätig im Raum Frankfurt (Main).*
Hauptwerke: *Siedlung Goldstein in Frankfurt (Main), Planungen für Magnitogorsk.*

63 *Formalismus: in der marxistisch-leninistischen Architekturtheorie Bezeichnung für spätbürgerliche Architekturauffassungen, die meist die formale Seite der Architektur überbetonen, aber den künstlerischen Inhalt, d. h. gesellschaftlich inhaltliche Bezüge, als architekturfremd und überflüssig abtun.*

64 *Kostruktivismus: übersteigerte Betonung des ästhetischen Ausdrucksgehaltes der unverhüllten Konstruktion, vertreten durch Architektenschulen wie WCHUTEMAS in Moskau, aber auch in Westeuropa und den USA.*
(WCHUTEMAS: höhere staatliche Künstlerisch-Technische Meisterwerkstätten 1920–1926)

65 *Aus: Kurt Junghanns: Deutsche Architekten in der Sowjetunion während der ersten Fünfjahrpläne und des Vaterländischen Krieges. Wissenschaftliche Zeitschrift der Hochschule für Architektur und Bauwesen Weimar* **29** *(1983) 2, S. 125.*

66 *Die CIAM behandelte die Gestaltung von Stadtzentren erst, als der Wiederaufbau der zerstörten Städte in Europa nach dem zweiten Weltkrieg aktuell geworden war.*

67 *Aus: Deutsche Architektur (1967) 10, S. 589. Berlin: VEB Verlag für Bauwesen.*

68 *Kaschemmen, Klubs und Künstlerklausen. Berlin: Verlag Rütten & Loening. 1964.*

69 *Eklektizismus: unschöpferische Anwendung historischer Stilformen und deren Mischung in Kunst und Architektur, gegen Ende des 19. und Anfang des 20. Jahrhunderts typisch für Bauten der Bourgeoisie. Die Nichtübereinstimmung von Funktion, Konstruktion und Dekoration wurde pseudophilosophisch untermauert. Es entstand Neugotik, Neorenaissance, Neobarock und Neoklassizismus.*

70 *Aus: Lermontow: Gesammelte Werke, Band 4. Moskau: Staatlicher Verlag künstlerischer Literatur 1958, S. 282 (russisch).*

71 *Aus: Ogonjok (1984) 28, S. 17 (russisch).*

72 *A. G. Mordwinow, geb. 1896, gest. 1964. Beendete 1930 die Moskauer Höhere Technische Lehranstalt (Baufakultät), in den Kriegsjahren Vizepräsident der Architekturakademie, danach Vorsitzender des Komitees für Städtebau und Architektur der UdSSR.*
Hauptwerke: *Postamt in Charkow (1928), Wettbewerbsentwurf für Bebauung von Awtostroi (1930), Wohnhäuser in der Gorkistraße in Moskau (1938).*

73 *Martin Wagner, geb. 1885 Königsberg, gest. 1957 Cambridge (Mass.). 1926–1933 Stadtbaurat in Berlin. Enge Zusammenarbeit mit Gropius, Mies van der Rohe, Poelzig, B. Taut, H. Scharoun. Bedeutende Versuche der Industrialisierung des Massenwohnungsbaus (Großplattenbauweise). Versuche der Fließfertigung. Mitglied der Akademie der Künste, 1933 Austritt aus Solidarität mit Käthe Kollwitz. Diffamierung durch den Faschismus, Emigration in die Türkei, dann USA.*

Hauptwerke: *Siedlung Lindenhof in Berlin-Schöneberg (1918/19), Großsiedlung Britz (1925–1927), Bebauung Messedamm in Berlin (1930/31).*

74 *N. I. Kolli, geb. 1894, gest. 1966. Beendete 1922 die WCHUTEMAS. Mitglied der Architekturakademie der UdSSR, Direktor des Instituts für gesellschaftliche Bauten der Akademie.*

Hauptwerke: *Wasserkraftwerk Dneproges (mit Wesnin), Zusammenarbeit mit Le Corbusier an Verwaltungsgebäuden Kirowstraße, Metrostation Kirow.*

75 *Kliment Arkadewitsch Timirjasew (1843–1920), russischer Pflanzenphysiologe, einflußreicher Vertreter des Darwinismus in Rußland.*

76 *K. S. Alabjan, geb. 1897, gest. 1959. Beendete 1929 das WCHUTEIN. 1. Sekretär des Verbandes der Sowjetarchitekten, Vizepräsident der Architekturakademie der UdSSR.*

Hauptwerke: *Theater der Roten Armee, Pavillon der Armenischen SSR, Planungen für Stalingrad. (WCHUTEIN: höheres staatliches Künstlerisch-Technisches Institut (1918–1926) in Moskau, dem Bauhaus ähnlich und mit diesem in Kontakt stehend, Zentrun des Konstruktivismus)*

77 *Dieser Begriff wurde von der Bevölkerung häufig falsch verwendet. Die Flugzeuge der Firma Messerschmitt waren keine Bomber, sondern Jäger, galten aber umgangssprachlich als Synonym für alle todbringenden deutschen Flugzeuge.*

78 *A. W. Wlassow (1900–1962) beendete 1928 die Moskauer Höhere Lehranstalt (Baufakultät), war Präsident der Architekturakademie in Moskau, Chefarchitekt von Kiew, später von Moskau. Teilnahme bei der Eröffnung der DBA und Konsultant beim Bau der Stalinallee.*

Hauptwerke: *Theater in Charkow (Entwurf), Theater in Iwanowo-Wosnessensk. Entwurf des neuen Saales des Architektenhauses in Moskau, Sowjetpalast im Südwestbezirk Moskaus.*

79 *J. A. Kornfeld (1896–1962) beendete 1927 die WCHUTEMAS, korrespondierendes Mitglied der Architekturakademie der UdSSR und Direktor eines Instituts der Akademie.*

Hauptwerke: *Entwurf für den Palast der Arbeit (1923), Entwürfe für das Charkower Haus der Industrie, Gorbunow-Kulturpalast in Moskau (1930).*

80 *Entsprechend der russischen Sitte, nach dem Vornamen noch den Vatersnamen zu nennen, hieß ich während meines Exils Kurt Ottowitsch.*

81 *Historismus: Schon seit Beginn des 19. Jahrhunderts fand in Europa ein Rückgriff auf historische Formen in der Architektur statt, Höhepunkt in der zweiten Hälfte des 19. Jahrhunderts. Historisierende Tendenzen waren in der sowjetischen Architektur schon in den dreißiger Jahren auf der Suche nach nationalen Traditionen zu erkennen. Gleiches fand in anderen sozialistischen Ländern Anfang der fünfziger Jahre statt.*

82 *Die frühere Prinz-Albrecht-Straße, heute Niederkirchnerstraße, verläuft hinter dem Haus der Ministerien direkt an der Staatsgrenze, verlängerte Zimmerstraße. Während des Faschismus befand sich dort der Sitz des Gestapo-Hauptquartiers.*

83 *Im Befehl Nr. 234 der SMAD vom 9. Oktober 1947 heißt es: „... Zur Verbesserung der ärztlichen Betreuung der Arbeiter und Angestellten in den Betrieben der sowjetischen Zone sind die Länderregierungen zu verpflichten, im Laufe der nächsten zwei Jahre die Organisierung von Sanitätsstellen in allen Betrieben mit 200 bis 5000 Beschäftigten zu sichern. In den Betrieben mit über 5000 Beschäftigten sollen Betriebspolikliniken eingerichtet werden."*

84 *Der Befehl Nr. 272 der SMAD vom 11. Dezember 1947 beinhaltete die Errichtung von Ambulanzen und Polikliniken zur Sicherstellung der ärztlichen Versorgung der deutschen Bevölkerung in der SBZ Deutschlands.*

85 *Maxim Zetkin, geb. 1883 Paris, gest. 1965 Berlin. Arzt, Chirurg und Gesundheitspolitiker, folgte 1920 einem Ruf der Sowjetunion und wirkte 25 Jahre vor allem in Moskau. Nach 1945 leitende Funktionen beim Aufbau eines demokratischen Gesundheitswesens in der DDR.*

86 *Tägliche Rundschau vom 14. 9. 1949.*

87 *Das „Lindenstatut" besteht seit 1880. Es legt für die Gebäude an der Straße Unter den Linden eine maximale Traufhöhe von 22 Metern fest. Schon Ende des 19. Jahrhunderts setzten sich einige Bauherren mit protzigen Geschäftsbauten über diese Vorschrift hinweg, z. B. beim Gebäude der Disconto-Gesellschaft, heute Haus der Gewerkschaft.*
1948 wurde das „Lindenstatut" vom Berliner Magistrat unter Leitung von Friedrich Ebert neu beschlossen.

88 *Für einen fortschrittlichen Städtebau, für eine neue deutsche Architektur. Herausgegeben von der Deutschen Bauakademie, Berlin 1951, S. 12.*

89 *Ebenda, S. 15.*

90 *Ebenda, S. 17.*

91 *Ebenda, S. 17.*

92 *Ebenda, S. 7.*

93 *Ebenda, S. 7/8*

94 *Ebenda, S. 10.*

95 *ND vom 18. 2. 1951.*

96 *ND vom 14. 3. 1951.*

97 *Nach dem zweiten Weltkrieg wurden besonders in der UdSSR als proamerikanisch, prowestlich geltende Auffassungen mit dem Begriff Kosmopolitismus bezeichnet. Die nationalen Traditionen galten als Abkehr vom Kosmopolitismus.*

98 *ND vom 20. 3. 1952.*

99 *ND vom 29. 1. 1950.*

100 *ND vom 9. 12. 1951.*

101 *Ebenda.*
102 *Ebenda.*
102a *Aus: Die Aufgaben der Deutschen Bauakademie im Kampf um eine deutsche Architektur. Berlin 1952. S. 51 f.*

Die Jahre als Präsident

103 *ND vom 23. 12. 1953.*
104 *Vgl. z. B. Pruzyn, O. I.: Die Stadt und das Architekturerbe, Berlin: VEB Verlag für Bauwesen, 1983, oder Baranow, N. N.: Die Silhouette der Stadt, Berlin: VEB Verlag für Bauwesen, 1985.*
105 *„Berliner Zeitung" vom 15. 2. 1953.*
106 *ND von 1953, genaues Datum z. Z. nicht feststellbar*
107 *ND vom 9. 6. 1955.*

Personenregister

Abbildungsnachweis

Eigentum des Autors (S. 10, 12 oben, 21, 42, 56, 66, 68, 69, 73, 77, 78, 103, 114, 128, 136, 137, 164, 179, 188);
VEB Verlag für Bauwesen (S. 15, 16 oben, 191);
Frankfurt am Main. Frankfurt (Main) o. J. (S. 12 unten);
Frankfurt am Main und seine Bauten. Frankfurt (Main) 1886 (S. 13);
Arbeitsmaterial für die Fachgruppen Numismatik des Kulturbundes der DDR, Heft 22, I/1979 (S. 16 unten, 17);
Heuss, Theodor: Hans Poelzig. Bauten und Entwürfe. Das Lebensbild eines deutschen Baumeisters, Berlin 1939 (S. 26, 40);
Platz, Gustav Adolf: Die Baukunst der neuesten Zeit, Berlin 1927 (S. 27);
Bergschicker, Heinz: Deutsche Chronik 1933–1945. Ein Zeitbild der faschistischen Diktatur. Berlin 1982 (S. 33);
Bau und Wohnung, Herausgegeben vom Deutschen Werkbund. Stuttgart 1927 (S. 36);
Neues Bauen – Neues Gestalten. Das neue Frankfurt/die neue Stadt. Eine Zeitschrift zwischen 1926 und 1933. Dresden 1984 (S. 38);
Akademie der Künste Berlin (West). Abteilung Baukunst. Nachlaß des Fotographen Walter Köster (S. 43);
Humanistische Tradition und sozialistische Gegenwart. 1906–1981. Herausgeber: Spezialschule EOS Wickersdorf (S.22);
Exil in der UdSSR. Leipzig 1979. (S. 47, 96);
Kowaljow, A.: Moskau – kurzer Führer. Moskau 1957 (S. 52)
Chan-Magomedow, Selim O.: Pioniere der sowjetischen Architektur. Dresden 1983. (S. 53, 54);
Sowjetische Architektur in 30 Jahren RSFSR. Moskau 1950 (russ.) (S. 53, 64, 75);
Architektur der UdSSR 3/1941 (russ.) (S. 76);
Kinderkrippen und Krankenhäuser. Projektierung und Bau in Mittelasien. Moskau 1947 (russ.) (S. 100, 101);
ADN-Zentralbild (Quaschinsky) (S. 129, 138);
Wir bauen Deutschlands Hauptstadt. Hrg. von der Deutschen Bauakademie und dem Nationalen Komitee für den Neuaufbau der deutschen Hauptstadt. Berlin o. J. (S. 145, 146,);
Deutsche Architektur 8/1961 (S. 189);